撒錢之王

聯準會如何崩壞美國經濟，第一部FED決策內情報告

THE LORDS OF EASY MONEY

How the Federal Reserve Broke the American Economy

Christopher Leonard
克里斯多福・倫納德 著

吳書榆 譯

推薦序：不要再製造資產的泡沫了！

文／朱雲鵬（東吳大學巨量資料管理學院講座教授）

克里斯多福．倫納德（Christopher Leonard）所寫的這本《撒錢之王：聯準會如何崩壞美國經濟，第一部ＦＥＤ決策內情報告》，非常精彩，而且其書名準確地描述了寬鬆貨幣政策對於美國所造成的禍害。由於美國是世界第一大經濟體，其寬鬆的美元會隨著跨國資本移動，傳染到世界許多國家和地區，受害者絕對不止美國。有鑑於此，本書書名中「崩壞美國經濟」六字，如果改成「崩壞各國經濟」，也並無不可。

台灣就是受害者之一。美國從二〇〇〇年以來的低利率政策，讓它的房地場市場瘋狂上漲，歷經二〇〇八的崩盤，後來又漲上來，現在比崩盤前的最高點還高了三成以上。台灣的中央銀行，跟隨美國的低利率政策，讓台灣的房價也漲得離譜，其幅度遠超過美國，成為全世界房價租金比或房價所得比最高的地方之一，讓台灣的年輕人覺得，就算辛苦工作一輩子，也沒有能力在較繁華的都市地區買房，「世代剝奪」感莫此為甚。但許多年輕人不知道，禍源在美國。為了了解元兇，他們應該讀這本書。

當然，我們的中央銀行不必跟著美國走。問題在於，當美國採取低利率政策時，他們跟著美國走，現在美國開始提高利率。他們又不願積極跟進。我們希望有一天，台灣也出現一位作者，去分析為何我們的中央銀行要如此呵護高房價，漠視年輕人的痛苦。

那美國當初為什麼漠視房價，而要堅持低利率政策呢？就要看本書的分析了。本書帶領我們進入美國中央銀行對於寬鬆貨幣政策的決策過程，也瀏覽了早期的政策歷史，可說是一本專業、有趣又非常有參考價值的珍寶。

美國問題的始作俑者，是長期擔任該國中央銀行（稱為聯邦準備銀行）總裁的葛林斯潘。誠如作者所說，自二〇〇〇以來，他「放任資產泡沫的政策，出現很極端的形式。聯準會扮演了非常重要的角色，助長最嚴重的資產泡沫，導致了一場自大蕭條以來最嚴重的崩盤。」

到了二〇〇四年，他才發現不對，開始提高利率，但太晚了。曾經擔任地區央行總裁的霍尼格，是儲備銀行系統中比較有遠見的一位，扮演過「唱反調」的角色，但寡不敵眾。他說：「當你把利率壓得很低，就算你升息但仍壓得很低，就是向泡沫招手。」如同作者所說，從二〇〇三年到二〇〇七年間，美國的平均房價上漲三八％，來到當時歷史最高水準。

葛林斯潘犯了錯，沒想到其繼任者柏南克變本加厲。在二〇〇八—二〇〇九金融風暴後，他採行「量化寬鬆」政策，由中央銀行在公開市場直接買入債券；等於是直接在市場灑錢，來救金融市場。他救的結果，房價又回升了，股市則大漲，資產價格又飛上天。用納稅人的錢，去救金融市場的巨鱷，令人嘆為觀止。

到了現任的鮑爾，情況更離譜。新冠在美國造成疫情所產生的經濟衰退，據事後NBER（美國決定衰退期間的權威機構）認定，只延續了兩個月。面對這麼短的一個衰退，鮑爾所採取的政策比柏南克還要瘋狂，他把利率降到幾乎零，而且他宣稱在公開市場直接買債券，「沒有上限」。這是瘋狂灑錢的極致。

後果如何，我們現在已經看到了。資產價格，包含股市和房價，都漲翻天；然後，一般物價也就是俗稱的通貨膨脹，也上來了。從前年下半年到去年年初，美國乃至許多西方國家的通貨膨脹一路上升；本來鮑爾還嘴硬，說通貨膨脹只是「暫時的」。後來發現不對，拜登的民調開始因為通貨膨脹而快速下滑，才改變政策。

我們希望美國的決策者能夠好好地讀這本書，不要再重蹈覆轍了。如果美國重蹈覆轍，受害的絕對不只美國，包含歐洲，包含亞洲的台灣，恐怕都會連帶受害。請美國的中央銀行憐憫這些地方的人民，不要再製造資產的泡沫了。

推薦序：「大撒幣」講清楚說明白……

文／吳惠林（中華經濟研究院特約研究員）

二〇二二年諾貝爾經濟學獎頒給柏南克（Ben S.Bernanke）、戴蒙德（Douglas W. Diamond）和戴布維格（Philip H. Dybvig）三位美國經濟學家，表彰他們對銀行擠兌和金融危機互動關係的研究貢獻。瑞典皇家科學院表示，他們對於「銀行和金融危機」研究成果，對於降低金融危機、經濟蕭條風險有所貢獻。一九三〇年代的全球經濟大恐慌，使世界經濟癱瘓多年，產生巨大的災難。他們的研究，提供了我們更好的應對隨後的金融危機。他們已證明了防止銀行大範圍倒閉的必要性。對於規範金融市場和應對金融危機方面具有重要的實際意義。

諾貝爾獎肯定「大撒幣」政策？

不可諱言的，大家的焦點聚於曾擔任美國聯準會（FED）主席八年（二〇〇六～二〇一四）

的柏南克身上，特別對他將利率由五・二五%降至〇・〇〇%和啟動量化寬鬆（Quantitative Easing, QE）貨幣政策，從二〇〇八年十一月到二〇一六年六月創造了一・三萬億美元，並且將創造出的錢購買銀行和政府的金融資產的做法，有著南轅北轍的評價。

似乎正面的評價壓過負面的質疑，尤其讚揚他有擔當的大撒幣不但防止二〇〇八年的金融海嘯演變為另一次全球經濟大恐慌，還為往後的貨幣政策開啟一條康莊大道，而柏南克本人就在二〇二二年出版《柏南克談聯準會：二十一世紀貨幣政策》（*21st Century Monetary Policy: The Federal Reserve from the Great Inflation to COVID-19*）。這本書中為其開創的政策辯護並作傳承，《紐約時報》也作了正面評價，讚許說「本書旨在協助未來幾代的經濟政策制定者，而且是相當有可能的」。

不過，柏南克在二〇一五年五月受邀來台灣參與論壇時，當時的台灣央行總裁彭淮南就當其面抱怨：「你的QE帶來了很多副作用，讓我們很受傷。」二〇二二年十月十八日，美國布朗斯通研究所（Brownstone Institute）創辦人兼總裁傑佛瑞・塔克（Jeffrey A. Tucker）就撰文批評二〇二二年的諾貝爾經濟學獎帶來的「道德風險」（moral hazard）。特別對二〇〇八年FED對住房和金融危機的應對措施，包括用QE來拯救銀行，引發了全球的通貨膨脹危機，在二〇二〇年春天開始的封鎖期間和之後席捲世界。人們總是說，如果柏南克在二〇〇八年沒採取行動，金融體系就會崩潰。其實，他真正做的，是預先阻止了一個對市場參與者具有重要教育的時刻，他救助了一系列對風險和理性失去擔憂的機構，其結果是銀行、政客和政策制定者普遍面臨巨大的道德風險，獎勵了不良行為。此一經驗在二〇二〇年再度上演。FED在三月十六日加快印鈔機速度，國會準備了〈新冠病毒援助、救濟和經濟安全法案〉（CARES Act），花了一．七萬億美元來滿足州級別的封鎖。若沒有這些做法，這些州會相當迅速開放，以維經濟正常運作。一旦國會開始撒錢，州長們就意識到可賺大錢，在一年多一點時間，政府支出與街頭熱錢都增加了六萬億到七萬億美元。相當於二〇〇八年的放錢比賽中再加了大量的興奮劑。若FED無法或不願買國會徒然製造的鉅額債務，美國的違約風險將大大增加，可能徹底破壞金融市場，而FED忙於開出無法兌現的支票以掩蓋國會的所作所為，結果是，政治階層和中央銀行家們共同努力，使現代最大的政策災難之一持續下去：信用卡債務飆升、儲蓄崩潰、實際收入持續下降、全球性停滯膨脹可能來到。

「大撒幣」帶來巨大的道德風險

其實，類似塔克的憂慮，早在二〇一〇年底已出現，那是FED「第二輪量化寬鬆貨幣政策」（QE2）砸大錢（超過六千億美元）收購美國長期公債，旨在刺激美國經濟成長。該政策受到全球矚目，反對聲浪蓋過贊成者，G20幾乎出現一片撻伐，擔憂「堆積新泡沫」。即便是FED

決策小組——聯邦公開市場委員會（FOMC）十二個委員中，也有聯邦準備銀行堪薩斯市分行總裁湯瑪斯．霍尼格（Thomas M. Hoenig）這位「寂寞的反對者」呢！究竟他為何這麼勇敢、堅定，而且多年持續投反對票，到底擔憂什麼？這本《撒錢之王：聯準會如何崩壞美國經濟，第一部FED決策內情報告》給我們講清楚，說明白。

作者以其作為多年《紐約時報》財經記者的經歷，用清晰且具故事性的報導文筆，對歷年來FED印鈔票、大開印鈔機，甚至是「直升機撒錢」的實際運作在書中詳實報導、解釋。而且採用批判角度剖析QE對美國與全球經濟造成的副作用與種種影響、詳述FED近三十年來的政策沿革。

講真話救世的一本書

本書以二〇一〇年十一月三日霍尼格參加聯邦公開市場委員會那場決定性的投票，並投下十一：一的唯一反對票作開章。霍尼格的異議在於，他擔憂當利率壓低至零時，將使銀行承作風險更高的貸款，並進而產生如二〇〇八年美國房市崩盤的資產泡沫危機。全書以時間為軸，詳析一九四六年到二〇二一年FED運作的故事。就FED在利率和貨幣供給兩大政策的決策過程，道出了一個讓人震驚且引人入勝的故事。經由一位試著警告眾人的專業人士傳達的訊息，娓娓道來QE如何在短期貌似解決銀行倒閉導致金融風暴以及失業潮和經濟衰退的危機，但卻讓貧富懸殊極端化並奠下長期金融崩盤的基礎，醞釀出更嚴重的動盪不安。而疫情損害了脆弱的金融系統，FED以創造更多新資金來應變，更加劇之前的扭曲。的確，二〇〇八年的長期崩盤已演變成二〇二〇年的長期崩盤，這筆帳我們都還沒付清呢！

在諾貝爾獎嘉許和柏南克新書讚揚大撒幣政策的洗腦下，世人實在有必要好好讀這本《撒錢之王：聯準會如何崩壞美國經濟，第一部FED決策內情報告》來認清真相，並為將來到的危機作「未雨綢繆之計」啊！

本書獻給瓊安與約翰・米勒（Joan and John Miller），
非常感謝兩位給予我的支持以及兩位樹立的典範。

第一部

「我尊重，但我反對」

第一章　來到零以下（二〇一〇）

二〇一〇年十一月三日，湯瑪斯．霍尼格（Thomas Hoenig）很早就醒了，他知道今天有很多事要做，他也知道他十之八九會失敗。他要去投票，而且是投反對票。他要唱反調，他知道自己的異議很可能決定了他要留給後人什麼。霍尼格想要阻止一件事：一項他相信大有可能變成一場大災難的公共政策。他相信自己有責任挺身而出。然而要讓這項政策成為現實的巨輪已經轉動了起來，當中的力量是他遠遠所不及的。推動巨輪的是華爾街的大型銀行、股票市場以及美國聯邦準備銀行（Federal Reserve bank）的領導人。每一個人都知道霍尼格今天會吃敗仗，但無論如何，他都要投下反對票。

這一年霍尼格六十四歲，是聯邦準備銀行堪薩斯市分行的總裁，這個職位讓他大有權力影響美國的經濟事務。當天早上他人在華府，因為他是聯準會裡權力極大的決策委員會成員，這個委員會每六個星期就要開一次會，基本上是在決定美國貨幣的價值與數量。多數美國人不會多想貨幣這件事；貨幣指的是實際上的通貨，在美國也就是大家稱之為美元的東西。**美元**（*dollar*）是美國通貨的口語說法，正式名稱為聯邦儲備券（Federal Reserve Note）。在美國的人每天都花美國儲備券（前提是他們運氣好，有得花），但很少想到這套無中生有生出貨幣、大致上隱而不見的複雜系統。這套系統稱為美國聯邦準備系統（U.S. Federal Reserve System），簡稱聯準會（Fed）。這是美國的央行，是世界上唯一能任意製造美元的機構。

霍尼格是聯準會的資深官員，他必須時時刻刻思考貨幣。他思考貨幣，就像壓力爆表的大樓監造人思考配管和暖氣一樣。霍尼格必須把貨幣當成一套必須加以管理的系統，而且要管好、管對。當你負責操作一套創造貨幣的系統，你必須小心翼翼，明智行事而且要正直誠實，不然可能會發生可怕的結果：這棟貨幣大樓可能會淹水或起火。

正因如此，十一月這天早晨，身在華府的他醒來時才倍感壓力。他下榻在一家很舒適的費爾蒙特旅館（Hotel Fairmont），每次他從堪薩斯市家裡來美國首都出差，都會入住此處。霍尼格來這裡參加聯邦公開市場委員會（Federal Open Market Committee，簡稱FOMC）的例行會議。委員會在華府開會時，委員們會投票，決定聯準會的行動方針。委員會裡有十二位成員，負責人是位高權重的聯準會主席。

到此時為止，一年來霍尼格總是投反對票。如果你唱一下他在二〇一〇年間投的票，那會是：反對、反對、反對、反對、反對和反對。就算後來大家都已經算到他會有異議，但考慮到霍尼格此人的個性，他會投反對票還是很讓人訝異。他向來守規矩，根本就不是唱反調的人。他出生成長於小鎮，還不到十歲，他就開始在家族的水電行工作。他曾在越南服役，擔任砲手，返國後，他也並不反越戰。反之，他跑去愛荷華州立大學（Iowa State）研讀經濟學與銀行學，取得博士學位。出校門後，他的第一份工作就是在堪薩斯市的聯邦準備銀行，任職於監管部門。在聯準會，他從遵守規矩的人慢慢成為制定規矩的人。霍尼格一路往上爬，一九九一年成為堪薩斯分行的總裁。二〇一〇年時他仍擔任這項職務，身為聯準會十二位地區銀行總裁之一，他的職責是守護美國貨幣系統架構的榮光。聯準會的架構和世界上其他地方都不同，把本質上不同的各類型機構拿來瘋狂混搭，是一部分民間銀行加上一部分政府機構。人們講起聯準會，把這當成單一的一家銀行，但實際上這是一個網絡，組成分子是華府中央辦公室掌控的幾家地區銀行。霍尼格具備的剛烈個性符合一般人對於聯準會地區總裁的預期，那就是：完全沒有。他說起話來溫文儒雅又有教養，他會穿上細條紋西裝並別上袖扣，花掉一整天去談資本適足率要求和利率這些事。霍尼格是制度主義者，他算保守，但並非激進的保守分子。

但此時此刻，在二〇一〇年底，他成為異議分子。

霍尼格在旅館客房醒來，在重要的這一天開始之前，他還有一點時間獨處。他整理想法，把臉刮乾淨，穿上西裝，打好領帶，然後把文件都收攏。就算他對今天要做的事有任何懷疑，也不會表現出來。他已經花了好幾個月、好幾年、甚至好幾十年，就為了這次行動做準備。他投下的這一票，會反映出他在聯準會這段職涯期間學到的一切。他想要學以致用，幫助聯準會順利度過非比尋常的時機。

投資銀行雷曼兄弟（Lehman Brothers）破產之後，美國金融體系也在二〇〇八年底崩潰。對於像霍尼格這樣的人來說，這個時刻標誌著一個開端。經濟學家與各國央行官員把之後發生的恐慌稱為全球金融危機（Global Financial Crisis），到最後還有了自己專屬的縮寫：GFC。全世界的央行系統被乾淨俐落地切成兩個不同的時期：全球金融危機之前與之後。全球金融危機本身很有啟示性。整套金融體系完全崩潰，很可能引發另一次大蕭條（Great Depression），這意味著會有多年的高失業率、經濟低迷、政治波動與無數的企業破產。這次的危機促使聯準會去做之前從沒做過的事。聯準會擁有的一項超級權力，是有能力創造出新的美元，然後注入銀行體系。雷曼兄弟銀行破產之後，聯準會便以前所未見的方式施展這項權力。在這段期間記錄聯準會相關行動的圖表，看起來全部都像是同一張：一條多年來維持在穩定區間的水平線，突然快速上漲，看起來像是一道反向的閃電。急速上升的部分捕捉到的就是聯準會為了對抗危機創造出來的貨幣，數量多到前所未見。從一九一三年到二〇〇八年，聯準會逐步提高貨幣供給，從五十億美元慢慢增至八千四百七十億美元。這期間是慢慢提高貨幣基數（monetary base），呈現很緩和的正斜率。之後，從二〇〇八年底到二〇一〇年初，聯準會創造出一．二兆美元，創造出來的新資金相當於之前百年的總和，換言之，在這一年多期間，經濟學家口中的貨幣基數多了兩倍不止。新貨幣有一項非常重要的特質，聯準會只能用一種方法來創造貨幣：創造新的美元，然後放進大型銀行的金庫裡。美國僅有二十四家特殊的銀行與金融機構有權取得這些新美元資金，這些銀行可說是貨幣供給的苗圃。二〇〇八年時銀行體系裡的超額貨幣有兩千億美元，到了二〇一〇年膨脹到一．二兆美元，增幅達到五．二倍。

聯準會提高貨幣供給時，也為美國金融體系創造出新的基礎，以極大量的新資金鋪成基底。創造這套系統的是聯邦公開市場委員會，霍尼格正是成員之一，因此得以親見系統出現。一開始，在二〇〇八、二〇〇九年危機期間，他投票支持大刀闊斧的行動。

二〇一〇年十一月三日當天早晨，霍尼格準備要面對的辯論議題是：隨著危機逐漸結束，聯準會現在該做什麼？美國已經出現顛簸而緩慢的復甦，這是美國經濟史上最重要的時刻之一。此時此刻，經濟環境的一個階段正在結束、下一個階段正要開始。聯準會必須決定新世界的樣貌，霍尼格對於聯準會選擇的道路感到愈來愈不安。

新聞常常會報導公開市場委員會每六個星期開一次會以「制定利率」，這表示，聯準會將於會中決定極短期貸款的價格，這個數字最後會進入整個經濟體系，影響每一家公司、每一位員工和每一個家庭。基本系統是這樣運作的：聯準會升息，就會讓經濟體的速度慢下來；聯準會降息，就會加快經濟活動的腳步。公開市場委員會則像是核能發電廠控制室裡的工程師一樣，需要更多電力時，他們負責加熱反應爐（靠著降息），環境過熱時，他們就讓反應爐冷卻下來（利用升息）。

聯準會在全球金融危機期間所做的最重要行動之一，就是把利率砍到零，基本上，這是美國有史以來第一次（一九六〇年代初期利率曾短暫觸及零）。經濟學家稱零利率為「零限」（zero bound），曾被視為某種不可觸及的界限。一般認為，利率不可能低至零以下。利率事實上就是資金的價格，當利率高時，資金就貴，因為你必須花更多成本才借得到錢。利率低時，資金也跟著便宜。利率為零時，對於可直接從聯準會得到資金的銀行來說，就相當於是免費。經濟學家相信，資金的成本不可以低於零，因此，零限反映的是聯準會控制利率的力量極限。然而，在雷曼兄弟倒閉之後，聯準會很快就來到零限，但更重要的是之後發生的事。降到零利率之後，聯準會並不想再升息，甚至開始清楚告訴大眾它**之後**不會想升息。這讓銀行很有信心在資金免費的環境下繼續放款；銀行知道，零限的狀態將會維持好一段時間。

然而，到了二〇一〇年，聯邦公開市場委員會就面對了重大難題。讓利率繼續維持在零，看來還不夠。美國的經濟恢復了生機，但是仍岌岌可危。失業率仍高達九．六%，接近經濟要陷入嚴重衰退的水準了。負責聯邦公開市場委員會的人知道，失業率長期居高不下的後果很可怕。人們太久沒工作，技能就會生疏，也會失去希望。這些人會被拋下，除了一開始被裁員引發的經濟損害之外更雪上加霜。就連失業者的孩子也會受罪，他們賺錢的潛力也會長期下滑。聯準會內部很急著要阻止這個過程繼續下去。而且，經濟復甦也很可能完全停滯。

正因如此，二〇一〇年時委員會才開始考慮要突破零限。聯準會的領導階層十一月時要針對一項激進的實驗進行投票，這會是實際上第一次進入負利率，並且把更多資金推進銀行系統，讓聯準會變成美國努力帶動經濟成長的指揮中心。沒有人知道，這麼做之後這個世界會變成怎樣。這套實驗性方案就像現代聯準會所做的一切，名稱刻意定得很模糊，一般人很難理解，更別說關心了；這套方案稱之為「量化寬鬆」(quantitative easing)。如果這套方案付諸實行，將會重塑美國的金融體系，並重新定義聯準會在經濟事務上扮演的角色，也會顯得霍尼格之前投票反對的政策其實還頗為老派的。他打算投票反對量化寬鬆，也只有他一個人有異議。聯邦公開市場委員會內部激烈爭辯量化寬鬆，但一般大眾難以得知。決定美國貨幣供給的是聯準會的領導者，相關的政治攻防戰愈來愈局限於小圈圈，甚至根本可說是隱形了。

貨幣政治學向來是極具張力的政治議題，過去人們會熱血激昂地辯證，就像二〇一〇年時稅賦或槍枝管制的唇槍舌戰一樣。把時間帶回一八九六年的總統大選，當時民主黨提名的候選人威廉・詹寧斯・布萊恩（William Jennings Bryan）就把貨幣政策當作主要政見之一。他是一個民粹主義者，利用貨幣政策當主題以激起眾怒。這導引出有史以來最尖銳、最著名的美國貨幣政治宣言，選舉期間布萊恩在一次演說中宣稱「你們不可把人釘在黃金十字架上！」布萊恩在這次演講中特別針對的是金本位（gold standard），但他也談到低利率和貨幣基數，這些正是公開市場委員會十二位委員關起門來定期辯證的議題。貨幣政治學在布萊恩時代這麼熱門是有理由的：當時尚未成立聯準會，管理貨幣供給的任務仍屬於公眾民主行動的領域。一九一三年成立聯準會，這一切就畫上了休止符。貨幣供給的控制權後來專屬於聯準會，聯準會則將權力整合到公開市場委員會之下，委員會後來又關起門來辯證討論。一堵高牆就這樣築起，將貨幣決策圍了起來。

量化寬鬆讓霍尼格感到不安的部分，和布萊恩感到不安的部分，兩者都深遠影響美國人民。聯邦公開市場委員會的辯論很偏技術性也很複雜，但根本上他們是在選擇經濟體系裡面哪些人要當贏家、哪些人當輸家。霍尼格一直反對量化寬鬆，因為他知道這會創造出史無前例的大量資金，這些資金會先到華爾街大銀行的手裡。他相信，這些貨幣會讓極富有以及其他人之間的差距更形擴大。這會讓一小群擁有資產的人獲益，懲罰一群極廣大靠著領薪水過活、努力存錢的人。同樣重要的是，這一波資金狂潮會鼓勵華爾街裡每一家機構，讓他們在一個債務便宜、大量貸放的世界裡做出風險愈來愈高的行為，很可能導致一開始引發全球金融危機的那種災難式金融泡沫。幾個月來，霍尼格在公開市場委員會的閉門會議裡就是抱持這樣的論點，他的主張愈來愈尖銳、直接，他投出的反對票凸顯了他的立場。

到頭來，霍尼格的憂心與他的預料幾乎都成真了。任何單項的政府政策，可能都不如十一月那天聯準會開始執行的政策那般重新塑造了美國的經濟生命；任何單項政策的力量也都沒這麼強大，將美國經濟體明確分成貧富兩個陣營。理解聯準會在二〇一〇年十一月的所作所為，是理解美國經濟之後十年奇特走向的關鍵；在這十年間，資產價格高漲，股市欣欣向榮，美國中產階級卻被愈拋愈遠。

霍尼格剛開始投反對票時，他還試著說服同仁他們可以走一條不同的路。但聯準會主席、也是量化寬鬆的始作俑者班．柏南克（Ben Bernanke），暗中破壞他的努力。柏南克是學術界人士，二〇〇六年時進入聯準會。他領軍因應全球金融危機，也因而成名。他榮登《時代》（*Time*）二〇〇九年年度風雲人物榜，也去上了電視節目《六十分鐘》（60 Minutes）。在拯救金融系統的同時，柏南克也讓聯準會的影響力遠遠高於從前。二〇一〇年，他決心更進一步。柏南克認為霍尼格的憂慮只是堅持己見，巧妙地親自遊說委員會裡的其他成員，一一化解這些議題。

到最後，顯然霍尼格的反對票已經不可能動搖委員會裡任何同事。他的異議現在卻產生了不同的效應，他這是對大眾放出了訊息，他希望大家理解聯準會正要做的事影響深遠，而且有人反對這麼做。他希望讓大家知道，貨幣政治學不僅是一項由解決問題的聰明人參與的技術性問題而已，更是一項會變成公共政策制度的政府行動，影響每一個人。

霍尼格漱洗整裝之後，準備好要去開會，他走到飯店大廳，在投票前先在大廳和委員會裡的同事碰面。

❖ ❖ ❖

二〇一〇年聯準會轄下各地區分行總裁來華盛頓開會時，聯準會都會幫他們預訂費爾蒙特旅館。早上他們會在大廳集合，等車來接，這個陣容堪稱美國最有權力的汽車共乘。聯準會派車來接這一群人到總部大樓，在華府早上繁忙的車陣裡開十五分鐘就到了。有時候，這些地區銀行總裁會一起搭一部廂型車，有時候他們則分乘一、兩部加長禮車。

這些銀行總裁之間有很深厚的同事情誼，霍尼格也很融入這一群人。他的外表可以說是銀行家的標準版。他的下巴方正，下顎的地方有個小窩，眼睛湛藍，用很一般的傳統眼光來說，他算很好看。你去銀行時或許會預期，坐你對面要核貸費用合理三十年房貸給你的人，很可能就長成這副面孔。他高大，穿著打扮很保守。他講話的節奏與用詞，和他衣櫃裡顏色低調、剪裁俐落的風格很搭。他說起話來有條不紊，發言謹慎，從來不會嘴快，說出他本來不打算說的話。霍尼格被激怒時，他會一直重複「看著好了」這句話，而他的怒氣也就只有這麼多了。

多年來，霍尼格和聯邦公開市場委員會的每個人都相處融洽，每次他下樓來到大廳，都可以輕輕鬆鬆和其他地區總裁閒聊，他們之間有一種外人很難明白的情分連結。這些人負責運作美國經濟機器中的一大部分，肩上擔負著重責大任。以個人來說，他們也都是聰明絕頂的人。比方說，委員會裡有舊金山分行的總裁珍奈特．葉倫（Janet Yellen）。她絕對是美國最出色的經濟學家之一，一九七〇年代末期時她就是聯準會的經濟學家，之後也短暫在哈佛、倫敦政經學院（London School of Economics）與加州大學柏克萊分校（U.C. Berkeley）任教。一九九〇年代末期，她成為白宮經濟顧問委員會（White House Council of Economic Advisors）的主席，很有能耐流利運用複雜的總體經濟語言，但她的布魯克林口音從沒變過。而講到聯準會接下來可能要做什麼時，她可以支支吾吾，也可以侃侃而談。

再來要說一說達拉斯分行的總裁李察・費雪（Richard Fisher），他全身上下看起來就是投資銀行家的樣子，他之前確實也是。費雪把花白的頭髮往後梳得油亮，穿著俐落的西裝，在公開市場委員會開會時用巴洛克式的浮誇講話，在他冗長的個人表演中還融合了充滿詩意的比喻和笑話。幾個月前，費雪的開場白是這麼說的：「主席先生，我要用一個故事來說我的看法。有三個德州農工大學的學生要去應徵當探員……」這是很典型的費雪式開場白。另外還有身為保守學者的費城分行總裁查爾斯・普洛瑟（Charles Plosser），以及自稱「通膨偏執狂」（inflation nutter）的芝加哥分行青年才俊總裁查爾斯・伊凡斯（Charles Evans）。

這些就是霍尼格的同仁，他們都用同樣的語言，一起分擔這份責任。自一九七三年加入聯準會以來，霍尼格在職涯中都和這樣的人共事。而他每投出一次否決票，就讓他在公開市場委員會裡的立場愈來愈緊張。霍尼格把自己一步一步逼往聯準會權力架構的邊緣。

霍尼格的異議造成如此緊張的局面，原因有二。第一是和聯準會的運作方式有關，共識與一致的投票在公開市場委員會中是最重要的事。這個世界一定要相信聯準會的領導者知道自己在做什麼，而且，他們所做的事比較偏向數學理性，而不是政治考量。大眾把掌控公開市場委員會的偉大人物描繪成受過博士教育的公僕，這些人基本上是在解決複雜的數學問題，而不是做政策選擇。每當有委員表達異議，就毀了這樣的假象，透露出關於聯準會未來應走哪一條路線有可能出現分歧的觀點，甚至白熱化的辯證。一致性的投票，是藉由基本上否定委員會擁有權力來保有其權力，把這群人當成這不過是一群根據操作手冊經營發電廠的聰明工程師。

霍尼格的反對意見引發緊張的第二個原因，和第一個密切相關。在委員會裡，達成共識極為重要，因為這裡所做的決策多半都有間接效果。美國各種民意機構愈來愈難運作，使得非民意機構要擔負更多工作，比方說最高法院和聯準會。霍尼格那天早晨下來到大廳時，電視新聞裡嚷嚷的和報紙頭版喧嘩的，也正是這樣的現實。費爾蒙特旅館會為房客提供免費的《紐約時報》（*The New York Times*），在十一月三日這天早上，《紐約時報》便用粗體字印出以下的標題，霸佔頭版頭條，傳達著急迫性。主標題寫著「共和黨拿下眾議院」（G.O.P. TAKES HOUSE），下面的副標題字體比較小，宣告著：「歐巴馬與民主黨的盤算受挫；古莫勝出；茶黨展現實力」（SETBACK FOR OBAMA AND DEMOCRAT AGENDA; CUOMO WINS; SHOW OF STRENGTH BY TEA PARTY）。

前一天是美國各地的選舉日，也是歐巴馬總統（Barack Obama）第一次的期中選舉，這一票很重要，將會決定由誰掌控國會。短短兩年前，選民才剛按下「換人」鍵，而且按得很用力，讓民主黨拿下白宮以及參眾兩院。如今，選民又按下換人鍵，讓民主黨無法再掌控眾議院，而且在參議院的多數優勢縮小，限縮他們的控制權。這是給歐巴馬政府一次教訓，但也只是人民給民選出來的白宮政府諸多教訓中的其中一次。在二〇一〇年之前，幾乎每一場選舉都翻盤。選民丟掉廢物，下一次又丟掉新選出來的膿包。美國選民的主要動機看來主要是憤怒跟不滿，而這股不滿在保守的茶黨運動（Tea Party movement）中找到了新的形式。如果說茶黨有哪一條意氣風發的原則，那應該就是說「不」的原則。茶黨人全心全力要政府完全動彈不得。《紐約時報》引述一名茶黨運動人士的話，她說自己的目標是「不惜任何代價堅持下去」。

諸如國會等美國民意機構在人民需求最殷切時卻停止好好運作，真是可恥。二〇〇八年的全球金融危機可不是憑空出世。這場崩盤，是因為經濟體系統內部多年來已經坑坑洞洞，早不再為美國大多數人民服務了。其中的問題多樣且複雜，而且全都推波助瀾創造出醞釀危機的條件，另外還有負債累累的勞工、貸放高風險貸款的大銀行以及被嚴重高估的市場價格。人們借了更多錢，部分理由是工會弱勢，削弱了勞工談判協商的力道，抑制了薪資並導致工作條件惡化。新科技代表需要的人力少了，貿易導致工作移轉到海外。老化的人口群愈來愈仰賴聯邦醫療保險（Medicare）、聯邦醫療補助（Medicaid）和社會安全系統（Social Security）等資金不足的政府方案，導致政府債臺高築，教育系統也落後同級國家。法規鬆綁多年之後，得到的結果卻是少數幾家專攻買賣曖昧不明、風險極高債券工具的極大型銀行獨霸了銀行系統。這些都是美國面對的重大挑戰，聯邦政府過去並未大力處理任何一項。要因應這些問題，可以用比較保守的方法，也可以用比較自由派的方法，而隨著茶黨人當選，國會什麼問題也處理不了。聯邦立法機關這部大機器已經關掉了，開啟了停滯與失能的時代。

這也使得公開市場委員會的每一位成員要承擔重責大任。十一月三日，聯準會成為美國經濟決策的驅動中心。如果說美國選民投票鐵了心要讓政府動彈不得，他們這麼做的時間點，剛好是在聯準會即將啟動一套前所未見激進方案之時。這也正是聯準會能快速行動的理由。回顧二〇〇八年，國會都還沒有做好準備開始辯論刺激方案和銀行紓困，聯準會就已經把大約一兆美元推出門外。公開市場委員會的十二位委員無法忽視自己正負責勾畫美國經濟發展的路線。

也就是在這個歷史性的關鍵時刻，霍尼格決定繼續他一貫的反對立場；在公開市場委員會歷史上，這是委員最長時間連續表達異議的紀錄之一。有一位在《華爾街日報》（*The Wall Street Journal*）撰寫固定專欄的作家，每一次霍尼格投反對票之後都會採訪他，作家在專欄中稱他是「寂寞的異議分子」。霍尼格不是想損害聯準會共識導向的形象，他想要引來更多人關注事實。公開市場委員會的委員經常公開演說，也常去參加相同的研討會與頒獎典禮，在這個封閉的世界裡，他的言行引發了很大的迴響。這個世界向來喜歡霍尼格這個人，但現在，他的同儕要和他對話時都戰戰兢兢。他們問，他是不是真的**確定**一定要這麼做。霍尼格和柏南克主席之間向來並不親密，如今更演變成對立。幾年之後，柏南克在撰寫回憶錄時，書中帶有惡意的話只有寥寥幾句，但其中很多都留給了霍尼格。柏南克指霍尼格不忠誠、很頑固，很可能有一點不平衡。

❖ ❖ ❖

車子來了，霍尼格和其他銀行總裁走出大廳的玻璃門，來到有寬闊門廊遮蔽的半圓形車道上，他們的車隊就等在那裡。霍尼格坐進車裡，車子衝出車道，加入早晨繁忙的車陣。從旅館到聯準會總部要經過華府西北區的霧谷區（Foggy Bottom），這裡是很安靜的城區，感覺遠離了國會大廈（Capitol）和白宮周圍繁忙街道的喧囂。有一條前往總部的路會經過華盛頓圓環（Washington Circle），這座小公園中間豎立著美國第一任總統的雕像，他騎在馬上，稍微往後靠，手裡握著一把劍，彷彿隨時要上戰場。

車窗外的景色一幕幕過去，霍尼格還有最後的幾分鐘，他可以思考一下，並整備好自己來應付這一天。公開市場委員會裡的每個人在這場一整天的會議中都會提出主張，為了今天要發表的意見，霍尼格之前已經做足功課。這一天會發生的事基本上是一場政治性的辯證，霍尼格必須謹慎整理鋪陳他要講的事實。

聯準會裡的政治動態，就算是最基礎級的，都會讓外人迷惑不已。以整個美國社會來說，政治主張的戰線相對清楚。你可以是保守主義者，希望限縮政府的權限；你也可以是自由主義者，打算擴大政府權限。有線新聞頻道每天晚間上演的怒氣沖沖辯論，多半來自這兩大政府治理理論陣營。然而，聯準會裡的政治動態紛雜，套進這種大架構裡沒有太大意義。聯準會內基本的劍拔弩張，借用外交政策的辭令來說，分別叫做「鷹派」（hawk）和「鴿派」（dove）。在外交政策裡，鷹派是指主張以侵略性武力干預的人，鴿派指的則是反對侵略性干預、提倡支持性外交政策的人。很奇怪的是，當聯準會套用這兩個詞的時候，用法卻剛好相反。在聯準會裡，鴿派的人主張用比較積極的干預手段，鷹派的人則想要限縮聯準會的權限。

聯準會裡鷹派與鴿派之爭，討論的通常是通貨膨脹：這指的是價格快速上漲、貨幣價值下跌的一種危險狀態。如果將聯準會當成一群核能工程師（只不過他們監督的是經濟成長），那麼，通貨膨脹就相當於要不計一切代價避免的爐芯熔毀。美國上一次遭受通膨衝擊是一九七〇年代的事，這段混亂期間仍讓很多人記憶猶新，當時從肉品、天然氣到房價，萬物齊漲而且完全不受控。各國央行把利率壓得太低，而且時間太長，以至於引發通膨。鷹派痛恨通膨，因此希望將利率維持在較高水準，並限縮聯準會的權限。鴿派比較不擔心通膨，比較願意多印鈔票。

究竟是誰在聯準會內部啟動鷹派與鴿派的基調，這一點並不確定，但立場就這樣定了下來。舉例來說，葉倫通常被指為「鴿派」，因為她支持低利率與實施更多干預手段。反之，霍尼格和費雪被當成鷹派，因為他們想要升息並限縮聯準會進入市場的範圍。不用說，在大眾面前，鴿派比較受到媒體青睞。誰會找鴿子麻煩呢？一般的論點看來是鴿派比較有同理心，希望協助整個經濟與勞工。鷹派苛刻嚴厲，想要**阻止**聯準會協助大家。

霍尼格在二〇一〇年間的所作所為，讓他變成委員會裡的超級鷹派，甚至更糟。在經濟方面，他被視為出現在史前的殘暴族類，是經濟學家所說的「梅隆主義者」，這個詞裡的梅隆講的是安德魯．梅隆（Andrew Mellon），是大蕭條開始時美國的財政部長。經濟學的世界沒有太多真正的惡棍，但梅隆正是其中之一。梅隆最出名的一點是：冷酷無情且充滿妄想。這樣的名聲來自於他在市場崩潰時為胡佛總統（President Herbert Hoover）提供的建言。梅隆叫胡佛就放手讓火燒吧，就讓人民破產吧。他相信，崩盤是一種必要的道德清洗，清出一條路，讓經濟未來能有更好的發展。據報梅隆對胡佛說：「清算勞工、清算股票、清算農民、清算房地產。」他的建議之所以是妄想且無情，是因為梅隆的經濟理論是錯的。清算農民與股票並不能清掉什麼，只會創造出一個向下沉淪的循環，失業高漲、支出疲弱與經濟成長減慢等問題，持續愈久愈難逆轉。梅隆敦促胡佛清算了很多事物的價值，也清算了未來多年的經濟成長。

很難想像二〇一〇年時還有誰能推得動梅隆的觀點，但顯然霍尼格就在做這種事。聯準會正想辦法出手幫忙，想要帶動經濟成長。聯準會試著走鴿派路線，霍尼格投票反對這些計畫，明顯是要在人民面對失業率快達到九．六%時還把聯準會困在一旁不能動彈。極端鷹派、奉行梅隆主義的霍尼格，已經不合時宜了。往後幾年，這樣的名聲更加緊緊跟著霍尼格；事實上，長年下來，霍尼格在這方面的名聲愈來愈響。在他連續表達異議的幾年後，有一次紐約有一位自由派的財經記者被問到對霍尼格的看法，此人馬上回答：「對，他是個怪人。」約莫同時，在華府一場雞尾酒會上，保守派智庫美國企業研究院（American Enterprise Institute）裡一位經濟學家說起霍尼格時直言：「他錯了。」大家記得霍尼格的擔憂是通膨，後來證明他的疑慮並無道理，因為通膨並沒有發生。多年來，關於霍尼格，人們說他就像是走錯地方的古代人，貿貿然闖進現代經濟社會，抱住過時的經典不放，瘋狂地警告世人會出現通膨、會有更多通膨甚至惡性通膨。

歷史證明這樣的評價錯得離譜。霍尼格持反對意見，並不是因為他擔心通膨，他也不是梅隆主義者。在全球金融危機期間，霍尼格不斷投票支持採取緊急應變行動，範疇很廣，而且是前所未見。他相信聯準會應該扮演危機應變者的角色，在恐慌時可以挹注大量資金到銀行業裡。他相信當銀行身陷泥淖時要施行穩健的印鈔政策。

二〇一〇年，當聯準會顯然決心要在零限條件下提供美國的貨幣供給，到這時霍尼格才開始表達異議。檢視霍尼格二〇一〇年在公開市場委員會議上的發言（開完會五年之後文字稿就變成公開資訊），再加上他在這段期間的演說以及訪談內容，可證明他根本很少提到通貨膨脹。霍尼格警告的完全是不同的事，而且後來也證明他的警告確實是先見之明。但沒有密切追蹤貨幣政治學的人很難理解他要警告大家什麼事。比方說，霍尼格很喜歡談起把利率壓在零限時會出現的「配置效應」（allocative effect）。

配置效應不是人們會在理髮店唇槍舌戰的議題，但的確影響到每一個人。霍尼格講的是錢的配置，談聯準會如何將錢從經濟體的某一方移轉給另一方。他指出，聯準會的政策不只會影響整體的經濟成長，還會在貧富之間移轉財富，可能會鼓動、也可能抑制某些事，比方說華爾街的投機行為，而這很可能導引出毀滅性的金融崩盤。從這個角度來談聯準會，顛覆了鷹派與鴿派之爭的架構。他指出聯準會可能導致經濟崩潰，而這和物價通貨膨脹毫無關係。

公開市場委員會關起門來開會時，霍尼格說的不只有這些。二〇一〇年五月，他在接受《華爾街日報》訪問時闡述了他的觀點，解釋他反對的理據。「貨幣政策不只是瞄準通貨膨脹而已，這項工具更為強大。我們都學過，這也是一種配置政策。」霍尼格如是說。

霍尼格談到配置效應時，他說到零利率如何創造出贏家和輸家。當利率來到零，資金變得很便宜，促使銀行承做風險更高的貸款。這是因為銀行無法靠存錢賺得利潤，利率比較高的時候，比方說四％，銀行或可靠著存錢賺錢。在利率四％的世界裡，銀行可以把存款放在極安全的投資項目上，比方說美國政府公債，政府會為了借這筆錢支付四％的利息給銀行，銀行賺得還不錯的報酬。在零利率的世界裡，情況完全不同。銀行若拿錢去買超安全的債券，幾乎等於沒賺。這促使銀行在風險高的野地裡尋找利潤。高風險的貸款可能會支付更高的利率，或者換成銀行家的說法，叫做「收益」(yield)。當銀行開始尋找收益，他們就會把錢從殖利率曲線上移出來，就像他們說的，挪進風險更高的資產項目裡。

要在零限下求生，把銀行從殖利率曲線上推開。銀行有什麼損失？高風險的賭注總好過什麼都沒有。這難道不是把利率壓在零值的副作用嗎？「這就是重點。」多年之後霍尼格解釋，「本來是要讓大家願意承擔更高的風險，讓經濟體再度動起來。但這也配置了資源，分配金錢的流向。」

霍尼格擔心的，是當聯準會把錢從安全的投資推進風險性投資時會發生的問題。當錢被推出殖利率曲線，就引發了霍尼格二〇一〇年時警示的第二項嚴重問題：也就是所謂的資產泡沫。二〇〇八年崩盤的美國房市，就是一種資產泡沫；二〇〇〇年的網路股崩盤，也是資產泡沫破裂的結果。資產泡沫一破掉，一般大眾的譴責對象多半就是身處災難現場的人，這些人必然就是貪婪的華爾街人士，比方說推高股市的短視股票經紀人，或是炒熱房市的不老實房貸貸放機構。這兩次資產泡沫、以及後面幾次崩盤發生時，霍尼格都是公開市場委員會成員，他親見聯準會扮演關鍵角色，引發這些問題。二〇一〇年十一月時，霍尼格擔心聯準會重蹈覆轍。幾個月前，在委員會八月的會議上，他說出一些多數聯準會官員決不認同、或者說至少不會公開認同的話。美國央行聯準會不是拯救美國經濟擺脫二〇〇八年大崩潰的英雄，這個機構根本算是這場危機的始作俑者。

他說：「我們經歷到的金融與經濟衝擊並非毫無來由，這是多年以來的低利率、槓桿率已經很高卻還不斷提高，以及金融監督過度寬鬆造成的結果，而這些正是民主與共和兩黨政府開出的處方。」他在這場會議上解釋他為何反對。他說：「繼續利用零利率，只會讓長期展望徒增風險。」

霍尼格輸了這場仗，也在二〇一〇年其他戰役中敗北。聯準會不僅把利率定在零限，如今更要投票決定是否要施行把利率壓到零限以下的方案，方法是透過量化寬鬆。幾個月以來霍尼格都在反對量化寬鬆，今天這一仗他還是會輸。

霍尼格的車隊繼續南行向聯準會總部前進，總部就在馬瑞納埃克勒斯大樓（Mariner Eccles Building）裡。這棟埃克勒斯大樓在林蔭大道（The Mall）比較安靜的這一端盡頭，和國會山莊相對。用華府的標準來看，這是一棟很樸實的建築，不太宏偉。事實上，在這條四處都是博物館與商會大樓的林蔭大道上，幾乎沒有人注意到旁邊有這棟樓。埃克勒斯大樓的外觀是明亮的白色大理石與長廊柱，就像美元紙鈔上印的圖樣那樣質樸：線條俐落，角度分明，有一種沉穩的權威。

載著地區分行總裁的車子被導引到埃克勒斯大樓的側邊入口，開進一處私有地下室停車場。地區分行總裁走出車子，穿過走道進入大樓裡，按了電梯到二樓，霍尼格和其他地區分行總裁從這裡走進會議室。

埃克勒斯大樓的內裝，就像是一家大銀行與一座博物館的綜合體。鋪著地毯的寂靜走廊上，掛滿了藝術作品，旁邊的辦公室寬敞且裝修豪華。這間會議室是埃克勒斯大樓裡最著名的特色，而會議室內最著名的特色就是中間橢圓形的大會議桌，拋光的實木桌面，看起來永遠都會繼續閃閃發亮。公開市場委員會的成員就圍坐在會議桌旁辯論。會議桌的正上方掛著一盞華美的鍍金吊燈，作為照明之用。會議室的一側還有一座大壁爐，用一個大型罩子蓋了起來。會議室裡的另一邊排了椅子，會議進行時幕僚就坐在這裡，被點到時就出來做簡報。

委員會的委員彼此問候寒暄、找自己的位子，霍尼格也就座。霍尼格第一次以公開市場委員會有投票權成員的身分來這裡開會，是傳奇人物艾倫．葛林斯潘（Alan Greenspan）成為聯準會主席時，但霍尼格更早之前就已經在聯準會任職了。他歷經了五任聯準會主席，最早是一九七〇年代的亞瑟・柏恩斯（Arthur Burns），當中也包括著名的保羅・伏克爾（Paul Volcker）任職期間，此人在一九八〇年代初期將利率調升至二位數以對抗通貨膨脹（而且也引發了嚴重的經濟衰退）。

聯準會裡從沒有平靜穩定的時期。局勢總是多變，危機總是一場一場接踵而來。但也沒有過任何時期像葛林斯潘的接班人柏南克在位時那樣——柏南克改變了一切。

❖　❖　❖

柏南克二〇一五年時出版了回憶錄，他定下的書名是《行動的勇氣》（*The Courage to Act*），恰如其分說出了柏南克主義者的理論：貨幣面的干預是必要、勇敢甚至很高貴的行動。

二〇〇八年之後，就是柏南克敦促聯準會去做過去從沒做過的事，貨幣基數的規模擴大到前所未見，推動利率往零值方向下降，並提出「前瞻性指引」（forward guidance），承諾利率會停留在零，誘導銀行與投資人冒更高的風險。這些激進的行動並不符合柏南克平常的風度舉止。他是一個說起話來輕聲細語、友善可親的人。他的灰鬍子修的很短，讓他看起來像是慈祥的叔父。他接下葛林斯潘擔任多年的職務，一開始很樂於扮演看管人主席的角色：成為一位低調的經理人，謹慎地且安靜地操控各項貨幣政策措施。但二〇〇八年的經濟崩盤，讓柏南克、以及時任美國財政部長的漢克・鮑爾森（Hank Paulson）以及聯邦準備銀行紐約分行總裁提摩西・蓋特納（Timothy Geithner）成為全球知名的人物。他們是風暴中心三人組，拯救巨型保險集團A.I.G.，放手讓雷曼兄弟銀行倒閉，推出七千億美元的銀行紓困資金。柏南克成為努力拯救美國經濟行動的代言人。

如果說柏南克在危機期間作風大膽，有一部分理由是因為聯準會在崩盤前的行動太慢：聯準會一直任憑房市泡沫膨脹，波及金融系統，最後破滅。二〇〇七年時，開始有大量背負房貸的人違約，柏南克在一場產業研討會中說，次級房貸的問題沒這麼嚴重：「我們相信次級房貸在整體房市裡引發的麻煩效果有限，我們並不認為次級房貸市場會出現明顯的外溢效果，影響到經濟體其他部分或金融系統。」

等到系統真的崩潰時，柏南克也就有了機會決定要給後世留下什麼。從許多方面來說，他非常適合這份工作。身為學者，柏南克把焦點放在大蕭條，寫了很多文章闡述如何才可能避免再一次出現經濟蕭條。他的中心思想之一，是一九三〇年代的聯準會行動不夠大膽。身為美國央行的聯準會緊縮貨幣供給，實際上是讓大蕭條雪上加霜。柏南克相信，解決方案是要在經濟崩盤之後盡可能積極出擊。他花了很多年想出很多新方法，讓聯準會即便將利率推到零之後也能帶動經濟成長。他不認為零限是不可行的極限，而是當成另一個數值點。

柏南克早在二〇〇〇年代初期就發表以這個概念為主題的論文，當時還把零利率當成很瘋狂的點子。柏南克有些構想很奇特，比方說，他建議聯準會無限量買進美國政府公債，藉此設下長期利率的界限。他也討論到所謂的「直升機撒錢」（helicopter drop）概念，這是指，美國政府可以大幅減低人民的稅負，辦法是把所有債務都賣給聯準會，由聯準會靠著印錢創造資金買下來。柏南克建議，日本央行可以讓日圓貶值刺激出口，以終結國家的衰退，不用去管通貨膨脹會跳漲到三％或四％的高水準。柏南克擔任聯準會主席大多縮手不碰他自己提的構想，但他從未失去做實驗的興致。

二〇一〇年美國經濟停滯，促成了這類實驗。經濟學家當然知道需要花很多年才能從銀行危機當中復甦，但在經濟崩盤之後失業率居高不下的時間很長，現實面仍然讓人驚恐。當時的失業率高於九％，經濟成長欲振乏力。由於希臘與西班牙等國家負債累累，歐洲看起來也有一場山雨欲來的危機。如果放任不管這些問題，很可能在全世界引發一層一層向下流動的瀑布效應（cascading effect）。二〇一〇年春天，美國股市開始再度下跌，五月到六月間，道瓊工業指數（Dow Jones Industrial Average）跌了大約一千點，跌幅達九％。

公開市場委員會的委員很擔心，但他們大致同意不太可能發生另一次經濟衰退，然而風險總是在的，聯準會不希望日後被人指責說他們低估了問題。一開始，柏南克僅敦促要把利率維持在零，這麼做看起來很安全。但霍尼格開始提出反對意見，他在八月的公開市場委員會會議說明了他深深的憂慮。他說：「我認為，這就像是播下荊棘的種子，我們早晚得處理，不是一年後，而是在三、四年後，就像過去遺留下來的問題一樣。因此我極力反對這項政策。」他的異議對柏南克來說沒有太大意義，因為霍尼格是孤獨的聲音。委員會會議裡有很多激辯，但實際上的投票結果都是很不對稱的十一比一，那一票就是霍尼格。

八月，柏南克公開行動，啟動他最偉大的發明，也是聯準會有史以來最偉大的實驗之一，這套方案稱為量化寬鬆。在金融危機期間，曾經大規模實行過一次量化寬鬆方案，但從未像在二〇一〇年底時這樣，在沒有經濟危機時當成刺激經濟的方案來用，後者才是柏南克認為該有的用法。很奇特的是，柏南克居然是在一場由霍尼格身為主辦方的活動上讓大眾支持量化寬鬆。每年夏天，聯邦準備銀行堪薩斯分行都會在懷俄明州傑克森霍爾鎮（Jackson Hole, Wyoming）舉辦一場研討會，集結全球央行總裁與經濟學家，可說是貨幣政策的奧斯卡盛會。這裡有紅毯可以走，也有讓新聞記者拍照的時刻。聯準會主席的演說永遠是大事，二〇一〇年時，柏南克並未讓大家失望，他宣布了這套方案，將會協助聯準會將利率推至零值以下，並在其他人都不願意出手的時候刺激美國經濟。報導柏南克演說的主流媒體，甚至不知道該用哪些詞彙來描述這位主席說了什麼。過了幾個月之後，**量化寬鬆**一詞才成為一般人的用語（普遍程度前所未見）。就連最出色的財經記者，在報導傑克森霍爾鎮這場盛會時也只能交出聽來隱晦難懂的報導，談到聯準會計畫購買債券、長期債務和政府公債。內容講起來很枯燥，充滿技術成分，而且沒什麼大不了。

但委員會的成員知道事實剛好相反，因為他們知道這項方案要如何運作、方案設定的目標又是什麼。二〇〇八年金融危機正嚴重時，聯準會就執行過一次量化寬鬆了，這是一項應急行動，是非比尋常時期的非比尋常作法：聯準會直接買下房貸債務以穩定房貸市場。現在柏南克說要做的事，是聯準會要將量化寬鬆變成管理經濟體的常態操作工具，這是有史以來第一次。

量化寬鬆的基本機制設計和目標其實很單純，這套方案要在銀行幾乎全無誘因留下資金的時候，把數以兆計新創造出來的美元挹注到銀行體系裡。聯準會在實務上的操作，是善用這個機構早就可隨意使用的一項最強大工具：紐約有一大群金融交易員，他們本來就在和二十四家特別挑選出來、稱之為「主要交易商」(primary dealer）的金融機構往來，買賣各種資產。這些主要交易商在聯準會都有特殊的銀行金庫，稱為準備帳戶。[1]要執行量化寬鬆時，聯邦準備銀行紐約分行的交易員會致電某一家主要交易商，比方說摩根大通銀行（J.P. Morgan Chase），提出要跟銀行買進八十億美元的政府公債，摩根大通銀行就會把公債賣給聯準會的交易員。

然後聯準會的交易員在鍵盤上敲幾個鍵，叫摩根大通的銀行人員查一下他們的準備帳戶。瞧，聯準會馬上就憑空創造出八十億美元，放進準備帳戶裡，完成這次的買債行動。接下來，摩根大通銀行就用這筆錢在外面的市場裡買資產。這就是聯準會印錢的方法：聯準會向主要交易商買進標的，把錢放進他們的準備帳戶裡，就好了。

柏南克打算不斷進行這類交易，直到聯準會買足了六千億美元的資產為止。換言之，聯準會

1 當然，在現代，這些準備帳戶絕對不是實體的金庫，比較像是電子總帳上的數位帳戶。

要用自己創造出來的錢買東西，直到華爾街這幾家銀行的準備帳戶裡裝滿了六千億美元的新資金為止。柏南克想要花幾個月的時間就完成這項工作。危機之前，美國花了約六十年的時間才讓貨幣基數多了這麼多。

量化寬鬆效果非常強大，還有另外一個理由。柏南克打算購買長期政府公債，比方說十年期美國公債。這件事聽起來沒什麼大不了，實際上並不然。聯準會過去買的一直都是短期債券，因為他們的工作是控制短期利率。但如今，聯準會基於一項策略性的理由把目標瞄準長期債券：對華爾街來說，長期債券就相當於儲蓄帳戶。這裡是很安全的地方，投資人會把他們的錢綁在這裡，以賺取可靠的報酬。聯準會實施量化寬鬆，就是把這些儲蓄拿走。量化寬鬆會壓低了可取得的十年期美國政府公債數量。如今聯準會創造出來的所有資金都面臨極大壓力，因為再也找不到像十年期政府公債這樣穩當的投資標的，所有新資金都被推出殖利率曲線，進入了風險性的投資。理論是，如今不管銀行想不想，都被迫要貸放資金。量化寬鬆在系統裡挹注大量資金，在此同時，還限縮了可以安心放錢的避風港。如果二〇一〇年期間美國的經濟成長疲乏脆弱，那麼，量化寬鬆就大灑更多的資金、更廉價的貸款與更寬鬆的信用，刺激銀行貸放資金給他們之前不願意貸放的企業。

霍尼格一整年都在抱怨零利率造成的危險「配置效應」，此時此刻，在傑克森霍爾，他的抱怨看起來頗為老派。看起來，美國財務金融界根本沒人在看量化寬鬆的配置效應。

在公開市場委員會的會議上，他們在辯證的是量化寬鬆到底是什麼：這是一場益處和風險都不明朗的大規模實驗。當時，對這套計畫有意見的人比大眾所知的更多，霍尼格不是唯一強烈反對量化寬鬆的公開市場委員會成員。兩位地區總裁普洛斯和費雪也表達了疑慮，這個陣線裡還有聯邦準備銀行里奇蒙分行的總裁傑佛瑞．勒克爾（Jeffrey Lacker）。但就算量化寬鬆是很激進的方案，柏南克仍堅持非常時期就得這樣做。

公開市場委員會九月開會時，霍尼格針對聯準會的作為提出了他最濃縮、最直接的批評。他指出，引發美國經濟最深沉病根的原因，不是銀行不放款；銀行放出去的資金已經很高了。真正的問題在銀行體系之外，在於實質經濟體裡面的嚴重問題正在惡化，這些卻是聯準會無力修復的問題。把利率壓在零，然後將六千億美元的新資金挹注到銀行系統裡（這些錢無處可去，只會變成高風險的貸款或是金融投機），無助於解決美國經濟基本面的失能。

「我完全不是主張要將利率拉的很高；我從來沒這麼說過。我主張的是要脫離零值，不要再以為只要我們再把一兆美元的資金強力放進系統裡，一切就會沒事；不會的。」霍尼格如是說。

他警告，再一輪的量化寬鬆將會把聯準會逼入無法輕易終結的「新局面」。「此時，危機已經教育我們要更看重長期的總體經濟與金融穩定，而不是只關心通貨膨脹。我們會看到配置效應，我認為我們對這一點應該要非常、非常謹慎。」

這個時候，霍尼格看來可能有機會動搖某些同事的立場。會議稍後，柏南克回應了霍尼格，用了一個他之後用過好幾年、而且重複多次的辯護理由來捍衛量化寬鬆，他指出，如果聯準會不干預的話，將要面臨危機。

柏南克說：「這件事非常、非常困難。我們沒有什麼好選擇。什麼都不做感覺比較安全，但另一方面，我們面對的是一個表現非常糟糕的經濟體，美國的失業率很高。根本沒有安全牌這種事。不管我們做什麼，我們都要拿出最好的判斷，並希望能獲得最好的結果。」

柏南克在委員會內部辯證時，他非常巧妙地建構辯證時的背景條件。他在傑克森霍爾發表量化寬鬆計畫時，拉高了人們的預期，讓更多人認為這套方案必會付諸實行。這促成投機客把這套方案當成已經拍板的政策，他們開始交易，拉高了某些資產的價格。短短幾個月內，市場的狀況已經變成如果聯準會不堅持做下去，很可能會看到走跌的局面。

在秋天這段期間，在貨幣政策這個文質彬彬的世界裡，柏南克和霍尼格之間的關係可說是變得劍拔弩張。幾個月前，霍尼格曾在五月接受《華爾街日報》訪談，當時他直接批評了零利率政策，明白警告很可能會出現資產泡沫。到現在，在一場公開演說中，霍尼格說量化寬鬆好比是「和惡魔做交易」。公開市場委員會成員平常不會講這種話，這是一種公開的譴責。

這番話惹惱了柏南克，甚至比霍尼格過去投的反對票更讓他生氣。

聯準會十一月時開會，要針對是否推動量化寬鬆方案投票，這場為期兩天的會議一開始就讓人不快。會議剛開始，柏南克就譴責了齊聚一堂的委員會成員。他說，有太多人把他們的會議相關資訊洩漏出去，還有同樣讓人擔心的是，有些聯準會官員愈來愈覺得可以無拘無束，在公開演說時就重要的政策事務表達個人意見。這很難不讓人覺得他的抱怨完全就是在針對霍尼格。柏南克說，散播這種「非常頑固、毫無彈性的立場」，有損公開市場委員會的信譽。

葉倫也認同。她說：「我個人認為，他們是在本機構正被人放大檢視之時損害我們的信譽，我們承受不起。」

共識很重要，對外界展現立場一致很重要。公開表達異議，代表了不忠誠。這就是十一月二日那天、也就是兩天會議的第一天傳達出來的訊息。十一月三日，霍尼格和其他委員在大會議桌旁各就各位，準備好針對量化寬鬆做最後的辯證。

❖　❖　❖

「大家早，」柏南克以問候開始這場會議，「我們昨天大有進展，公開市場委員會的生產力大大提升。」他開著玩笑，引來群眾一陣笑聲。但這種場合不需要閒聊。柏南克很快就把場子交給他的副手之一比爾．英格利希（Bill English），後者發表了一段長簡報，解釋量化寬鬆要如何運作，又可能產生什麼效果。

聯準會內自行做的量化寬鬆研究結論非常讓人喪氣。假設聯準會挹注六千億美元到銀行體系內，預估僅能讓失業率下降〇．〇三%。雖然不多，但還是有效果。這套方案到二〇一二年年底前或許可以創造出七十五萬份新工作，對失業率造成的影響或許很微小，但對這七十五萬人來說可是大事。

英格利希講完之後，委員們提問，大多數都是技術性的問題。但沒有多久，就開始有人批評了。

里奇蒙分行的總裁勒克爾說，量化寬鬆的合理性很薄弱，但風險很大而且充滿不確定性。「你可以把我算在緊張兮兮的這一群裡面。」赫克爾這麼說。他提出警告，此時並無經濟危機，如果實施這套方案，很可能致使聯準會幾乎永遠都要干預，只要失業率一超過五%就要出手。「因此，人民很可能預期，只要失業率來到讓人難受的水準就會有更多的貨幣刺激政策，而這種情況很可能持續很久、很久、很久。」

費城總裁普洛瑟講得更直率：「這一次我不會支持另一輪的買債行動，美國經濟今年夏天歷經一段疲軟時期，但看來現在已經過去了。」普洛瑟指出，聯準會很可能誤導了人民對於相關方案的看法，讓他們誤以為聯準會已經確定了未來該走什麼路、相關的風險又會是什麼。「我認為，當我們不知如何做時，卻告訴大家我們知道如何微調購債方案以達目標，是一大錯誤。還有，在這些預期效益很小的條件下，我們應該把更多的焦點放在此方案造成的經濟下滑風險上。」

達拉斯分行總裁費雪說，他對這套方案「深感憂慮」。當然，他絕不放過任何善用妙喻的好機會：「對市場的各種營運商來說，量化寬鬆就像是植物葛根，會愈長愈大，一旦生了根之後，就無法剷除。」費雪回應了霍尼格的警示，後者指出這套方案主要嘉惠的是大型銀行和金融投機客，但懲罰了為了退休存錢的人。他說了：「我認為執行這種政策風險很大，結果是把所得從最仰賴固定收益的窮人和儲蓄者移轉給富人。」

一般都相信，如果三、四位公開市場委員會的成員都反對某一些計畫，這是很嚴重的事。這麼多人表達異議，就是告訴這個世界聯準會分裂了、甚至有很多不確定之處，很可能就此走回頭。

但十一月時，柏南克並不去面對有三人反對的風險，背後的理由應該和公開市場委員會的奇特組成有關。委員會有十二席，但大多數人都不是地區銀行總裁。委員會中有七人是理事會的理事，這些人在華府的埃克勒斯大樓裡監督聯邦準備銀行的運作。理事是全職職務，他們的辦公室就在會議室走道的另一頭。聯邦準備銀行有十二位分行總裁，但只有五人能參與公開市場委員會，因此由各總裁輪流擔任有投票權的委員。二〇一〇年時，普洛瑟、勒克爾和費雪都不是有投票權的成員，他們只能出席會議、表達意見，但影響不了最後的投票結果。

凱文．瓦許（Kevin Warsh）是理事會理事之一，他非常反對量化寬鬆。瓦許有投票權，而他從一開始有人在推銷量化寬鬆方案時就大力反對。他之前是投資銀行家，才四十歲，有一頭濃密的黑髮和孩子氣的臉龐。他這一輩子都在金融市場裡而不是學術界，因此他非常清楚柏南克的方案會造成多大的扭曲效果。十月份有一場視訊會議，瓦許直率地說他反對這套方案，這場實驗的風險太大。他說：「我覺得我們沒有人知道第二輪量化寬鬆造成經濟下滑風險的機率有多高，但我真心認為，我們都知道如果下跌風險變成現實，那會有多糟糕。」

柏南克親自跑去遊說瓦許，要他放下顧慮，和大多數人一樣投贊成票。十月八日時，距離本輪投票不到一個月之前，柏南克答應瓦許，如果他投贊成票，一旦量化寬鬆方案看起來是個錯誤，他們會快速喊停。瓦許並未被說服，但在十月二十六日第二次會議時，瓦許同意和柏南克同一陣線。瓦許會發表一篇專欄特稿，表達他對於量化寬鬆的保留意見，但他會在投贊成票之後才這麼做，這是他妥協的條件。

這麼一來，在有投票權的委員裡，只剩下霍尼格反對這項政策。在當天會議上，柏南克逐一請每位委員發言，沿著會議桌輪下去。終於輪到霍尼格講話時，他一開始先承認他的反對立場大概只能是純象徵性的，但不管怎樣，他都會反對到底。

霍尼格說：「我強烈反對今天在此規劃的路線，我們短期或許能看到經濟有一些改善，但長期絕對沒有。我很確定，到頭來會有很多反噬。經驗已經告訴我們這一點了。在我看來，這條行動路線播下的是動盪的種子。」

霍尼格警告，雖然無法預知下一場危機發生的時機與原因，但聯準會很可能正為這場危機奠下了基礎。他說：「以最通俗的話來說，號稱的益處很小，但風險很高。」

最後一次表達反對時，霍尼格把論點限縮為三點。他指出，第一項風險是聯準會將會發現，量化寬鬆方案一旦啟動就很難終止。這相當於是金融版的軍事干預行動泥淖。一旦開始印錢，要印到什麼時候？是當失業率壓低到九％、八％，還是更低？

他說：「我認為，我們許下的是一個沒有盡頭的承諾，未來必須追著跑，無論我們怎麼費盡唇舌說我們會說到做到，但聯準會向來沒有及時收回寬鬆政策的紀錄。」

第二項危機是聯準會可能會因為購買大量的政府公債而犧牲掉獨立性。方案的明確目標是壓低政府公債的長期利率，這很可能綁住了聯準會。如果聯準會收回量化寬鬆，有可能導致利率上漲，回過頭來，這會讓聯準會要面對更大壓力，要繼續買進才能用人為操作將政府借貸的價格壓低。

最後，霍尼格說這套方案很可能「無法拉住」通膨預期。這不同於指稱量化寬鬆會引發通貨膨脹，他提出的警告是，由於有更多新資金注入系統，企業和金融投機客會開始預期未來通貨膨脹會上漲，而他們會據此進行投資。當他說到會出現**動盪**，這一詞有一部分就是在指稱這一點。風險性貸款會將資產價格拉高到無以為繼的水準，當價格崩盤時，將會引發嚴重的失業。

簡而言之，一旦聯準會開始實施這項方案，將會引發許多的扭曲效果和副作用，幾乎確定無法在不引發大規模動盪甚至經濟崩盤的條件之下結束方案。「如果我們進一步放寬貨幣，或是我們讓寬鬆的時間持續太長，經濟將會反應過度，這並不符合我們長期的使命。」霍尼格做出結論，「以上。謝謝主席。」

接下來換柏南克發言。

「謝謝。」主席對霍尼格說，「現在十一點了，我知道咖啡已經準備好了。我們何不休息二十分鐘，吃點東西？」

❖
❖
❖

中場休息時，霍尼格可以做個選擇。他已經講出他要講的了，現在，他可以循瓦許路線，表達他的保留意見但之後和委員會的大家一樣投贊成票，以展現團結一致。他也可以反對。霍尼格一輩子都是制度主義者，今年是他在公開市場委員會任期的最後一年，他已經準備好二〇一一年要退休，投下贊成票他可以輕鬆退休。投票結果早已注定，霍尼格的反對改變不了任何事。

休息過後，與會人員回到座位上。會中還有其他人在爭論，在這漫長的一天即將結束時，投票開始了。圍繞著會議桌輪下去，公開市場委員會每一位有投票權的成員輪到時都要說出自己對於量化寬鬆方案的決定。

柏南克啟動投票流程。

「贊成。」他說。

聯準會副主席威廉・杜德利（William Dudley）：「贊成。」聖路易分行總裁吉姆・布拉德（Jim

Bullard）：「贊成。」聯準會理事碧希・杜克（Betsy Duke）：「贊成。」

然後是霍尼格。

「我尊重，但我反對。」

在霍尼格之後，投出來的票完全可以預測：贊成、贊成、贊成、贊成、贊成、贊成。最後的結果是十一比一。

柏南克寫回憶錄時，記下了歷史上的這一刻。「霍尼格反對，沒人感到訝異，此外，他在當天會後還接受《華爾街日報》的桑迪普・雷迪（Sudeep Reddy）訪談，大肆批評委員會的行動。」柏南克寫道，「霍尼格的話讓我很火大……」

霍尼格對於量化寬鬆以及零利率的預言，在之後的十年幾乎全部成真。多年後，他不說他當初這麼投票是因為他聰明，他說他之所以投反對票，是因為他在聯準會任職三十餘年讓他學到很多事。霍尼格成為反對聯準會的人，是出於他在這個機構裡面學到的東西。他親眼看到事情出錯時聯準會造成了多大的災難。

第二章　重要的數字（一九四六～一九七九）

霍尼格九歲時被帶到他爸爸店裡的內間，並且被分到一個筆記夾板。那是聖誕假期，霍尼格整個假期都要幫父親李歐（Leo）的忙；李歐在家鄉愛荷華麥迪遜堡（Fort Madison, Iowa）經營一家小水電行。李歐在鎮外的一處農場裡長大，所以他只知道一種生活方式。他過的生活，是小孩天還沒亮就要起床，不去上學的時候就要做些雜務。「你就是家裡的一分子，這就是家人要做的事，這是你的責任。」霍尼格的姐姐凱薩琳・凱利（Kathleen Kelley）憶往時這麼說。

也因此，霍尼格不能去滑雪橇、堆雪人或是在林間跑來跑去，只能聽話夾著筆記夾板，走進店後方的儲藏間裡。霍尼格的工作不忙，他負責製表，列出堆在架上各種零件的型號和數量。如果他偷懶或不認真，他爸就不知道某件工程手邊有哪些可用零件，很可能兩手空空到現場。霍尼格很專注，力求他計算出來的數字是對的。

麥迪遜堡這個小鎮緊靠密西西比河灣，是駁船的轉運點。鎮裡有幾家大工廠，其中一家的產品是鋼筆。鎮中心很熱鬧，有很多小企業。霍尼格還記得他會去鎮上一家冷飲店，也會跟朋友打籃球。霍尼格家有七個小孩，他排第二，一家人全心投入經營水電行，霍尼格和手足都在這裡工作，他們的母親阿琳（Arlene）也一起。霍尼格的母親是家裡教育程度最高的人，她有高中畢業證書。父親李歐很小就離開家裡的農場，二戰期間上了戰場。等他返家，決定再也不要務農，他找到一份水電工的工作，學習這一行的知識，然後開了一家自己的店專接外包工程。

李歐和阿琳希望自家孩子能有更高的地位。阿琳鼓勵孩子用功讀書，去上大學。如果說阿琳燃起了孩子們上大學的美夢，那麼，李歐則是讓他們看到如果決定不上大學的話還能期待什麼。李歐顯然心意已決，隨著霍尼格年紀漸長，他交付的工作也愈來愈粗重辛苦。霍尼格要挖渠道、要清乾淨泥濘的水溝，還要從地下室把拆解下來的沉重鍋爐零件背上來，弄得他全身髒兮兮。當中傳達的訊息很明確：這就是高中輟學生過的生活。

霍尼格決定要讀大學，他進了堪薩斯州阿奇遜（Atchison）這個農業小鎮上一家由本篤會（Benedictine）經營的天主教大學。這是一家文理學院，霍尼格接觸到各式各樣的科目，而他很快就發現其中只有一門課吸引他。他只上了一堂經濟學入門課，就改變了他的一生。

經濟學似乎是可以解釋一切事物的隱形萬用鑰匙。霍尼格讀到的經濟學，是一門研究人們在日常生活中所做選擇的科學，不只關乎數學和錢，更關乎一個社會如何管理千百萬人才能井井有條，在沒有獨裁者全能之手指揮之下順利運作。一群雜亂無章、自行思考的人，針對要如何運用自己有限的時間和金錢做出種種選擇，然後這些選擇慢慢匯聚成強大的社會力量。舉例來說，當一群人都忽然決定想要買車，就會抬高汽車的價格，這又會刺激車廠生產更多汽車，回過頭來又激發工程師設計出更便宜的車，進一步帶動需求。但當市面上汽車過多、要買車的人卻沒那麼多時，車價就會下跌。這類動態讓霍尼格深深著迷。

霍尼格和大學裡的導師會談，他們告訴他，如果想要成為經濟學家，他需要拿到博士學位，至少要在研究所裡讀三年才能修完學位。他將會超越父母的教育程度好幾個層級。他已經都想好了。後來，大學畢業後沒多久，他就收到入伍通知。他一九六八年畢業，那一年越南剛好發生新春攻勢（Tet offensive）。越戰愈演愈烈，研究生暫時不准延遲入伍。

收到入伍通知書時，霍尼格正處於一場打擊美國人民生活的重大風暴中。一九六八年時，完全沒有人確定什麼才是好公民的最佳行動方針。一方面，霍尼格相信美國的制度，他衷心愛國，也有虔誠的信仰。他和每個人一樣，在學校裡也會宣讀「效忠誓詞」（Pledge of Allegiance，譯註：一段向美國宣誓效忠的誓詞。很多公家或私人集會時一開始會先宣誓，也有學校要求學生每天早上都要宣誓。）他上天主教教會，念天主教高中，後來也進了天主教大學。因此，當政府說他在法律上有從軍的責任，他覺得自己應該服從。另一方面，霍尼格對於越南的情況並未視而不見。就算在堪薩斯州的鄉下，也有學生反越戰。晚間新聞大力放送發生在越南的暴行。霍尼格不想進叢林裡殺人，也不想冒著被地雷炸得四分五裂的風險。但他並不準備逃避兵單，也不想搬去加拿大；他知道，如果他這麼做，父親會以他為恥。通知書上說了，他勢必得入伍，於是霍尼格決定自願參軍，這麼一來，他可以早一點服完兵役。他用他如何思考這些事情跟姐姐解釋他做出的決策；凱利回憶他的說法是：「你知道的，我是美國公民，我希望享受這個國家提供的所有福利，所以，保家衛國是我的責任。」

❖ ❖ ❖

霍尼格去接受基本訓練，教育班長會對他大吼大叫，他也學會如何用槍。他鬆了一口氣，因為他發現他沒有被分發到步兵團，而是被派去當砲兵。炮兵團的駐紮地點離前線比較遠，步兵則在前線和越共近身肉搏。霍尼格後來回想起來說道：「我根本不是當步兵的料，完全不是，那根本是人間煉獄。」

霍尼格被派到越南戰場上約七個月，他的軍職是「火力控制專員」（fire direction control specialist），這代表他是發射重砲的專家。有一次，他被派到西貢（Saigon）北方的基地，協助一支新罕布夏國民警衛隊（New Hampshire National Guard）小隊。也就在這裡他認識了強・麥基翁（Jon McKeon），兩人後來成為終生摯友。這兩人當時都是二十出頭，都接受過砲擊相關的精細科學訓練。霍尼格被分派去記錄與計算會造成重大後果的重要數字，這時，他的人生也進入了另一個階段。

霍尼格和麥基翁一起在一個碉堡裡工作，地點就在一處名為火力基地（fire base）的營區中心。基地的地形是一個大圓形，周圍堆上了沙包並掛上了蛇腹型鐵刺網，夜間有步兵守衛。霍尼格所在的碉堡位居中心，由一個大型的金屬貨櫃製成，裡面塞了幾張椅子、一張桌子和一部大型的金屬製電腦。從那個時代留下來的照片來看，這類碉堡空間狹隘，鬆鬆的電線從天花板上垂下來，臨時湊合用的燈掛在頭頂上，牆上則掛著分度儀和圖表。天氣熱時士兵會打赤膊，晚上他們睡行軍床，輪流焚燒大桶子裡的排泄物，他們把這些容量五十五加侖的大桶子當成臨時廁所使用。圓形基地外圍放置了三到六門榴彈砲，榴彈砲用的重型榴彈，長如人的前臂，重約一百英磅。砲彈可以擊中一英里以外的目標，摧毀的力道很強。步兵交戰時，會以無線電呼叫火力基地請求火力支援，此時必須快速擊發榴彈砲，而且要做到幾乎精準無誤。打偏的砲彈很可能害死美國軍人，或是嚴重毀滅附近的村落，裡面可能躲了很多家庭。

霍尼格和麥基翁身為火力控制專員，他們負責一個由三位士兵組成的委員會，每個人輪班十二小時，導引大砲的開火方向。委員會要做很多計算，判斷要如何發射每一枚砲彈才能保護他們看不到的軍隊。這三位委員會成員要為每一次砲擊做一系列複雜的計算，而且速度要快。如果他們犯了錯，就會有人送命。他們分工，並輪流做不同的工作。一位士兵在地圖上畫出交戰區座標，然後用大頭針釘在砲彈要落地的準確位置上。之後，他會彙整每天透過氣球收集到的氣象資訊，畫出可能會影響砲彈軌跡的風速和濕度。

所有數據都要交給第二位士兵，此人負責計算，以判定要如何瞄準與發射榴彈砲。這項工作講起來簡單，但實際上很複雜，因為要考慮的變數太多。這位士兵必須算出要裝填多少火藥到榴彈砲裡、砲彈軌道的弧度斜度應該是多少以及要在哪裡設定榴彈砲的左右軸（稱為方位角）。做出計算的士兵，接下來要把數據輸入一個大型的金屬箱子裡，這叫野戰砲數位自動計算電腦（Fadac computer），前方的鍵盤可作為輸入之用。麥基翁回憶道：「我們並非百分之百相信這部電腦。」他們通常會用手再計算一次。最後，第三名士兵操作無線電，對外面操作榴彈砲的小隊下達命令。

對霍尼格來說，這些工作沒有一件輕鬆。他這一輩子都受基督教教誨，強調的是不可用暴力以及要愛你的鄰人。他對眼前的戰事並無任何錯想。他說：「你是在奮力殺人。這裡整套行動方案的目的，就是盡全力殺死最多敵人。」他也知道，如果他的小隊犯了錯，後果將會極為嚴重。霍尼格應付這些想法的辦法，就是不要去想。他和團隊盡量納入所有數據，盡可能快速且有效率地去做計算，檢查成果然後下令開火。「我只是做計算、發出信號，然後忘記這件事。」

就他所知，團隊從未犯下害死美國士兵或當地平民的錯誤。

在接近前線待了七個月之後，霍尼格轉調到更大型的營區，加入一個分析砲擊意外的專家團隊。他從中學到不當的資訊、不當的決策或不當的溝通如何引發大災難。出錯可能就在電光石火間，連委員會裡的三位士兵都還沒察覺到就發生了。一個錯誤的假設，一項錯誤的氣壓資訊，或是一個口誤的命令，都可能引發連鎖反應。

霍尼格免於參與近身肉搏戰，但是他近距離看到戰爭有多混亂、多麼無意義。他有一群砲兵單位的朋友，要返鄉時經過一處空軍基地，卡車誤觸地雷，車上全部人都喪命。霍尼格和他們都很熟，他們還剩下兩天到家，就這樣死了，真是殘酷。另一方面，他倒是安全返家。

❖　❖　❖

霍尼格一九七〇年回到家鄉麥迪遜堡，他和其他在越南服役的軍人面對相同的挑戰。他們必須弄清楚自己在海外所做的、所看到的可怕情況到底是怎麼一回事，而且他們必須在美國人民逐漸對政府失去信心之時面對這場困境。很多士兵也參與示威抗議，霍尼格懂他們的心情。美國人民對於治理國家的民主制度懷抱信心，戰爭則在這股信心的基礎上鑿破了一個永遠無法癒合的破口。一九七一年，《紐約時報》、《華盛頓郵報》（*Washington Post*）以及眾多地區性的報紙登出一份名為「五角大廈文件」（Pentagon Papers）的政府機密報告，內容說到美國領導者多年來欺瞞了美國大眾越南的戰況。兩年後，尼克森總統（President Nixon）參與一樁罪行，竊聽對手陣營設在水門飯店（Watergate Hotel）的總部動向。此時此刻，很可能導致年輕人不再信任美國的制度，很多人也確實如此。

霍尼格去找父親談談。李歐一九四〇年代也打過仗，卸甲之後則努力好好過生活。他給兒子的建議明確簡單：「向前走。」

霍尼格展開的新生活也大有幫助。在越南時，霍尼格和麥基翁會在比較平靜的時刻聊聊天，霍尼格常常聊到在家鄉等著他的未婚妻。她叫辛西亞．史特吉曼（Cynthia Stegeman），是典型的堪薩斯市女生，霍尼格在堪薩斯讀大學時就和她交往。他們是相親認識的，一開始並沒有擦出什麼火花。辛西亞自認是創意型人物，也熱愛藝術。當她問霍尼格以後想要做什麼，霍尼格說自己熱衷於數學和經濟學。他們一起去看了《教父》（Godfather）這部電影，並在堪薩斯市中心一處雅座酒吧喝酒。酒吧很昏暗，霍尼格想要帶著辛西亞到舞池跳舞，卻直接撞上牆壁。「他從牆壁上彈回來，然後為此自嘲。他沒有想靠著虛張聲勢扭轉局面，也沒有說他根本知道那裡有面牆之類的，想讓我對他印象深刻，」辛西亞說，「於是我想：『這傢伙了不起，他能自嘲啊。』」

霍尼格從戰場上回來之後就和辛西亞結婚。霍尼格三月返國，到了六月，他就在愛荷華州立大學（Iowa State University）註了冊，打算在這裡取得經濟學博士學位。他要向前走。

❖　❖　❖

霍尼格在愛荷華州大攻讀經濟學時，他做的研究從日後來看非常奇特。到了一九九〇年代，經濟學領域已經轉型成一門教人如何快速致富的科學。現代經濟學家發展出各種支持大企業和銀行的理論，為國際貿易交易鋪路，發展出奇特衍生性商品的新式金融交易，而且不遺餘力敦促持有股票的人追求最大獲利。然而，在一九七〇年代初期，霍尼格追求的是不同的經濟學，這種經濟學研究美國的民主政府如何能與自由市場共存。霍尼格研究資本主義、民主制度和法規如何相輔相成。

比方說，他的碩士論文便深入研究愛荷華州的所得稅。他一開始就指出州政府的權責自二戰以來已經大幅擴張。州政府過去僅限於通過和執行法律，但如今投身於範圍愈來愈廣的公共服務，例如經營高速公路和提供社會福利。管制型政府的範疇不斷擴大，已經在美國政界激起憤怒。但霍尼格的論文不談這方面的爭議。他不批評管制型政府，但試著找出經濟學家可以幫上哪些忙，以促進運作效率。如果說，管制型政府規模擴大，是美國人民所做的各種選擇累積出來的結果，如果大家決定要這些東西，那麼至少應該要能順利運作。他驗證一個很微妙的議題：稅收金額每年起起落落，政府要如何達成預算。州政府很可能因為無能分析出正確的數字因此無法達成預算目標，這件事更讓霍尼格生氣。他的論文針對一件事用上了驚嘆號：「個人所得減少五%，代表了稅收可能下滑二%或三%，而偏偏又在此時通過更高額的（州）政府支出！」

霍尼格主張，州政府應該聘用真正的精算人員和經濟學家幫忙推估，盡可能準確推算未來的營業稅與所得稅。用了一百五十五頁的圖表、表格和引經據典論述之後，他最終得出的結論非常謙遜，不太讓人滿意。設定預算向來極度難以預測且難以確定。他寫道：「我們能做的，就是檢視可以取得的資料並盡可能做出最佳判斷。」

寫博士論文時，霍尼格把注意力轉向銀行系統。到了一九六〇年代晚期，銀行之間紛紛快速合併。霍尼格擔心，如果這種情況持續下去，可能會導致銀行體系由幾家非常大型的金融機構把持。他日後回憶時說道：「我當時幾乎就已經看到了社區銀行的末日開始了。」霍尼格從很狹隘的面向來研究這個議題，就像他研究州政府稅賦一樣。他寫了篇很技術性的報告，意在協助聯邦政府監理單位判斷應該同意或否決特定的銀行合併案。他檢視的是消費性貸款的市場，例如人們用來買車或支付孩子教育基金的貸款。霍尼格提到，當銀行間沒有太多競爭時，他們會向借錢的人收更多錢（亦即適用更高的貸款利率），並付更少的錢給存錢的人（亦即適用較低的存款利率）。霍尼格整理了全美五十州的貸款數據，進行分析。他找到證據指出當銀行不用和其他的金融機構（比方說信用合作社）競爭貸款業務時，他們會「劃分」消費貸款市場。這是指，當銀行合併時，監管銀行的機關只需要考慮這對銀行間所有權集中度有何影響，不用去考慮對於特定領域的借貸活動集中度有何影響。這類結論不會登上報紙頭條，但能幫助很多人並維持銀行體系的競爭力。

幾十年後，這些論文啟發了霍尼格對銀行以及財務金融的想法。霍尼格研究的不是如何提高利潤率或是讓市場更有效率，反之，他研究銀行體系的架構，並思考系統如何影響整個社會。這反映了一種霍尼格成長期間很常見的觀點。當時社會認為銀行家的動機是賺錢，但是政府要負責確保銀行能達成更大的使命，滋養經濟成長並提供健全的貨幣流通系統。在這種觀點之下，銀行的架構事關重大。

考量到霍尼格所做的研究，他博士班畢業之後找的工作居然不是銀行業，而是從事銀行體系政策相關事務，就不讓人覺得訝異了。霍尼格聽說聯邦準備銀行堪薩斯市分行的銀行監督部門要找研究經濟學家，他寫了一封信給聯準會，列出他的種種資歷，要應徵這份工作。一九七三年時，他錄取了，他和辛西亞也搬到堪薩斯市。對辛西亞來說，這是歸鄉；對霍尼格來說，則是搬到大城市。每天早上，他都要去市中心的聯準會大樓上班，和一群經濟學家一起分析堪薩斯分行轄區內所有銀行的作為和營運，包括科羅拉多、堪薩斯、內布拉斯加、懷俄明和密蘇里以及新墨西哥部分地區。也就在這裡，霍尼格開始接受漫長的教育訓練，了解聯準會這個機構內部的運作，這些也決定了他在公領域的整個職涯。

❖　❖　❖

美國憲法中並未要求、甚至沒有明確授權要成立中央銀行，但到頭來，一個現代化國家少了中央銀行根本無法生存，美國證明了這一點。美國大約有一個世紀都沒有一家政府經營、掌控貨幣的銀行。從一七七六年到一九一二年，美國曾經兩度設立、但後來又廢除中央銀行。美國抗拒設立央行，因為央行把太多的權力集中在少數人手上，集中的權力有損美國的整體計畫，理想上，美國打算把政府的控制權交到一般人民手中。美國總統安德魯・傑克森（Andrew Jackson）一八三六年撤銷第二家美國國家銀行的章程時，他說這樣的銀行「對人民的自由來說很危險。」其中的理由不難理解。想像一下，如果一家銀行有權管轄整個金融體系，那麼，這家銀行的領導者就可以決定誰能得到貸款、誰不能，這些領導者將會成為全國最有權力的人。不管用任何標準來看，這種情境都很不美國。

美國的銀行體系早期為地方分權，這變成一場災難。少了央行無法運作的理由是，每一個現代國家都需要可靠的貨幣形式。貨幣是一種具有價值的交換媒介，可以在不同的人之間移轉價值。少了貨幣，人們得拿穀物換菸草，還要去計算該用多少換多少。

沒有央行發行全國性的貨幣，製造貨幣就變成一種鄉村手工業。一八〇〇年代中期，美國有幾千種不同的貨幣在流通（有人算出來共有八千三百七十種），這段期間被稱為「自由銀行體系」（free banking）時代，局面很瘋狂。任何銀行都可以發行貨幣，由發行銀行本身擔保。如果銀行倒閉了，該銀行的貨幣也就跟著成為廢物。每個人都必須先判斷某家銀行到底體質健不健全，才能決定要不要使用該行發行的貨幣。某個人可能帶著伊利諾州某家銀行發行的貨幣，來到奧勒岡州時發現自己得和旅館員工爭吵，辯論伊利諾的貨幣到底能不能用。

南北戰爭（Civil War）之後美國國會通過一條法律，要在各地設立全國性的銀行，負責發行更統一的貨幣。但即便解決了貨幣問題，還有第二個理由也指向央行有其必要性。美國銀行體系當時仍非常脆弱，常常出現恐慌與倒閉。一八九三年、一八九五年和一九〇七年皆發生嚴重的銀行恐慌，一場接著一場。恐慌期間無可避免發生擠兌，因為沒有一家可以印鈔票、扮演「最後放款人」(lender of last resort）角色的大權獨攬央行，無法在每一家銀行同時都需要錢的時候提供貸款。少了最後放款人，就要靠其他銀行動用他們手邊剛好有的準備金相救，不然的話就得倒閉。聯準會有權印錢，可以自由地在恐慌期間為本來健全的銀行提供貸款，因為借錢的人知道聯準會一定會在，有助於一開始就阻斷恐慌。聯準會透過「貼現窗口」(discount window）的方式撥付緊急貸款。

除了銀行恐慌之外，還有第三個問題。沒有央行，就沒有人管理整體貨幣供給。貨幣的需求上上下下，難以預測，但貨幣供給不能隨著需求變動。

舉例來說，每年秋天農民會從當地銀行裡領錢，拿來聘用工人收割作物。這會壓低美國中西部銀行有限的現金準備，讓他們擔心手邊的現金可能不足以履行債務。因此，當這些農村銀行的現金水準很低時，他們會向芝加哥等大城市裡的大型地區銀行取得現金，地區銀行又會去找紐約的銀行，紐約的銀行則會去找歐洲的大銀行。這很可能引發恐慌，而且會傷害到每一個人。一八七三年的恐慌，就造成一場持續約六年的經濟蕭條。

這也有助於說明為何大力敦促成立央行的人不是銀行家，而是喧騰擾嚷的民粹主義與自由鑄造銀幣（Free Silver）運動人士，組成分子是美國中部的憤怒農民，這些是要靠貸款才能活下去的人。貨幣政治學忽然之間變成騷動的公共議題。布萊恩經常把「黃金十字架」拿出來講，就是在譁眾取寵。貨幣政策已經讓人民感到憤怒。

一九〇〇年代初期，人民努力想要成立央行的相關作為終於蓄積出力量，但一直要等到華爾街的銀行家決定在背後推一把，這場運動才可能在政治上成真。一九一〇年，一群位高權重的銀行家齊聚一堂召開祕密會議，會中提出了美國央行的藍圖，此事讓美國每一位陰謀論者永遠津津樂道。這些銀行家在哲基爾島（Jekyll Island）豪華渡假村開會，後世的製片家和作家因此可以很方便地用「出自哲基爾島的怪獸」（Monster from Jekyll Island）來講聯準會，講得好像是這些銀行家強加在美國的陰謀。但，作家威廉·格萊德（William Greider）在他暢談聯準會歷史的經典作品《殿堂的祕密》（*Secrets of the Temple*）裡講得很清楚，事實並非如此。這些銀行家確實將他們的計畫推進了參議院，但他們是乘著已經蓄積幾十年的大眾情緒浪潮之勢。在那個時候，美國必定要有央行了。

然而，哲基爾島這些銀行家的祕密會議確實也有一項重要的勝利，他們確保美國央行不會侵奪華爾街民間銀行體系的權力。這很重要。民粹主義者提出的各種計畫，都是要將控制美國貨幣的流程民主化，甚至要跳過大型銀行。一八八九年提出的一項計畫，是要求美國財政部在全美各地設立穀倉塔和倉儲網絡，讓這些地方成為分權的「小財政部」，農民可以存穀物進去，當成貸款的擔保品。哲基爾島的銀行家對這類瘋狂的構想趕盡殺絕，他們提議的聯邦準備系統是以華爾街為中心。聯準會不管是要增加或減少貨幣供給，都要透過商業銀行系統，讓銀行決定要把多少錢分配到經濟體裡。

哲基爾島計畫經過國會辯論並進行修改，一九一三年通過，創造出美國歷史上第一家長久存在的央行。而從更深一層來看，在設立一家央行這件事上，一直都有一股非常美國式的張力在拉扯，從未放鬆。美國需要一家央行，但又不想要權力太大的央行。這股緊繃也嵌入了聯準會的DNA裡。聯準會是一個政府機構，也是一家民間銀行；由華府控制，但也由地方分權。聯準會可全權控制貨幣供給，但不可取代民間銀行體系；這家銀行不由民選，但大致上要對政治人物負責。

這股張力也嵌入了聯準會的架構，正因如此，聯準會才成為一個由華府的辦公室治理、但由各地區分行構成的網絡。聯準會下的十二家地區銀行可能是美國國會最奇特的創作成果，將公家的政府和私人的企業混在一起。每一家地區分行的所有權都屬於由該地區的一群民間銀行（這些銀行持有聯邦準備銀行地區銀行的股票，但不可以出售），這些民間銀行在聯邦準備銀行各地區分行的董事會裡有席位，董事會負責選任地區分行總裁。這意在創造出一套分權系統，強大的地區分行要對地區內的社區銀行以及華府的聯準會治理委員會負責。

聯準會本來應該要像美國一樣，是由十二家地區銀行組成的聯合組織，但每一次國會更新聯準會的章程時，治理權就更集中在華府。如今，聯準會的權力大部分都掌握在理事會手上。聯準會有七位理事，人選由總裁提名，並由國會通過。理事與地區分行總裁之間的緊張，在聯邦公開市場委員會裡最明顯。聯準會理事在公開市場委員會裡擁有多數席次，因此設定議程的人也是他們，在急難時，委員會的權力有增無減。一旦聯準會成為最後放款人，理事會不需要公開市場委員會全數委員的同意也可以採取行動。

這就是一九七三年時聘用霍尼格的機構。在聯準會內任職的人生對他而言很有吸引力，這並不讓人意外。聯準會體現了他的世界觀，這個機構是一系列讓人不悅的妥協得出的結果，看起來，這是美國為了因應難題盡力創造出來的最佳系統。霍尼格在監管部門任職十年，這表示，他成為了一名銀行監管專家。規範銀行業是聯準會很重要的功能，幫忙確保銀行恐慌和倒閉不會讓整體經濟動盪不安。霍尼格很適合這份工作。小時候，他協助父親記錄家中店面的存貨；從軍時，他幫忙計算砲彈的軌跡；來到聯準會，他則分析不斷流入、和聯邦準備銀行堪薩斯分行轄區內各銀行有關的資料。

❖　❖　❖

霍尼格也藉此近距離觀察到大蕭條以來最嚴重的銀行業危機。

霍尼格的工作涉及常要和當地的銀行家爭辯。爭議的本質，通常集中在一個最重要的主題：資產的價值。銀行家認定的資產價值，通常高於銀行監管人員認定的價值，兩方歧異造成的後果很嚴重。霍尼格和他的團隊盡力確認銀行並沒有貸放高風險的貸款，也沒有把貸款期間拉得太長，以免倒閉。他們爭論的資產，是銀行持有作為抵押的資產。如果銀行有多一點擔保品，他們就可以多放一些款；但如果聯準會判定擔保品的價值低於銀行認定的價值，那銀行就要拿出錢來對應貸款的價值。情況糟糕時，銀行可能會由破產管理人接手，基本上就等於是破產了。當兩方爭論不休，在這樣的關係中誰的權力比較大，就無庸置疑了。聯準會的稽核人員可以去查核銀行的紀錄和人員，他們可以去看銀行的貸款項目是什麼、又貸給了誰。

這份工作讓霍尼格深深著迷，他知道維持金融系統的穩定至為重要。這項工作也是一種挑戰：要判斷銀行是否健全，是極為複雜的任務。也因此，辯論資產價值的高低非常重要。如果奧克拉荷馬州某家銀行放款一百萬美元給一家鑽油公司，這項貸款的風險高不高，要由銀行拿到的擔保品資產價值決定。常見的擔保品，是油井未來的預期營收，但當中有很多變數。如果在貸款期間內油價平均是每桶二十美元，那麼，擔保品的價值可以計為一百五十萬美元；但如果油價跌到每桶十美元，那擔保品的價值就只剩下七十五萬美元，後面這種情況下，貸款的風險就高很多。監管稽核銀行的人也正是基於這個原因才陷入爭論。資產價值多少？永遠都有得討論。

隨著一九七〇年代過去，這類爭論也愈演愈烈，最後變得很極端。會發生這種情況，理由要推回到聯準會本身。霍尼格的銀行間和監管團隊想盡辦法要維護銀行系統的安全，但聯準會內另一個權力更大的部門造成了損害：公開市場委員會。這個位在華府的決策委員會所做的事，基本上改變了銀行的行事作風；聯準會原本應該要確保銀行體系健全才是。

一九七〇年代，聯準會鼓勵銀行貸放風險更高的貸款。公開市場委員會把利率壓到很低，部分理由是一九七〇和一九七五年之間發生兩次經濟衰退。聯準會希望創造就業機會、鼓勵投資並帶動整體經濟成長，因此，就算注入大量資金的負面效果一年比一年明顯，他們還是把利率維持在低水準。這項政策最明顯的負面效果，是食物、燃料與電子產品等消費性商品的價格節節上漲。一九七三年，消費者物價通膨為三．六％，這表示，與前一年相比之下，多數人買東西的成本貴了三．六％。到了一九七九年，通膨飆漲到每年為一〇．七％。每一個人都可以明顯感受到變化，雜貨店和加油站標示的價格講得清清楚楚。公司計算薪資的部門也很有感，為了讓員工能夠跟上生活成本的上漲，每年都需要大幅加薪。

聯準會拉高的，不只是消費者的物價，也帶動了資產價格。這種形式的價格膨脹，對像霍尼格這樣的銀行監管稽核人員敲響了警鐘。對堪薩斯市分行轄區內的銀行來說，農地是很重要的資產，其價格快速上揚。商用不動產的價格也在漲，跟著漲的還有油井以及鑽井臺的價格。這些都是銀行資產負債表上的擔保品資產，價值節節高漲，鼓勵銀行更大膽放款。美國中西部各地的銀行都認為農地價值將會繼續上漲、足以支撐貸款價值，他們都根據這套理論貸放高額款項給農民。石油業和不動產業也出現類似的情況。霍尼格聽說，承作短期營造貸款的理論根據，是房地產價值會快速上漲，到建物一完成，又把這筆貸款拿來再融資。

這促使銀行從事更高風險的貸款。高通膨與相對低的利率讓銀行與投資人缺乏動機存錢，因為存錢只能賺到微薄的利息，根本比不上因為通膨而損失的價值。銀行必須替資金另謀出路，賺得高報酬。他們被推出殖利率曲線，被愈推愈遠。霍尼格與團隊看到這樣的情況，但他們沒有太多可著力之處。隨著資產價格上揚，銀行很有信心地主張貸款很安全、銀行很穩健。聯準會的稽核監管人員抱持不同主張，但銀行可是有數據佐證。

一九八一年，霍尼格獲得拔擢，成為堪薩斯分行監管部門的副總裁，監督五十位銀行監管人員。他坐上這個位置的時機正好，剛好讓他學到最重要的一課：認知到聯準會在美國經濟上該扮演的角色。他將看到的，是長期的通膨忽然之間意外停下來之後引發的變化。

霍尼格說道：「你看到嚴重的崩盤，一次又一次的倒閉，一次又一次的虧損，一次又一次的危機。」

群顯然不會來時，兩者就開始收斂了。一個接著一個颶風侵襲佛州，讓那些新屋主裹足不前。很多廣告做的很誇張的住宅區位置在溼熱的沼澤帶，根本看不到海灘。有人開始賣房子了，然後每個人都開始跟著脫手。資產泡沫破滅，價格暴跌。

一九七〇年代，霍尼格看到，堪薩斯市分行轄區內，包括堪薩斯與內布拉斯加等農業大州、和以生產能源為主的奧克拉荷馬州，各地都出現資產泡沫。資產泡沫的自我強化特質在農業上非常明顯。當時公開市場委員會將利率壓得很低，鼓勵農民趁借錢便宜時多多舉債，買進更多土地，這麼一來，又觸發了對土地的需求，推高土地的價格。土地價格愈高，就鼓動愈多人借錢買下更多土地。銀行家的邏輯也跟隨同樣的思路。銀行家把農地當成貸款擔保品，他們相信，擔保品的價值只漲不跌。貸出愈高的金額，就有人買下更多土地，就把金額推得更高，就讓銀行可以承作更多貸款。

石油與天然氣業也有同樣的故事。油價高漲與借貸便宜鼓勵了石油公司多借錢、多鑽油井，銀行業也成立了專門負責高風險能源業貸款的子業務。商用不動產領域情況亦同。資產泡沫就這樣在迴圈裡一圈又一圈脹大。今天高漲的資產價格，帶動明天資產價格漲到更高的水準，進一步強化動能。

霍尼格和團隊在和銀行家爭執的同時，公開市場委員會則把利率壓到很低，觸動了大通膨（Great Inflation）。這一切在一九七九年終止了，而且是以再也不會重現的方式重踩煞車。大通膨會終止是因為一個人，他就是時任聯準會的主席保羅・伏克爾。伏克爾很認真打擊通膨，他很願意為了對抗通膨將失業率推到一〇％，強迫屋主吞下利率達一七％甚至更高的房貸，把消費性貸款的價格拉到很高，使得很多美國人買不起車。

伏克爾知道，他對抗的膨脹實際上是兩種膨脹：資產膨脹與物價膨脹。他說這兩種膨脹是「表親」，也同意聯準會正是製造出泡沫的幕後推手。伏克爾在回憶錄中寫道：「真正的危險來自於（聯準會）鼓勵、或者說無意間容忍了通膨上漲以及其表親：嚴重的投機與冒險；當泡沫和過度行為威脅到金融市場時，投資與冒險實際上便在一旁伺機而動。」

伏克爾之前的幾位主席鼓勵這些風險，但他不一樣。在他領導之下聯準會調升了短期利率，從一九七九年的一〇％提高到一九八一年二〇％，是有史以來的最高點。如果把利率的歷史數值繪製成圖，這段超高利率期間看起來就好似山峰，伏克爾擔任聯準會主席的期間在美國貨幣史上非常重要，也是因為這個原因。他是世人記憶中少數幾個願意啟動必要的粗暴電擊療法以修正多年錯誤的人。伏克爾升息重挫美國經濟，讓幾百萬人失業，並終結了大通膨時代。

❖　❖　❖

一開始，人們不認為伏克爾真心要升息，接下來，他們不認為他真的敢升息。一九七九年十月，就在他開始升息之後，傳言說伏克爾會屈服於壓力辭職。看起來，沒人相信聯準會真的會堅持執行一套會將美國經濟推入衰退的政策。伏克爾在某個星期六傍晚在埃克勒斯大樓召開緊急會議，宣布他不會離職，而且聯準會也真的會升息。伏克爾對記者說：「我還在，最近的傳言破功了。」那個周末，短期利率為一一．六％，到了當月底，已經調高到一六％，不到一年，已經來到二〇％。

在那個星期六的傍晚，記者緊逼伏克爾，問他升息是否有損美國經濟。他大致上駁斥這個問題，他說：「我樂觀看待這些行動帶來的結果，我認為，在目前所處的這個不確定的世界，我能表達的最明確意見是這可以用非常平順的方式達成。」

伏克爾這一點錯了，完全沒有平順可言。美國經濟生態體系以低利率為發展核心指引，伏克爾一夜之間把這顆北極星摘掉了，一切就跟著重新調整方向。花上十年建置的資源配置改變了，所有的事物也跟著從殖利率曲線的邊緣轉回來，變成了遠離風險。

這番改變很讓人痛苦，在堪薩斯市分行轄區很快就產生效果。銀行家完全措手不及。霍尼格說：「你可以發現，沒有人預測到會出現這樣的調整，就連伏克爾開始動手打擊通膨之後也是一樣。他們不認為這種事會發生在自己身上。」

伏克爾和聯準會把借貸的成本拉高一倍之後，貸款的需求就下降了。貸款減少，壓制了對農地和油井這類資產的需求，資產價格開始收斂到資產的基本價值水準。一九八〇年代初期，農地價格下跌二七％，石油價格則在一九八六年前就從一百二十五美元跌到了二十五美元。資產價格崩盤，在銀行體系內部引發了瀑布效應。農地和儲油等資產，過去用來替銀行貸款的價值背書，貸款本身則在銀行的資產負債表上被列為「資產」。當農地和石油的價格下滑，整套系統也因此崩潰。銀行減計他們所持有的擔保品和儲油的價值（持有擔保品是以防萬一債務人違約付不出貸款），在此同時，農民和鑽油公司每個月要還款時也開始左支右絀。穀物和石油的價值都在下跌，他們每個月賺的錢也少了。過去曾經很穩健的銀行資產負債表也開始受損，岌岌可危。

霍尼格帶領的銀行稽核人員做的是讓人不悅的工作，負責指出明顯的問題：銀行的財務健全度正隨著資產價格崩壞。可想而知，銀行會反擊，銀行家幾乎總是要求給他們多一點時間，他們說，如果給他們機會，多看幾個月或幾季，他們保證局面必會逆轉，資產價格會上漲，資產負債表會改善。

一九八〇年代早期，霍尼格的團隊大部分時候都在做一件事：決定哪一家銀行如果有多一點時間真的能活下來，哪一家則不管怎樣都會倒閉。約翰．約克（John Yorke）是聯準會的律師，這段期間和霍尼格密切合作，他說，和銀行之間的爭論非常激烈。這些爭論的背後，有一個決定哪一家銀行可以有能力償債的時鐘正在滴答作響，因為這些銀行紛紛要求聯準會提供緊急貸款。聯準會是最後放款人，扮演這個角色時可以擁有幾乎是毫不受限的權力。聯準會可以印錢然後貸放出去，想要放多少款就可以放多少。但國會對這項權力設了一項限制條件：聯準會不得借錢給即將倒閉的銀行。緊急貸款會透過聯準會稱之為貼現窗口的機制撥付，一九八〇年代，霍尼格就監督聯邦銀行堪薩斯市分行的貼現窗口，他的團隊負責決定誰可以透過貼現窗口借錢，他們決斷了銀行的生死存亡。

一九八二年出現一場真實的銀行恐慌，是從一九三〇年代以來最嚴重的一次。這一年有超過百家銀行倒閉，數量超過大蕭條期間內任何一年。一九八六年，數字更高，有超過兩百家銀行倒閉。整體來說，從一九八〇年到一九九四年，有超過一千六百家銀行倒閉，遠遠高於大蕭條。

銀行家成群結隊來到堪薩斯市分行請願，這些人推銷各式各樣讓他們有能力償債的計畫，霍尼格摸索出一套通用的基本評估規則。他注意到最好的計畫裡寫了很多相關的細節，最差的計畫則很模糊，充斥著大量的陳腔濫調。霍尼格開始相信，銀行家也沒有什麼不同，有些人誠實認真，有一小群人則是純靠叫賣推銷為生。但倒閉的也不光只有這些講得天花亂墜的人，很多倒閉的銀行都是傳了好幾代的老字號，他們是這個地區各個小型社區裡的財務支柱。

約克被派到一個堪薩斯州的小鎮薩登（Sedan, Kansas），他在這裡土生土長，十幾歲的時候就在一家社區型銀行打工。銀行裡的每一個人還是稱呼他小時候的小名「強尼」。「我是進去對董事會發布消息的官員，你知道的，我要說的話是……你們要倒了。這很可怕。」約克說，「而且，你要面對的還是可以直呼你小名『強尼』的人，只有我媽媽會這麼叫我。」很多時候，霍尼格必須親自到場宣判。「霍尼格是德國人，」約克如是說；他指的是他的姓氏源出於德國，「他很嚴格，規矩就是規矩。」

霍尼格被人咒罵，遭人咆哮，人們非常明確地告訴他，他的決定將遭致毀滅性的後果。「他們在表達抗議時非常挫折，也會大聲說話。」霍尼格講起這些銀行家，「你能對他們的處境非常感同身受，你可以理解這股憤怒。這樣的環境毀了很多人的生活，人們在這樣的局面下一無所有。我不怪他們大吼大叫或瘋癲發狂。」

泡沫破滅時，霍尼格大可譴責這些銀行家。銀行有各種奇特作為，範例可以說數也數不完。投機泡沫期間就是會有這種事。上漲時會出現愚行和冒風險的繁榮，接下來就會引發下跌的悲慘。但霍尼格認為，貸款方面的愚蠢作為不完全是銀行家的錯，畢竟，他們在行事時也都只是回應總體經濟的條件，比方說通膨上揚、與通膨相對之下的低利率以及上漲的資產價格。

創造出這些條件的人並非銀行家，而是霍尼格所屬的機構聯準會。霍尼格說道：「事實是，（銀行家）放了款，他們在資產價值極度樂觀的環境條件下放款，而這一點事實上有一部分應歸咎於十年來貨幣政策過度寬鬆。」

一九七〇年代討論通膨與一九八〇年代討論市場崩盤和經濟衰退時，通常不會討論到前述這番動態。聯準會賺得了名聲，世人認為他們終結了通膨，拯救了撐過通膨、仍有償債能力的銀行。但幾十年後發布的新研究指出，聯準會也是這場災難的始作俑者。

❖ ❖ ❖

關於聯準會如何因應大通膨，說的最詳盡的或許要算是《聯準會的歷史》（*The History of the Federal Reserve*）這本書，這本書厚達兩千一百頁，分成三冊，內容紮實到讓人幾乎讀不下去。本書的作者是經濟學家艾倫．梅爾策（Allan Meltzer），他利用公開市場委員會的文字稿，再搭配其他公開檔案與詳細的經濟學研究和數據，重新建構了聯準會在一九七〇年代的決策。梅爾策對於一九七〇年代通膨的論斷很明確：製造出問題的，主要是由聯準會制定的貨幣政策。他寫道，「大通膨源自於政策選擇更重視維持高度的就業率、甚至是完全就業，高於預防或壓低通貨膨脹。在這段期間，很多時候選擇反映的是政治的壓力以及用投票表達出來的民粹意見。」

以聯準會的經濟史來說，這樣的說法很挑釁、很煽動。梅爾策話中之意，是說一九七〇年代聯準會基本上並不知道自己在做什麼。還有更要命的，他甚至主張聯準會並非自己所宣稱的獨立機構。公開市場委員會的委員並非明智的技術專家官員，不會僅根據高深的經濟理論決定貨幣供給；他們也是人，至少有一部分決策會受到政治壓力影響。梅爾策說，聯準會之所以用印製更多鈔票努力創造就業，並不是因為經濟學理論說應該這麼做，而是因為一般人和政治人物希望聯準會這麼做。公開市場委員會相信，美國的失業率應接近四%，但是從一九七五年到一九七七年從未低於六%，一九七八年仍接近六%，因此，聯準會繼續印錢，這麼做，就是替資產和通膨泡沫加油添柴，而這也導致了一九八〇年代初期失業率飆高至超過一〇%。

會有這些行動，部分是無心之過。後來發現，聯準會做決策所憑據的數據出了錯，這一個問題要等到幾年後修訂數據時才浮出檯面。其中一項重要的錯誤數據，是持續低估了物價通膨，這相當於砲手專員使用有錯的氣象氣球傳來的數據來發射榴彈砲：外界的環境條件和碉堡內的團隊所想的不同。

但根本的問題不只是數據有誤。有確切的證據證明，一九七〇年代聯準會並不真的明白貨幣政策會如何影響經濟體與助長通膨。在一份二〇〇四年的報告中，聯準會的經濟學家愛德華・尼爾森（Edward Nelson）寫道，引發一九七〇年代通膨的主因，最有可能是他所說的「對貨幣政策的輕忽」（monetary policy neglect）。基本上，在那段十年期間，大部分時候聯準會都在灑幣，並不理解愈多錢就會創造出愈高的膨脹。這些行動不是出於惡意，而是誤解。聯準會以及那個時代許多出色的經濟學家相信，美國當時碰上的是所謂的「成本推升」（cost-push）通貨膨脹，這套理論說，有一大堆聯準會無力控制的外部力量推升了成本，比方說，大型的工會推高了勞動成本，中西部的卡特爾組織（cartel）則帶高了油價成本。導致通貨膨脹愈來愈高的是這些成本，而不是聯準會。幾十年後，另一種完全不同的通貨膨脹觀點在聯準會站穩了腳跟，這稱為「需求拉動」（demand pull）通膨理論。這套理論完全把通貨膨脹的矛頭指向了聯準會的會議室。聯準會提高了貨幣供給之後，就助長了對債務和貸款的需求，把通貨膨脹「拉」得更高。資金變得便宜了，代表借錢的人變多了、放款金額提高了，而且全面地帶動了各種需求，進一步拉高價格。這個觀點通常用「太多錢追逐太少商品」這樣的現象來描述，這是指，印出更多錢之後，人民會拿這些錢去買東西，帶動價格上漲。推升消費者物價和資產價格的，都是同一股力道。

一九七〇年代，聯準會把對抗通膨的任務交到他人之手。白宮制定平抑物價與控制薪資措施，試圖壓低成本，這就替聯準會勻出壓低利率與提高貨幣供給的自由度。每一次失業率上揚或經濟成長率走緩，聯準會就降息並印更多錢。這一點也就指向了最核心的問題，至少在梅爾策細數聯準會的大敗時是這麼說的。聯準會因應短期的壓力，他們的行動是注入更多新的資金，而這在長期就引發了風險。公開市場委員會的委員和大家一樣都會看新聞，在這充滿種族動亂、經濟衰退與抗議事件不絕的十年裡，他們不想被指為讓局面雪上加霜的人。每當委員會想要升息（此舉應能讓通膨冷卻下來），常會因為失業率提高或經濟成長走弱很快縮手。梅爾策寫道：「雖然許多（公開市場委員會的）委員理解要有長期性的行動才能抑制通膨，但是少有證據顯示他們有什麼長期規劃。」

霍尼格謹記不忘銀行危機這個教訓，幾十年後，當他在辯證量化寬鬆時，態度也因此十分慷慨激昂。霍尼格親眼見證，在一天之內、用一次投票決定的公開市場委員會決策，如何透過銀行系統與經濟體慢慢傳遞效果，用幾個月、甚至幾年的時間在這個世界完全展現自我。霍尼格之後說：「貨幣政策以他們所說的『長久且多變的遲滯效應』（long and variable lags）發揮作用。」他經常重複這一點，有時候甚至看起來他想要大力敲桌子好把他的想法傳達出去。他的挫折來自於每一次投票時幾乎都沒有人要聽這些用痛苦換來的知識。每次出現短期的問題時，比方說市場下跌或失業率上揚，聯準會就出面干預，印更多的錢並調降利率。聯準會因應短期問題，放任長期問題孳生。

一九八〇年代，霍尼格和他在堪薩斯市分行的同事們，要負責解決聯準會在一九七〇年代以短期思維製造出來的長期問題，他們清掉最大的麻煩是沛恩廣場銀行（Penn Square）的倒閉問題，這家奧克拉荷馬州的大型銀行在一九七〇年代貸放一系列高風險貸款給能源業。沛恩廣場銀行一倒，幾乎也拉著整個美國的銀行體系一起倒。這起事件也映射出第二個在未來幾年會越來越明確的重要模式：聯準會不只助長了資產泡沫，還不得不拯救那些因為泡沫脹大而獲利最豐厚的放款銀行。日後聯準會將發現一件事，某些銀行規模太大、在系統裡的關聯太過錯綜複雜，因此不能放手讓他們倒。

❖　❖　❖

沛恩廣場銀行的業主是比爾・「畢普」・詹寧斯（Bill “Beep” Jennings），他是會用牛仔靴喝啤酒來讓客戶留下深刻印象的人，因此，他想出各種充滿創意的方法在石油大熱的時候承作各式各樣的貸款，也就不讓人意外了。沛恩廣場銀行是所謂證券化（securitization）的先驅，銀行家創造出高風險的債務，然後賣給別人。沛恩廣場銀行版的證券化，是銷售「參與式貸款」（participating loan）。詹寧斯貸款給某家石油公司，然後再把這項貸款的大部分賣給另一家銀行，自家銀行帳面上僅留一小部分。背後的概念很簡單：銀行盡可能承作最多貸款，收取每一樁貸款交易的手續費，然後把債務人可能違約無法償還的實質風險挪到其他銀行的資產負債表上。這麼做可以幫沛恩廣場銀行避開規範，手邊就無需持有一定金額的現金準備。

沛恩廣場銀行也利用互有關聯的借殼公司和合夥事業構成的複雜網路，玩弄一家銀行可以貸款給單一客戶金額的上限規定。奧克拉荷馬州規定，一家客戶的貸款金額上限是三千五百萬美元，但沛恩廣場公司仍想出辦法貸放一・二五億美元給一家石油公司的高階主管羅伯・賀夫納（Robert A. Hefner）。要細說這種種手段要用一整本書才說的完；一九八六年確實有人這麼做，菲利浦・茲威格（Phillip L. Zweig）就寫出了《破滅：沛恩廣場銀行之倒臺》（*Belly Up: The Collapse of the Penn Square Bank*）。但結果很簡單：一九七四年到一九八一年間，沛恩廣場銀行的資產從三千五百萬美元大增至五・二五億美元，新資產中有很多都是貸給能源業的貸款，貸放時的樂觀前提都是油價只漲不跌。業績蒸蒸日上時，詹寧斯被捧為金融創新家，也是頗富魅力的桀傲不遜冒險家。

當伏克爾和聯準會拉高借款成本，就扼殺了市場上對沛恩廣場銀行推銷的貸款需求，也讓詹寧斯變成真正的乞丐。詹寧斯和他的團隊絕望地懇求堪薩斯市分行透過貼現窗口放款，好讓銀行可以活下去。就跟很多銀行一樣，他們說他們只需要更多時間就會沒事了。一九八二年夏天時，他們更加瘋狂努力求生。沛恩廣場銀行懇求堪薩斯市分行出手相助，也去找了大蕭條之後隨即成立的機構聯邦存款保險公司（Federal Deposit Insurance Corporation，簡稱FDIC）。聯邦存款保險公司是無情的劊子手，當聯準會的貼現窗口不再是選項時，就換這家公司上場了。聯邦存款保險公司清算倒閉的銀行，用納稅人的錢償還把錢存在這些銀行裡的零售客戶存款，上限是每一帳戶十萬美元[1]。聯邦存款保險公司和堪薩斯分行針對沛恩廣場公司的事來回談了很多次。聯準會備有幾百萬美元的緊急貸款，但霍尼格和聯準會的律師約克愈來愈懷疑這家銀行有可能活下來。放手讓沛恩廣場銀行倒閉，會打消掉幾百萬美元的股權，但讓這家銀行活下來並繼續向聯準會和其他銀行借錢，很可能讓局面更糟。約克說：「那很可能真的變成大錯，因為有可能導致更大的損失。」

一九八二年七月四日美國國慶那個週末，大限到了。霍尼格假期時仍在工作，推敲數字以利判定再放款給沛恩廣場銀行是不是風險過高之舉。聯準會的理事會也會加入決策。那個星期天華府有一場緊急會議，伏克爾針對這件事投了票。結論是，應該要放手讓沛恩廣場銀行倒閉。星期一，在聯邦存款保險公司、聯準會以及美國財政部貨幣監理局（Office of the Comptroller of the Currency）之間的書信往返當中，替這樣的結論拍板定案。聯邦存款保險公司宣布沛恩廣場銀行

分散給其他銀行，那麼，這家銀行在危機時就能得救。為了拯救這家銀行，可以違反或重新制定之前既有的規則。開了這個先例，也就把一個新詞納入了美國銀行產業的辭庫裡。在國會針對大陸伊利諾紓困案舉行的聽證會上，康乃狄克州的共和黨籍國會議員史都華・麥金尼（Stewart McKinney）用一句簡潔有力的話描述了這種情況：「主席，我們就別鬥嘴了。我們現在有了一種新的銀行，叫做大到不能倒（too big to fail）的銀行。」

❖　❖　❖

伏克爾的主席生涯並不愉快，他曾經打擊通膨，但之後通膨又被帶回了不受控的混亂狀態。在公開市場委員會的一場會議中，伏克爾提出聯準會現代史中所有主席提議過最高的利率之一，成員們都投下反對票。一九八七年他的任期屆滿，他要求不再續任。多年之後，經濟史學家判定他對抗通膨的努力是出於獨立的思考而且非常有效，他到此時才得到屬於他的榮光。但他再也沒有回到美國的權力中心。

霍尼格的境遇好一點。

堪薩斯市分行轄區內的銀行倒閉潮最終消退了，沛恩廣場銀行倒閉案是其中最嚴重的一樁。霍尼格身邊的人，比方說約克，注意到他在危機期間的表現，約克認為，霍尼格在局面險峻期間仍秉持了正直誠實和非凡的能力。堪薩斯分行總裁羅傑・古費（Roger Guffey）一九九一年時宣布退休，此時霍尼格的聲譽就顯出了重要性。

堪薩斯市分行從來沒有內升的總裁，但霍尼格還是勇往直前。應徵這項職缺的大約有一百五十人，古費在堪薩斯市分行董事會的協助之下選出他的繼任者。這項人事任命還需要華府的聯準會主席以及理事會同意。

古費近距離看到霍尼格如何應對沛恩廣場銀行的危機，認為他很適合這個職位。霍尼格獲得堪薩斯市分行董事會的同意，之後他飛到華府，和聯準會每一位理事面談。最後，霍尼格被引入聯準會新任主席葛林斯潘的辦公室。葛林斯潘是說話溫文儒雅的經濟學家，在華府政界有幾十年的經驗，他曾在華爾街工作，並在尼克森與福特總統任內任職於白宮。葛林斯潘在一九八七年股市崩盤後沒多久就成為主席，他巧妙地處理這場股災，幾乎贏得所有人的讚賞。他累積出能優雅調度聯準會權力機制的名聲，像是外科醫師一樣靈巧。葛林斯潘戴著一副讓人聯想起貓頭鷹的大眼鏡，眼鏡背後的他顯得高深莫測。和霍尼格面談時，葛林斯潘聽的比說的多。

葛林斯潘問起霍尼格對貨幣政策有何理論見解，霍尼格說，一九八〇年代的危機讓他見識到公開市場委員會的決定可以造成多重大的後果。物價與資產價格高漲期間霍尼格負責監督銀行，他看到當公開市場委員會長期壓低資金價格造成長久且多變的遲滯效應。在伏克爾以粗暴的方式終結通膨之後，就輪到他迅速處置倒閉銀行。霍尼格回述：「我這個人太清楚寬鬆維持太久會產生哪些效果，我認為應該謹慎推動貨幣政策，要緊盯著通膨。」

除此之外，霍尼格還認為制定貨幣政策時必須克制自持，還要有長期性觀點。他說：「你所做的每一件事都會造成長期效果。」就霍尼格記得，葛林斯潘在這方面並未表示意見，但這位主席顯然也認同。霍尼格得到了這份工作。

在霍尼格成為新任總裁的消息傳出之後，他有一位年長的鄰居帶著禮物來拜訪他，那是一張裱起來的德國鈔票，這張鈔票面值為五十萬馬克。鈔票下面有一行簡單的說明寫著：「一九二一年，這張鈔票可以買一間大房子。一九二三年，這張鈔票可以買一條麵包。」這是德國惡性通膨時代的活生生記憶。

霍尼格把這份禮物掛在市中心的辦公室裡，這是很好的提醒，讓他記住通膨的破壞力道，或者說，至少，第一種膨脹（亦即物價的膨脹）可能導致貨幣價值幾乎盡失。然而，霍尼格憂心的是他看見的另一種膨脹，也就是資產價格的膨脹。他也大可在牆上掛一些紀念品，比方說沛恩廣場銀行和大陸伊利諾的公司章程，提醒自己高漲的資產價格引導借貸雙方順理行事時會怎麼樣，以及當脆弱的泡沫導致整個金融體系停頓時又會怎樣。

一年內，霍尼格就以公開市場委員會成員的身分，坐在埃克勒斯大樓會議室的大型木質會議桌旁，和葛林斯潘同時出席。他從沒忘記鄰居給他那份禮物時說過的話：「我想要送給你，提醒你如果你沒把這份工作做好會發生什麼事。」

第四章　聯準會說（一九九一～二〇〇二）

一九九一年十月一日，霍尼格首次以公開市場委員會列席委員的身分來到聯準會的會議室。在他的工作生涯中，他一直都親見聯準會政策在民間基層產生了哪些影響，現在，他可以協助導引聯準會的政策，而且他也有責任這麼做。這是霍尼格第一次以地區分行總裁的職銜坐進禮車來到聯準會大樓，有人導引他從側門進入，直接來到專用電梯。霍尼格來到新環境，身邊的一切都宏偉壯觀，基本上，這些就是這一天的重心了。埃克勒斯大樓的大廳是一個又深又廣的空間，挑高兩層樓，上面有拱型的天花板。寬闊的走道以黑白兩色大理石磚鑲成完美無瑕的棋盤格，兩邊都有樓梯可上到夾層樓層，當作圍欄的白色廊柱直頂到天花板。走過走道就是會議室，公開市場委員會就在這裡圍著大會議桌坐下來開會。葛林斯潘坐在中央。

「各位早安。」葛林斯潘說，「很高興霍尼格加入我們，這一次是正式的了。我猜，湯姆，今天也是你擔任總裁的第一天。」

「確實是。」霍尼格說，「各位可要當心了。」

費城分行總裁愛德華．伯尼（Edward Boehne）用一種嘲弄新手的態度大叫：「從現在開始要辛苦爬坡了！」

葛林斯潘隨即終止這些寒暄閒聊。

「有人要提一下八月二十日的會議紀錄嗎？」他問。就這樣，典型公開市場委員會會議特有的動輒數小時審議商討，就開始了。到了一九九一年底，相關討論比多數人所知的更加緊急迫切。

霍尼格加入公開市場委員會的時間，剛好遭逢美國經濟史上非常奇特的轉折點。在世人的記憶中，一九九〇年代欣欣向榮：這十年間，網路大爆發，股市飆漲，幾乎沒有失業這種事。但在委員會中，委員一直很擔心支撐起美國權力的經濟大機器。表面之下，有一層具有侵蝕性的弱點。某種程度上，可以說美國的經濟弱點是隱性的。美國經濟正在成長，伏克爾升息與高失業率的黑暗歲月早就被人遺忘。一九八〇年代從中期到晚期，華爾街裡充斥著一股以大量借錢與出手闊綽為特色的淘金熱。這是垃圾債券大戶橫行的時代，這些人利用廉價的債務買進公司，然後和其他公司合併賺取利潤，或者把公司拆開來快速出售。股票市場一飛沖天。但在喧騰的市場之下潛伏著根本的弱點，幾百萬的美國勞工都看到了。天然氣的價格很高，解雇是家常便飯，商業投資遲滯不前。一九九〇年八月，美國經濟陷入衰退，持續了八個月，在霍尼格進入公開市場委員會前幾個月才終結。衰退本身不足慮，接下來發生的事才真的困擾聯準會。經濟開始再度成長，但就業並未復甦，這打破了可回溯至二戰以來的經濟循環基本模式。經濟下滑期間工作會消失，但應該在回復成長後回來。這一次，即便經濟開始成長，失業率仍節節攀高。

這是葛林斯潘在十月會議上面對的難題。在經濟復甦但失業增加的環境中，聯準會應該怎麼做？為什麼會發生這種事？

葛林斯潘說：「我們面對了一些非比尋常的問題。」復甦遲滯、投資減緩和就業減少，都不容易解釋。他說：「看起來，美國經濟就好像是迎著時速五十英里的風阻加速起跑。」

葛林斯潘解釋，關鍵問題看來是一九八〇年代靠債務帶動的經濟成長、以及之後的銀行倒閉。這番話很有見識。葛林斯潘說的這個問題之後會不斷自行重複、強化，變成二十一世紀美國經濟的明確特徵。廉價的債務可以暫時帶動快速的成長，但之後會跟著出現的是長期的崩盤以及成長疲弱的期間。經濟學家在一九九〇年代才更深入理解這種新模式，他們判斷，正如葛林斯潘的懷疑，一九九〇的經濟衰退真的不一樣。企業與家庭不願花錢，因為他們都還在償付一九八〇年代的債務。這是一種相當於嚴重宿醉的衰退。損害範圍非常廣泛，也影響了白領階級，這些人在過去經濟下滑期間並不愁會被辭退。

一九九三年，普林斯頓大學一位年輕的經濟學家寫了一篇報告，列出這種廉價負債的沉重負擔帶來的風險，此人正是柏南克。他在解釋一九九〇年的經濟衰退時，說這是債務「積壓」（overhang）造成的問題。他指出，一九八〇年代企業負債大增，導致經濟在一九九〇年因波灣戰爭（Gulf War）油價高漲遭受衝擊時脆弱不堪。基本上，就算是小小的打擊，都足以促使負債累累的公司快速解雇員工並放棄擴充計畫。柏南克寫道：「當經濟衰退導致營收與利潤普遍下滑，負債以及利息重擔已然沉重的公司，就要面對更緊縮的現金流。」

一九九一年十月，聯準會仍還在努力想辦法釐清到底是怎麼一回事。在霍尼格第一次參與的公開市場委員會會議上，葛林斯潘以帶著急迫性的謹慎做出結論。局面最後終究會好轉，但他不知道需要多久時間。到頭來，這真的花了很長一段時間。

霍尼格在一九九二年一月時成為公開市場委員會的有投票權委員，此時經濟仍如一灘死水。這是開端，後面將跟著一段特別的期間，這段期間創造出一個新詞叫「失業型復甦」（jobless recovery）。霍尼格在自己的轄區也看到這種情況。有跡象顯示經濟走強，穀物價格上漲，也有很多新屋開工，但製造業的就業率下滑，美國中西部很多高薪工作消失。在霍尼格的轄區內，最近約有千名汽車廠員工被解雇。他第一次以有投票權的委員身分出席會議時，葛林斯潘問起中西部經濟現況。霍尼格說：「我們認為轄區的經濟成長某種程度上來說變慢了，在最好的情況下或許可以說是持平。」基本上，他這話和他在一九九二年幾乎每一次會議上講的事情是一樣的，只是他後來用的是「好壞參半」與「停滯不前」這類說法。

就連葛林斯潘也百思不得其解。一九九二年快年底時，在一場記者會上，葛林斯潘聽起來很生氣。他說，聯準會為了提振就業已經做了該做的事，但整個經濟體都沒有反應。葛林斯潘說，「任何模型都無法解釋我們目前遭遇的模式，此時的環境真的是非比尋常的艱難。」

如果經濟打破了過去的模式，那麼，葛林斯潘也很願意聯準會突破窠臼。一九九〇年代初期，即便美國經濟正在成長，他也指揮聯準會降息，根據傳統模型，這和聯準會應該做的完全背道而馳。一九九一年，聯準會將短期利率從稍高於五%調降為低於四%，希望給經濟下一帖甜蜜的緩解劑，或能逆轉債務積壓的問題。但他們很快就發現顯然美國經濟需要下更重的藥。在一九九二年這一整年，聯準會在一場接一場的會議之後持續降息，年底時利率一路降到二・九%。這項應急措施後來便成了常態。在一九九四年初之前，聯準會一直將利率維持在約三%。

霍尼格成為有投票權委員的第一年，他在每一次會議上都投贊成票，同意葛林斯潘。如果說霍尼格天生反骨，他可隱藏的太好了。他在幾次會議上確實表達對通膨的顧慮，有時候，他也說他不樂見讓資金變得更廉價。他的心裡，仍惦記著很多一九七〇年代學到的教訓。但一九九二年經濟疲弱，讓他相信無論經濟衰退是否已經結束，聯準會出手干預是有道理的。

葛林斯潘的行動並非短期應變行動，反而代表了一個貨幣寬鬆新時代的開始。與後來的情況相比，一九九二年葛林斯潘監督之下的寬鬆行動還算溫和。與聯準會後來助長的積壓債務相比之下，一九九一年時積壓的壞帳（這也是聯準會之前參與造成的）也還不算高。在那些年，葛林斯潘變成重要的公眾人物，他很可能是聯準會有史以來最有名的主席。但就算認識葛林斯潘這號人物的人愈來愈多，他們也很少去理解他在做什麼。在一九九〇年代這十年，聯準會真正進入了經濟決策的中心。然而，葛林斯潘很努力，希望盡量模糊這個事實。

成立聯準會時，就已經設計成其行動無須對選民負責。但一般人還是認為，央行仍至少應該定期向國會的政治人物匯報，說明他們在做什麼以及為何要這麼做。在葛林斯潘的時代，這樣的想法導引出一項非常奇特的慣例。這位睿智的主席，帶著他不苟言笑的行事作風以及粗框眼鏡，從林蔭大道盡頭的埃克勒斯大樓辦公室裡的尊貴空間走出來，前往國會的各處室，坐在議員面前說明聯準會的行動。這類聽證會很奇怪，因為不確定國會到底有沒有權力管轄聯準會。國會無權刪減聯準會的資金，也不能開除葛林斯潘或降他的職。但葛林斯潘自己願意出席聽證會，過程會在C-SPAN有線電視頻道上播出。他很容忍這些民選議員提出的問題以及冗長的個人表演，並且提出他已經擬好的說法。在聽證會上，葛林斯潘散發出一種外國皇族的氣質，他有禮地聆聽，回答問題，然後起身離開。

❖　❖　❖

一九九八年六月十日就有一場典型的聽證會，葛林斯潘要在國會的聯合經濟委員會上發言。這場聽證會名為「美國經濟環境現況」。所有美國人民都相信，葛林斯潘是最能判斷並說明美國經濟狀況的人，人們說他是身在美國經濟體制高點的先知、大師，每一個角落都看得清清楚楚。他把這個角色扮演的很好。葛林斯潘穿著深色細條紋西裝、白襯衫，打著褐紅色的領帶。他一個人坐在桌旁，桌上覆著白色桌巾，也擺上了麥克風。

六月這天，共和黨委員會主席、紐澤西州共和黨籍的議員吉姆・薩克頓（Jim Sexton）為聽證會開場，長篇大讚葛林斯潘領導聯準會之成績。他的讚譽是有原因的。一九九〇年代初期經濟成長疲弱與失業率高漲的時代，已經過去很久了，美國經濟在一九九三年到一九九八年之間穩定發展，失業率降到四・四%，薪資也穩穩上揚。薩克頓一開口，就展現了絕佳的政治本能：他把美國蓬勃發展的大部分功勞歸於勞工和企業家。但他說，如果說有任何治理機構幫忙帶動了經濟成長，那就是聯準會。他說：「就相關的政策因素來說，貨幣政策是維繫經濟擴張的主因。我認為，聯準會走在正確的道路上，我很推崇聯準會的領導階層。」

薩克頓表達對聯準會主席的崇敬時，葛林斯潘往下看著桌子，用手托著腮，就像一個人在看電影時努力撐著不睡著。當民選官員發表完意見，他多半會輕輕點頭，並咕噥著表達他的感激。等議員都講完了，財經媒體的記者紛紛坐直了，保持警覺；現在換大師開講了。只要他透露任何一丁點線索指向聯準會未來的行動，都可能撼動市場。葛林斯潘會發表一些關於公債殖利率的看法，或是丟幾句話評論一下大宗商品價格通膨，很可能透露出聯準會之後是要緊縮還是放寬貨幣供給，至少財經媒體是這麼說服自己的。他們檢視他說的每一個字，看看能不能從中找出可以寫成標題並讓債券交易員覺得有用的模式。

不靠交易債券為生的人，也很有理由去關心聯準會做了什麼事。聯準會的行動雖然有長久且多半有遲滯效應，但會影響經濟生活的每一個面向，其政策可能決定了整個社會是繁榮還是愁雲慘霧。然而，如果有人急著要在葛林斯潘的講話中尋找蛛絲馬跡，他非常善於打擊他們的努力。他特意用一種神祕莫測、甚至可說是難以理解的方式來講話。這種表達方式在國會山莊贏得了一個渾名：「聯準會說」（Fedspeak）。這種說話方式夾著大量的術語以及許多彼此套疊的概念，你需要擁有經濟學博士學位（或是在華爾街做了很多年的交易，經驗豐富）才能理解。當葛林斯潘開口，每個人的大腦馬上就換到低速檔，準備要奮力駛上陡峭的上坡路，因為他們得努力理解他到底說了什麼。

舉例來說，葛林斯潘當天所說的話包含以下這段：

由於風險溢價，以及產品物價愈趨穩定導致投資具產能資本的經濟性反誘因減少，經濟表現隨著通膨和緩而走強，不應感到訝異。但，強健成長、高資源利用率與低通膨長期間結合在一起，卻是非比尋常。確實，衡量範圍最廣的物價變動指出，即便經濟走強，但通膨在今年第一季仍繼續下跌。

這是他很典型的講話內容。讓人感到不可思議的是，葛林斯潘在這些場合的發言，比起他在身邊都是博士經濟學家的公開市場委員會會議上時所說的話，更曖昧、更難懂。比方說，回頭看一下一九九一年，在霍尼格第一次參加的會議結束時，葛林斯潘對著委員發表演說，這位主席直接且簡要地談到了金融體系裡的債務問題。當然，他講的是很複雜的金融系統，但就算是後來才讀到他的演講內容的平民老百姓，也懂他在說什麼。葛林斯潘公開發言時一切都不一樣了，他會用一層含糊的幌子把他的話掩蓋起來。

葛林斯潘運用這種「聯準會說」風格發言，造成了持續且重大的影響，在貨幣政治學對於美國的經濟愈來愈重要的同時，他的作風卻促動了原本很漫長的過程，讓貨幣政治學更快速離開美國大眾生活。一般人聽到葛林斯潘的片段發言之後，如果相信不管聯準會做什麼必定是複雜的任務，平凡老百姓不可能有能力去討論，那就別批評了吧，這可不能怪他們。葛林斯潘的演說加深了一種印象：聯準會是一群天才級決策人士的組合，他們無私地應付超級複雜的問題，就好比駕駛一輛超級巨無霸飛機。

這樣的局面引發了緊張，幾乎到了公開爆發的邊緣，就連在國會的公開聽證會上也可見端倪。薩克頓說聯準會是一九九〇年代美國經濟成長的主要驅動力量時，他的民主黨同僚、來自紐約的莫里斯・辛杰（Maurice Hinchey）禮貌地反駁了這個說法。

「我相信，貨幣政策要追隨財政政策。」辛杰在演說時這麼講。這句話凸顯了一個很重要的分別，之後，楚河漢界很快地擴大到無可修補的地步。一刀切下來的一邊是貨幣政策，由聯準會控制；另一邊則是財政政策，是由國會、白宮以及州政府等民意機構控制。財政政策涉及收稅、公共支出以及規範。

當聯準會執行貨幣政策的能力不斷加強之時，多年來，美國執行財政政策的能力也不斷退化。有很多原因導致財政衰敗：政界的金錢分配、企業遊說大增、有線電視新聞出現以及所得愈來愈不平等，各種因素都發揮了作用。關於立法與行政的權力大減，有一點很重要，那就是這些權力並非不可或缺。財政政策導引美國發展至少有百年的歷史，之後則由挾著印鈔權力的聯準會補上。

美國史上最大規模的財政政策行動，出現在大蕭條與富蘭克林・德蘭諾・羅斯福（Franklin Delano Roosevelt）一九三二年當選美國總統之後。在接下來的十年裡，羅斯福與民主黨占大多數的國會通過了一套全面且互有關聯的法律，也就是後來統稱的新政（New Deal）。由於新政大大影響經濟，也決定了哪些人是贏家、哪些人是輸家。從這些方面來說，新政很重要，值得好好思考。新政下制定的法律授權給工會，並打破大型的壟斷或是對其嚴加規範，還針對華爾街定出了第一套透明清晰的法律，也拴緊了銀行體系。新政帶有對抗性，對抗的是位高權重者的利益，剝奪他們的權力。事實上，羅斯福總統就職後第一天就關閉銀行，原因是銀行體系多年魯莽的投機行為引發了大蕭條。羅斯福總統說這段關閉期是讓銀行「放大假」，他也在這段時間派出稽查人員，以判定哪些銀行有償債能力，哪些無能為力。之後，政府大刀闊斧，以前所未見的方式重新建構並重新規範銀行。

新政下的銀行法就像是《舊約》（Old Testament）裡的戒律：簡短、簡單、全面涵蓋。這些法律中最著名的是〈格拉斯—斯蒂格爾法案〉（Glass-Steagall Act），乾淨俐落地將整個銀行業分成兩個世界：顧客存錢進來的商業銀行，以及在市場裡從事投機交易的投資銀行。這樣可以保障人們放在銀行裡的存款安全無虞，成立聯邦存款保險公司又進一步強化了存款的安全性；這是一套有政府背書的保險方案，保障顧客的存款。

這些催生出霍尼格所在的世界，負責監管銀行的規範單位可以強力監管貸放行為。在一九三六年一場競選演說中，羅斯福總統坦然擁抱了衝突，他說：「我們必須對付阻礙和平的老對手：企業和金融的壟斷、投機、魯莽的銀行、階級對立、本位主義、發戰爭財；在我們的歷史中，這些力量過去從沒有任何時候像今天這麼團結，對抗單一候選人。他們全都痛恨我，而我樂見他們的恨意。」

羅斯福得償所願。這幾股力量確實恨他，而且他們的恨意持續很久。一九六〇年代換成林登·詹森（Lyndon Johnson）上臺當總統，這股仇恨甚至更強了。詹森是新政的大祭司，他通過了聯邦醫療保險和聯邦醫療補助等「大社會」（Great Society）方案，讓政府的手伸得更遠。對抗這些方案與新政的反動力道，讓保守運動有了生命力，隨著隆納德·雷根（Ronald Regan）連任總統而獲得了力量。一九九〇年代中期，這股運動促成了以眾議院議長紐特·金瑞契（Newt Gingrich）領軍、由共和黨掌控的更激進國會興起。他為批評新政者的反政府精神注入了人性，把他們的抱怨描繪成小人物的防禦。這迎來一個新的政治時代，充滿著鬥爭以及為了上電視爭取曝光而出現的衝突，特色是一九九五年的政府停擺。

聯準會給民選政治人物一條便給的脫困之路。聯準會可以在經濟開始衰退時印錢，如果通膨太嚴重，也可以緊縮貨幣供給。這套方法不像制定金融法規，幾乎不會遭遇任何抗爭。看起來，似乎沒有人需要為了聯準會掌握更大權力與擔負更多責任而付出代價。記者兼經濟史學家尼可拉斯・萊曼（Nicholas Lemann）指稱，以聯準會為中心的模型遵循的是凱因斯（John Maynard Keynes）的理論，這位傑出的經濟學家主張，政府應該在經濟衰退時期花錢，以帶動成長。萊曼寫道：「凱因斯學派的經濟管理風格沒有任何直接的天敵。」經濟管理變成一門藝術，在艱困時期在經濟體中注滿資金，提高資金水準，在通膨看來將成為危機時就調降資金水位。聯準會主要的權力，是把資金變得更便宜、更充沛，葛林斯潘很大方地運用這份權力。一九八九年，利率接近一〇%，一九九〇年代，利率低至三%，後來才又升息。一九九五年至一九九八年間，利率約維持在五%。

霍尼格在這整段期間都參與公開市場委員會，每三年就擔任一次有投票權的委員。一九九八年，他又是有投票權的委員，這段期間也正好是葛林斯潘祭出更激進行動的時候，他在一九九〇年代連續降息，助長了股市泡沫。這些降息行動證明，運用聯準會的權力可能不會引來天敵，但會替美國人民造成更高的成本。

事實上，在「聯準會說」營造出來的帷幕之後，一九九〇年代，公開市場委員會內部有嚴重的政治性爭論。回顧過去，最重要的政策一定和通膨有關。用伏克爾的話來說，膨脹有兩個「表親」：消費者物價通膨以及資產價格膨脹。葛林斯潘領導的聯準會做了一個重大決定，長期只聚焦在其中一項：物價通膨。只要消費產品的價格不要漲得太快，聯準會就可以不斷降息，不斷提高貨幣供給。他們不管資產價格，放任其依著不受控的本質發展。

❖　❖　❖

正式採行這套政策並非由單一場會議決議，這是長期下來的結果，當這樣的政策愈來愈牢不可破，也讓霍尼格愈來愈不安。他對待貨幣的哲學，是以他在一九七〇年代的經驗作為堅實的基礎，那個時代的資產價格膨脹與泡沫，造成了嚴重破壞。他很擔心放任資產價格不予控制，但霍尼格也是真心尊敬崇拜葛林斯潘。一九九八年之前，在公開市場委員會的會議上，他只投過一次反對票。那是一九九五年的夏天，當時葛林斯潘大力推動降息，但霍尼格認為此時利率已經夠低了。長期且多變的遲滯效應規則、以及看著公開市場委員會創造出大通膨卻沒有及時體認到這一點的經驗，在霍尼格心頭揮之不去。降息之議通常被指為一種「保險」，用以防範未來的經濟下跌，一九九五年提出降息時就是根據這樣的論點。

「我很擔心這種保險的代價。」霍尼格在投出反對票之前這麼說。他是唯一反對降息的委員，以接下來的一、兩年來看，顯然他的分析錯了。降息幫忙帶動了經濟成長，非常可怕的通膨徵兆則從未出現。經濟數據讓霍尼格對於自己投下反對票的決定痛上加痛。

在霍尼格成為公開市場委員期間，他學到更微妙的一課：關於表達反對這件事，有很多不可說的潛規則。公開市場委員會投票結果嚴重偏向某一邊，是有道理的，而且和聯準會的章程規範毫無關係。至少在理論上，公開市場委員會應該是一個投票決的機構，和最高法院並無二致；因此在公開市場委員會中，也理應如同高等法院一樣，很有可能有票數接近的局面，或是有時候正反面的意見幾乎平分秋色。公開市場委員會也和最高法院一樣，都是針對結果不明確的複雜議題投票，但卻從來沒有聽過有投票結果相近這種事，背後的理由是公開市場委員會的文化，以及服從聯準會主席的傳統。

「我可以告訴你，在很多情況下，他們會很訝異你居然投票反對主席。」霍尼格表示，「我不知道該怎麼說。你知道的，那是一種訊息，顯露了投票反對主席是非比尋常之事。你必須小心為之……沒有任何手冊上規定你不能投票反對主席，但如果你真的做了，你就會看到會議室裡瀰漫著一股焦慮。」

一九九〇年代大部分時候，霍尼格可以輕鬆地跟著其他委員投同意票，因為他認同葛林斯潘，但基本上決定忽略資產泡沫這件事，讓霍尼格愈來愈難以配合。

葛林斯潘僅專注於消費者物價通膨，他有很穩健的理由。其一，這種膨脹比較容易追蹤：收集汽油、麵包和電視機價格的資訊比較容易。在政治上，對抗物價膨脹也比對抗資產膨脹更受歡迎。如果聯準會壓低消費商品的價值，不太會有人抱怨。但如果資產泡沫破滅馬上造成痛苦，就會讓人民很難受，尤其是非常富有的家庭。「面對泡沫時升息，永遠都是付出確定的代價以阻止不確定的威脅，並引發政治人物與一般大眾的憤怒，這些人最愛的莫過於高漲的股市。」財經記者賽巴斯均．馬拉比（Sebastian Mallaby）寫過這麼一段話。他寫的葛林斯潘傳記《知者》（*The Man Who Knew*），鉅細靡遺地捕捉了葛林斯潘領軍下的聯準會政策歷史。書中指出，對抗物價通膨、放過資產膨脹的決策是慢慢成形的，但是在一九九〇年代之前便已存在，這一點不會錯。這不只是葛林斯潘掌權時代下的特異之處，也定下了一種長期的模式。

做出這個決定為葛林斯潘帶來很多好處，這也有助於解釋為何兩黨的議員都在公開聽證會上盛讚他。葛林斯潘堪稱是他那一代最有才華的金融工程師，這項成就的關鍵以及其神祕之處，是他能在不觸發物價通膨的條件下刺激經濟。

資產價格膨脹到了一九九八年時就已經失控，但大眾並不太擔憂。當資產價格膨脹失控，大家不會說這是膨脹，而是稱之為火熱。一九九〇年代很多資產價格膨脹都發生在股市，股價飆漲，如果換成奶油或是汽油的價格漲幅，簡直是駭人聽聞的高價。一九九九年標普（Standard & Poor's）指數上漲一九．五%，衡量科技股的那斯達克（Nasdaq）指數則上漲超過八〇%。財經媒體報導股市活動，就好像ESPN報導體育活動一樣，著重短期、一小時一小時說著目前的市況，重點放在現在誰上了、誰又下了。場上表現最好、堪比麥可．喬丹（Michael Jordan）的大明星，就是一群新興的科技股，比方說網站公司雅虎（Yahoo!），以及新興的網路零售業者，如亞馬遜（Amazon）、電子玩具（eToys）和價值美國（Value America）。

股價與貨幣供給成長（聯準會注入更多資金到銀行體系）之間的關係，很少有人認真討論。到了一九九八年，股市熱與聯準會的政策密切相關，這一點已經無須爭辯。六月，葛林斯潘提出警告，指股價可能已經高到無以為繼的地步，此話引發交易員恐慌，他們認為聯準會之後將會升息並緊縮貨幣供給。在七、八月之間，股價跌了約一八％。為了因應局勢，聯準會在短短幾個月又再度降息，從五．五％降到約四．八％，股市又應聲而起。

就是因為這樣，霍尼格十一月中去華府參加公開市場委員會會議時才憂心忡忡。對於之前降息導致資金愈發廉價、從而鼓動人們提高借貸與買股票的聯準會來說，這是關鍵時刻：現在，聯準會可以靜觀其變，看看刺激方案在系統中如何發揮作用，或者，聯準會也可以更進一步倒入更多錢，很有可能使得股市泡沫愈吹愈大。霍尼格必須決定，如果葛林斯潘推動另一次降息，那他要不要二度投出反對票。

聯準會主席通常輕描淡寫低利率對股市的影響，但葛林斯潘在十一月的會議上直言兩者的關係。他承認，股市可能是泡沫，因此他很猶豫要不要再調降利率。葛林斯潘說：「有一個領域的情況太過寬鬆，遠超過我樂見的程度，那就是股市。某種程度上，這對於我在判斷應不應該改變

（利率）這件事上畫上了一個大問號……如果道瓊指數低個兩、三百點，我認為再調一次（利率）然後無限期讓政策按兵不動的主張就很穩……我確實認為憂心資產泡沫並非無的放矢，而這也是我對寬鬆政策最大的顧慮。」

然而，即便面對資產泡沫，葛林斯潘仍推動另一次降息。他說，物價通膨沒有上漲，勞動成本也幾乎沒有漲。十一月時，有很多理由支持降息。當時，最怕的是俄羅斯的債務危機惡化，俄國政府沒有能力償還貸款，國際貨幣基金（ＩＭＦ）顯然也不願意出手拯救俄國。這很可能擾動海外市場，混亂可能掃到美國。他主張，降息或許有助於金融體系防範這些壓力。葛林斯潘說：「這種保險的成本很低，我想，在這個階段推出保險、然後在某個點上叫停、維持不變，在未來幾個星期或可能幾個月期間看著事件在現實中的變化發展，或許不是一件壞事。」

聯準會聖路易分行總裁威廉．普爾（William Poole）說，他會支持降息，但這是不得不然。挹注更多資金到銀行體系裡，風險可能很高。普爾說：「我擔心我們是把汽油、而不是把活水灌到經濟體裡。」

輪到霍尼格發言時，他附和了這些疑慮。他說：「我認為普爾總裁說得最好，我們很可能是把汽油灌到經濟體裡。我擔心很可能造成泡沫經濟症候群。」但霍尼格也說，有三個好理由支持降息。第一，他察覺到海外債務危機造成的危險；第二，他沒有看到任何跡象指出會立即出現通膨威脅。最後，他相信如果後來證明降息並無必要，聯準會可以再度升息。

普爾和霍尼格都投下贊成票支持葛林斯潘降息。

❖ ❖ ❖

一九九九年，一家無線通訊公司高通（Qualcomm）股價上漲了二十六倍，這一年，標普指數上漲一九·五%，那斯達克則幾乎倍增。光纖光學公司三六〇網絡（360networks）的執行長葛雷格·馬菲（Greg Maffei）接受《紐約時報》訪談時，簡潔明瞭地描述了這個時代：「我們有大量相對低成本的資本，有時候，當人們快速把很多錢投入到某些事物上時，並不全然理性。」

一九九九年開始出現物價通膨的信號。二〇〇〇年初，葛林斯潘在一場國會的公開聽證會上提出警示，說前一年的小幅升息可能不足以減慢已經過熱的經濟成長，物價通膨正在累積力量，如果聯準會不作為，只會漲得更高。

之後聯準會快速升息，從五·七%調整至六·五%，這相當於摁下捷運列車上的緊急煞車。交易員的思維迅速改變，趕快調整到一個資金與債務成本都高得多的世界。他們套用了新的架構，以評估買進賣出資產的價值。在這些資產中，有一項是總部設在舊金山的公司寵物網（Pets.com）的股票，公司二〇〇〇年二月剛掛牌。這家公司的股票，就像是高伯瑞筆下的佛羅里達地契。忽然之間，交易員開始重新檢視撐起資產帳面價值的實體價值，他們發現寵物網沒有想到狗食運輸成本提高的問題。這家公司的股票一開始是每股十一美元，之後就穩定下跌。這代表了資產價值不斷上漲的自我強化論據結束；循環結束，是因為聯準會升息。寵物網十一月時就宣布破產。

二〇〇〇年股市崩盤，三月到十一月間，兩百八十家網路公司股票市值蒸發了一．七六兆美元。聯準會扮演了決定性的角色，先創造出價值幾兆的股市泡沫，後來又一手摧毀。然而，當股市崩盤，銀行家、交易員和政治人物都去聯準會尋求協助。這場災難看來更強化了葛林斯潘的金融救援大師美稱。大家都只相信聯準會有能力重新調整市場並避開另一場更嚴重的災難。這件事顯露出葛林斯潘擔任聯準會主席時政策架構的第三主幹。他選擇控制物價通膨、忽略資產價格膨脹，在資產價格崩盤時插手，挽救系統。以一個大聲表達反對政府干預的偏自由派思想家來說，這看來是一套很奇怪的策略。但多年下來，葛林斯潘發現，紓困無可避免。聽任大型銀行與負債累累的政府倒閉，是一種痛苦到不可考慮的選項。在許多獨立的決策累積之下，慢慢發展出另一種政策。馬拉比在他為葛林斯潘所寫的傳記中就提到：「聯準會賭上自己的聲譽，要證明這個機構可以在泡沫過後把局面清乾淨的論點；如果任務成功了，代表經濟下跌的相對幅度很溫和，過去的榮景還是值得擁有的。」

二〇〇〇年與二〇〇一年的清理工作工程浩大，但聯準會快速且強力展開行動，到了二〇〇一年八月就已經把利率調降到三．五%。霍尼格這一年又成為有投票權的公開市場委員會委員，大致上支持這項行動。聯準會成立的目的，就是要在危機時提供廉價的資金，沒有人能否認市場崩盤就是一項危機。但問題是，聯準會應該金援多久。在這一點上，霍尼格開始和葛林斯潘漸行漸遠。

五月，葛林斯潘想要再調降利率〇．五％，這是很大的變動幅度。霍尼格不反對寬鬆，但他覺得聯準會的速度應該更慢一點，讓過去幾次降息有時間發酵。霍尼格的立場算不上激進，他主張不要降〇．五％，調低〇．二五％就好了。霍尼格說：「主席，我認為我們今天應該把閥門往後拉一點。我們已經注入大量的流動資金到市場裡，現在，我們應該讓這些錢徹底發揮作用，而且，未來若要採取任何進一步行動，我們應該更謹慎一些。」霍尼格在這次的爭論上輸了。他那個月投下的反對票，僅是他事業生涯中的第二次，還有，他是這次唯一投反對票的委員。

二〇〇一年九月十一日，恐怖分子利用挾持來的飛機攻擊美國，害死了將近三千人，並讓美國經濟陷入混亂。這讓處於緊急狀態的美國經濟急上加急。聯準會以更大幅下調利率來減緩這次的打擊，沒有任何人表示不滿。

但在十二月，霍尼格在當年二度投下反對票。那個月，輪到霍尼格在公開市場委員會上發言時，他再度勸說要謹慎與克制，憂心長期且多變的遲滯效應。他指出，利率已經從前一年的六％調到二％了。霍尼格說：「主席，我認為我們應該停在這裡。聯邦基金利率（Federal Fund rate）調降到二％，刺激力道也夠了。我們正在看到一些好轉的徵象，而且，刺激方案還沒有完全展現效果。我知道通膨並非立即要處理的議題，我也認同，但我認為此時我們需要有一點較長期的觀點。」

霍尼格又輸了辯證，再度成為寂寞的異議人士，聯準會也順利降息。一個月後，霍尼格輪調，讓出他的有投票權公開市場委員會委員身分。

在接下來兩年，聯準會的緊急狀態幾乎變成常態。二〇〇一年降息成為定局，在二〇〇四年中之前，短期貸款的成本一直低於二％。這個時代可與一九六〇年代相比，在後面這個時代，貨幣政策也鋪出了一條導向經濟崩潰的路。但這一次不一樣。二〇〇〇年代，葛林斯潘控制物價膨脹、放任資產泡沫的政策，出現很極端的形式。聯準會扮演了非常重要的角色，助長最嚴重的資產泡沫，導致了一場自大蕭條以來最嚴重的崩盤。同樣的，這一路上霍尼格都亦步亦趨跟著，但這一次他在整過程中扮演了主動的角色。他很少對於自己在公開市場委員會中投下的票表達遺憾，但房市泡沫時代是例外：那一次霍尼格幫忙迎來了泡沫。

第五章　過於強勢的公民（二〇〇二～二〇一〇）

事情始於二〇〇一年，在恐怖攻擊與股市崩盤之後。聯準會一直把利率壓得很低，霍尼格擔心，公開市場委員會可能再度助長中西部的資產泡沫。二〇〇一年三月，他引用了一個具體範例：房市。霍尼格憂心低利率很可能會把資金推出殖利率曲線，變成提供給營造業的更高風險貸款。

霍尼格在當月的公開市場委員會會議上說：「本地區的銀行開始更積極地從事房地產業的放款。」如果利率仍低，「由於人們要配置資產，我們會看到資金大量流入這個產業，這很可能會導致房地產業蓋了太多房子；抱歉，我找不到比較好的用詞來說明。」

在這次會議上，霍尼格和聯準會一位經濟學家大衛・史塔克頓（David Stockton）你來我往、唇槍舌戰，後者在委員會上提出了一份全國性的概況綜覽。霍尼格問，低利率對房市可能造成哪些影響，史塔克頓說，低利率確實可能造成某些投資「錯誤」。史塔克頓回答：「我很難預測銀行可能會犯哪些錯，但他們在過去經濟長期強力成長的時候顯然很習慣犯下這類錯誤。」房市泡沫的危機並非什麼隨興的理論，也不是低利率意外造成的結果。房市泡沫是廉價債務帶來的可想而知危險，但葛林斯潘和公開市場委員會的其他人認為這是可接受的危險。

接下來幾年，聯準會用一個接一個資產泡沫來刺激經濟，股市泡沫換成了房市泡沫。理論上，火熱的房市會有外溢效應，可以創造就業機會並促進支出和借貸，這套理論是成立的。二〇〇三年與二〇〇四年美國房地產業蓄積出動能，全美各地房價飆漲。就像一九七〇年代廉價的債務炒高了農地的價格一樣，由於房貸利率低，讓人們更有能力借到錢買房子，競爭更加激烈，到了二〇〇一年時，已經把房價格推得很高。人們談論起這種情況，就像一九九〇年代末期談起股票市場的上漲一樣，說這叫做「榮景熱潮」。房子跟股票一樣，都是人們口中的中產階級財富的關鍵來源，也是重要的退休投資，房價上漲受人歡迎，這種事只有好沒有壞。而且，就像一九九〇年代時一樣，只有物價通膨這個幽靈現身時，才會迫使聯準會考慮升息。

到了二〇〇四年，葛林斯潘擔心低利率持續的時間太長了，五月，葛林斯潘審閱的數據裡已經明確無誤顯現出物價通膨的蛛絲馬跡，他催促公開市場委員會緊縮貨幣供給。

二〇〇四年前六個月，利率基本持平在一％。從六月起，公開市場委員會開始慢慢但穩定地升息，年底時已經到稍高於二％。那一年，霍尼格在每一次會議上都投票同意公開市場操作委員會。委員會朝著他認為明智的方向變動。唯有在後來回顧時，霍尼格才明白損害已經造成。聯準會將利率維持在一％的時間太久，開始升息時的速度又太慢，因此仍算是「很寬鬆」，仍然可以刺激投資與輕鬆的貸放。霍尼格說：「這讓我感覺到，當你把利率壓得很低，就算你升息但仍壓得很低，就是向泡沫招手。」

從二〇〇三年到二〇〇七年間，美國的平均房價上漲三八%，來到歷史最高水準。

❖　❖　❖

二〇〇六年，葛林斯潘從聯準會主席的位子退休，帶著基本上完美無瑕的名聲離開。他是世人眼中的工程師，打造出美國十五年幾乎不間斷的繁榮，這是壟罩在後繼者柏南克頭上的陰影。柏南克接下這份職務時，美國人民對他沒有太多印象。他講話起話來溫文儒雅，甚至可以說很害羞，也不會有太強烈的反應。即便是和公開市場委員會裡的同事相處時，他也是這樣。柏南克二〇〇二年成為聯準會的理事，之後就一直在委員會裡（他在聯準會的任職期間曾在二〇〇五年時暫時中斷，那一年他進了小布希政府〔George W.Bush〕，成為白宮經濟顧問委員會的主席）。對霍尼格來說，他不太知道柏南克會如何領導這個機構。霍尼格不太瞭解這位前教授，只知道柏南克是「瞄準通貨膨脹的人」（inflation targeter），意味著他和葛林斯潘一樣最有可能聚焦在物價通膨，而不是資產價格膨脹。

事實上，就是對物價通膨的恐懼，才迫使柏南克和公開市場委員會在二〇〇六年春天大幅升息，將短期利率拉高到接近五％，是近幾年來的最高水準。這一年霍尼格並非有投票權的委員，但他支持柏南克的作法。六月，柏南克提議再升息，拉到五％以上。這是第一次霍尼格嚴正表達不同意柏南克要做的事，認為霍尼格在通膨問題上是強勢鷹派人士的人不太能理解他為何反對。霍尼格相信，聯準會應該停止升息。在六月的會議上，他認為即便自己並非有投票權的委員，也需要把顧慮講出來。在會議上，柏南克繞著會議桌走，傾聽每一位地區分行總裁的意見，他請霍尼格發言。

霍尼格說：「謝謝主席。我很高興大家都同意一個優秀的委員會容得下有人提出異議，因為，根據我對於經濟前景的評估，我個人偏好將聯邦基金利率維持在五％，如果我是有投票權的委員，我也會據此投票。」他指出，聯準會的目標可能衝過頭了，把利率拉到這麼高的水準，對經濟造成的干擾效果很可能超乎聯準會所想。霍尼格說：「因此，我會觀望，我會有耐心，我會堅定地將利率維持在五％。」

「霍尼格總裁，」柏南克回答，「我想，與會的每一個人都敬重你一以貫之的立場。」

這句話在會議室裡引來一陣笑聲。

霍尼格不明白柏南克說的「一貫」是什麼意思，因此他回答：「這句話聽起來很有氣度，謝謝。」

柏南克說對了，霍尼格在會議上表達的顧慮確實蘊藏著一些一貫性。到了二〇〇六年，對於聯準會應該如何執行貨幣政策，霍尼格已有定見，那是他在聯準會待了三十多年養成的觀點。說霍尼格在通膨問題是上鷹派，太過簡化了。但他當然不是鴿派。如果說有哪個詞彙可以道盡他的哲學，那應該是「規範導向」取向。這種態度強調自持、漸進主義，並對聯準會能施展權力的範圍設限。

這套取向的第一主軸，是長期且多變遲滯效應法則。如果說霍尼格學到什麼教訓，那就是聯準會的領導者也是凡人，他們多半聚焦在身邊的短期事件與新聞報導。但聯準會行動一旦有了足夠的時間在整個金融系統裡運作，會長期在真實世界裡展現效果。市場動盪時，聯準會的領導者希望立刻動手，做點**什麼事**，但他們所做之事的效果一定會延續幾個月甚至幾年，而且常常對經濟體造成意外衝擊。

霍尼格觀點中的第二主軸，是聯準會應兼顧**兩種**膨脹表親：資產價格膨脹與物價通膨。要偵測出失控的資產價格膨脹比偵測物價通膨更困難沒錯，資產價格膨脹也很難在不干擾市場、帶動價格下滑的前提下叫停，但資產價格膨脹的後果很嚴重。等到最後資產價格修正回來（這種事一定會發生），將引發重大的金融動盪。如果聯準會透過鼓勵資產價格膨脹來達成把失業率壓在五％的目標，就必須面對當資產價格這邊修正時失業率要提高到十％。這麼一來，聯準會得執行更強力的干預，才能修補資產泡沫造成的傷害。

霍尼格觀點中的第三項、也是最後一項主軸，是聯準會應該展現克制力，遵循自己為自己定下的規則，不應該太快就把利率壓得太低，也不可以把時間拖得太長。聯準會在等式的另一邊也同樣也要展現克制力：就算擔心通膨，也不應太快就把利率拉得太高，因為這可能會導致經濟直接崩潰。就因為會出現長期且多變的遲滯效應，因此更需要克制力。聯準會的行動需要很長的時間才會發酵，霍尼格相信，不管公開市場委員會要多做什麼，都要先耐心地監看真實世界的情況，以衡量他們過去的作為造成了哪些效果。把行動限制在狹幅區間內，有助於確保他們不會在根本不知道經濟社會中的成員將如何回應之前，就在經濟週期上揚或下跌之時做過了頭。過去的金本位（gold standard）就對聯準會有這樣的約束力，但金本位本身很武斷，而且不可行[1]。如果金本位有用，大家就會繼續用下去了。但少了金本位，央行的領導者必須想出辦法，看看要如何設定貨幣供給的紀律。其實解決方案只有一項。他們必須仰賴自身智慧和考量審酌培養出克制力道，取代只靠黃金供給決定的克制力道。

這是霍尼格抱持的觀點，和英雄主義剛好相反。霍尼格的領導模式是以不愉快的妥協為基礎，聚焦在需要幾個月、甚至幾年才會顯現出來的結果。這種觀點不受青睞是理所當然的。沒有人會去讚頌一位把聯準會變得更無聊、更限制重重或者遠離美國經濟事務重心的官員。

柏南克的話引發的笑聲停止之後，沒有人再去關心霍尼格的一貫性。短期利率又拉高了〇・二五％，來到五・二五％，而且一整年都維持在這裡。此時，有部分房市開始出現疲弱的跡象，風險比較高的「次級」（subprime）房貸這一類尤其明顯。

❖ ❖ ❖

十月底，霍尼格接受一群銀行董事的邀請，前往亞歷桑納州土桑市（Tucson, Arizona），在他們的年會上演說。這是他的例行性工作。霍尼格自一九七三年開始進入聯準會任職以來，經常和中西部的銀行家交流。但他二〇〇六年往來的銀行和他過去應對的銀行大不相同，如今的銀行更大、觸角更廣，彼此之間的牽連更深，過去完全無法相比。一九八〇年代的銀行危機過後，國會放鬆禁止銀行跨州做生意的規定，希望讓存活下來的銀行輕鬆一點，留在這一行。放寬跨州銀行業務法規，讓比較強勢的銀行可以買下比較弱勢的競爭對手，替新的巨型銀行鋪路。一九八〇年代，大陸伊利諾被視為大到不能倒的銀行，但與如今聯準會要負責規範的銀行相比之下，根本小巫見大巫。霍尼格前往亞歷桑納時，他擔心的不只是新銀行的規模和範疇，而是他們的所作所為。這些大型銀行放出的貸款，就和一九七〇年代讓經濟火熱的貸款是同一類。當時，沛恩廣場銀行放款給高風險的石油公司，然後包裝成「參與式」貸款再賣出去。二〇〇〇年代中期，承作房貸

---

1 舉例來說，黃金的供給會因為和貨幣政策無關的地質因素所影響。在阿拉斯加新挖掘到大型金礦，很可能胡亂提高了貨幣供給。這有助於解釋為何銀行恐慌、長期通縮與定期經濟蕭條是金本位時代的特色。還有，金本位要能發揮作用，國家偶爾必須接受嚴重的通貨緊縮，少有國家願意。

的金融機構貸放高風險的房貸，然後包裝成不動產抵押貸款證券（mortgage-backed security）賣掉。

銀行界大型會議的氣氛通常都很親密、很排外。十月份這場年會，地點選在土桑市外圍的萬豪斯塔派斯度假村（JW Marriott Starr Pass resort），整個度假村彷彿一座小島，裡面有一座高爾夫球和游泳池，附近還有沙發座戶外用餐區，以及用磚砌成的小火爐。客房有陽臺，房客可以從陽台眺望向西延伸的連綿不絕山脈。銀行家就會選在這種地方集會，聊聊這一行並連絡聯絡感情。霍尼格常常穿梭這類場合，被當成來訪的貴客。他現身會替這類場合增光，讓與會者覺得自己是可以接觸權力核心的內部人士。

年會議程上寫著霍尼格要發表演說，題為「這次不一樣」。這個題目對銀行家來說非常迷人。二〇〇六年時，一般人都同意，嶄新且周密的見解帶動了銀行與金融業。這是使用電腦演算法買賣股票的分析師這種「量化專才」（quant）、以及透過槓桿收購與讓企業轉虧為盈來賺得大錢的私募股權大亨擅場的時代。

霍尼格快開講前，銀行家紛紛進入會議室就坐，準備聽聽他說這次有什麼不一樣。霍尼格走進講堂，環顧一下群眾，就開始演說。接下來的情況，就好像某一位為了感恩節晚餐趕過來的親戚，站起來舉杯，然後開始長篇大論講起祖母耗弱心神的酒癮，以及這件事如何重重傷了餐桌旁每個人的心。這場演講本來就沒有打算寬慰聽眾。

他一開始說：「資產價格上漲，農地價格難以撼動，我們都很清楚這一年能源市場發生了什麼事。簡而言之，在美國很多地方，時機正好。」然而，之後他指出一九八〇年代初期時機也很好，當時資產價格也步步高升，之後的崩盤卻讓三〇九家銀行倒閉，而這還只是堪薩斯分行轄區單一地區的數字。

「讓我和各位講講我們在一九八〇年代從銀行家以及銀行董事口中聽到的話。」霍尼格一邊說，一邊回述過去銀行家的言論：「如果你更比別人了解市場，你就不會出問題。」、「沒錯，我們撥給這個專案全額貸款，但大家都知道在營造期間擔保品的價值只漲不跌。」以及「企業專機長期會替銀行省很多錢。」

為了避免聽眾沒聽出他的重點，霍尼格把話挑明了講：「古老的人性，例如貪婪、短視和傲慢，是這些問題的核心，我會謹慎地說，這些特質如今也和我們如影隨形，一如一九八〇年代。」

銀行規模或許更大了，他們使用的金融工具也更複雜了，但二〇〇六年的根本問題事實上與過去並無二致。當資產價格上揚、債務很廉價時，就會引發大膽魯莽的行為。霍尼格講述了沛恩廣場銀行與大陸伊利諾的案例，以及一家銀行輕率的作為如何影響到另一家。霍尼格說：「簡單來說就是，有時候不上車才是明智之舉。在某些情況下，讓隊伍在你身旁呼嘯而過比較好。各位身為董事，如果銀行裡的管理階層無法充分明確解釋他們要涉足的業務線或是太急著跳進去，你們就應該要非常小心。」

霍尼格作結時說，如果期待二〇〇六年的結果會有不同，只有靠銀行的董事、也就在座的聽眾選擇用更存疑、更克制的態度去做事，並更把重點放在監督上。

「等我講完，」霍尼格回想起當時說，「臺下一片靜默。」

❖ ❖ ❖

幾個月後，二〇〇七年三月，柏南克受邀去國會聯合經濟委員會（Congressional Joint Economic Committee）發言。柏南克沒有葛林斯潘的明星地位，但他仍是受國會信賴的人。他演說時講得很白話，就連傳遞壞消息的時候也是如此，而二〇〇七年的狀況並不太妙。他說：「最近幾季美國的經濟成長走緩，成長自去年春天放緩，其主因是房市大幅修正。」

但柏南克仍要議員放心，無須過度憂心。成長放緩僅代表美國經濟正要過渡到更「可長可久」的成長步調。他指出，聯準會希望經濟活動放慢、好好運作。柏南克承認，利率高很可能壓低房屋的需求，法拍的案子可能會增加，也會造成一些傷害。他說：「然而，在這個當口，次貸市場問題對廣大經濟體與金融市場造成的衝擊很可能有限。」

但這些問題並不受控。將近六年來，美國金融體系都必須以聯準會倒出來的廉價豐沛資金來經營業務，等到聯準會在整個二〇〇六、〇七年都在升息，整個效應也透過經濟體系一圈一圈向外擴散，撼動了美國經濟。二〇〇七年八月大型震撼彈開始爆發，先是法國巨型的巴黎銀行（BNP

Paribas）說，該行無法精準訂出某些以房貸為抵押品的證券價格。這表示，銀行算不出來貸款到底值多少，因此引發了一個問題：銀行賴以償債的標的資產，其價格到底是多少？之後，答案相對快速揭曉。平均房價一年內下跌一〇%，讓中產階級的財富歷經了痛苦的向下修正。到了二〇〇九年開年時，房價已經跌了二〇%。短短兩年內，美國人的財富蒸發了十兆美元。大型銀行和投資基金也感受到損失，他們在帳上把房貸算成有價值的資產。很多金融機構隨時有可能倒閉，和大陸伊利諾在高風險能源貸款的價值修正時的情況如出一轍。當銀行業明顯遇難，股市也在二〇〇八年末崩盤，兩年間蒸發了約八兆美元的財富。這是自大蕭條以來最嚴重的經濟下滑。

二〇〇八年股市崩盤，揭示了聯準會的權力與國會和白宮等財政主管機關權力發展的嚴重分歧。事件凸顯出財政主管機關的遲緩與無效，貨幣政策主管機關聯準會則顯得穩健、維持得很好而且行動迅速。

歐巴馬政府首先設法確保會重組大型銀行的資本。當時的美國財政部長是提摩西・蓋特納，他之前是聯邦準備銀行紐約分行的總裁，他因應本次危機的方法，體現了現代的民主黨銀行規範理論。第一要務是保護銀行的金融穩定，而不是像羅斯福總統在大蕭條期間關閉銀行或是進行企業重整。蓋特納說了一句名言，把這套策略稱為「在跑道上噴消防泡沫」（foam on the runway），他打算協助銀行平穩墜地，以利盡速復甦。灑泡沫這種事早在歐巴馬上任之前就開始了，國會曾經通過七千億美元的銀行紓困配套方案。為了修復整體經濟所受的損害，新政府遵循凱因斯學派的路線：在民間縮手時由政府花錢，目的在於刺激需求與緩衝經濟下滑，然而，共和黨強烈反對政府支出，相關的作為也因此受限。歐巴馬一開始就妥協，提出一套他的政府認為或能打動共和黨人的方案。最後的刺激方案有很大部分都是減稅，整套方案的金額約七千八百七十億美元（但之後估算指出數值往上加到八千六百二十億美元），不過這還不夠高，不足以替代消失的需求。

這些財政方案被聯準會的行動比了下去，聯準會展現了過去多年未曾真正顯現出來的廣泛與迅速。聯準會提供了超過一兆美元的錢注入體系，在此同時，國會則還爭論該怎麼去說明刺激方案。彭博新聞社（Bloomberg News）與經濟史學家亞當・圖澤（Adam Tooze）後來揭露，從聯準會出來的資金有很多直接流向有可能倒閉的外國銀行。聯準會對這些銀行（主要在歐洲）開放了「換匯額度」（swap line），用新創造出來的美元來交換這些銀行的外幣，而且適用某個折價率。聯準會也為了美國國內銀行的利益積極行動。二〇〇八年底，聯準會首次進行量化寬鬆，向銀行買了約六千億美元的債券，把新創出來買債券的資金放進銀行的準備帳戶裡。

聯準會的行動看起來就非常之複雜、精密，當緊急貸款方案被冠上難以理解的字頭縮寫怪獸，比方說TAF（全稱Term Auction Facility，意為定期競標融通機制）、TSLF（全稱Term Securities Lending Facility，意為定期借券機制）以及PDCF（全稱Primary Dealer Credit Facility，意為主要交易商融通機制），更強化了這種印象。但這就是所謂的「聯準會說」。聯準會各種行動加總起來基本上就只是一件事：透過一小群主要交易商的帳戶在華爾街創造出新資金。而且，聯準會這次以前所未見的規模行事。

想要理解聯準會的行事規模有多大，最簡單的方法就是用過去一百年聯準會的相關行動拿來做比較。從一九一三年到二〇〇八年，聯準會每年以循序漸進的步調印更多的錢，提高新的貨幣供給「貨幣基數」。從一九六〇年到二〇〇七年，聯準會新增了七千八百八十億美元貨幣基數。

在二〇〇八年紓困期間，聯準會新增了將近八千七百五十億美元的資金，在短短幾個月內，貨幣基數增加了兩倍有餘。還有一種方法可用來衡量聯準會干預手段的規模，那就是檢視聯準會的資產負債表。當聯準會出手買資產，就會納入資產負債表，這也就反映了聯準會注入到銀行體系的資金數量。九月股市崩盤之後，過了沒幾個月，聯準會的資產負債表增加了一・三五兆美元，比之前帳上的資產多了兩倍以上。

大家都認為這些是緊急應變行動，是面對非常危機時的非常之舉。二〇〇八年的金融恐慌，很有可能讓全球經濟陷入深深的衰退，金融體系停頓，銀行之間不再有業務往來，因為沒人知道誰會倒、誰不會。聯準會秉持原始的成立宗旨介入，阻斷了恐慌。

在一系列的緊急會議上提交給公開市場委員會的每一項提案行動，霍尼格都投下贊成票表達支持，他相信這是聯準會職責所在。然而，以他來說，問題是應變方案通過之後發生的事。這裡就是要做出艱難決定的地方。

❖ ❖ ❖

二〇〇八年市場崩盤結束之後，情勢很快昭然若揭：已造成的損害會長期持續下去。柏南克本人曾寫過論文解釋一九九一年的經濟衰退導致失業型復甦的部分原因，就是因為積壓了太多不良債務。二〇〇九年的積壓狀況更嚴重，幾乎到難以想像的地步。問題已經不光是人們能不能付清過去的信用卡債或汽車貸款，而是幾百萬個家庭被掃地出門，此一痛苦過程持續了十年，二〇〇七年到二〇一六年間有八百萬的法拍案。此時已可預見長期的傷害。加州大學洛杉磯分校（UCLA）的經濟學家二〇〇九年初預估，到了二〇一一年底時失業率將仍高於九%，此時，美國將比二〇〇七年時少四百萬份工作。其他人也同意，比方說，經濟學家馬克・贊迪（Mark Zandi）就估計，除非國會通過大型的刺激方案，不然的話，失業率在二〇一四年以前都不可能降至四%。歐巴馬總統一個月後確實簽署了刺激方案，而這是因應本次崩盤的最後一項大型財政政策行動。之後，國會把心力轉向通過〈平價醫療法案〉（Affordable Care Act）以及名為〈多德－法蘭克法案〉（Dodd-Frank Act）的金融改革法案。在商討這些措施的過程中，保守派的茶黨運動蓄積出力量，並在二〇一〇年的期中選舉幫忙共和黨拿下眾議院的控制權。

這些發展讓各國央行面對更大的壓力，必須有所行動。英國央行（Bank of England）資深官員保羅・塔克（Paul Tucker）親身體驗到這些壓力。塔克於二〇一三年離開英國央行之後，寫了一本堪稱「聯準會說」的書，用內部吹哨者的立場細數現代的中央銀行，他這本書名為《未經選舉的權力》（*Unelected Power*），探討民選機構如何將愈來愈多的權力轉移到非民選機構，例如軍隊、法院以及央行。央行正是最終幾個可快速且果斷行動的機構之一。這是因為當初成立央行時便是這樣設計的，但成立央行時也設計成要以狹隘的焦點運作。塔克寫道：「最重要的限制是，民選政治人物實際上不應該只因為他們無法達成協議或無法自己行動，就把財政政策交付給央行。」他指出，一旦這麼做，就會落實一個自我實現的預言：「央行能做的事愈多，民選的財政主管機關就愈沒有動機去做事，和我們最根本的政治價值之間出現緊張拉扯。」

塔克寫道，一旦出現這種情況，央行就變成了「過於強勢的公民」，可以全面性改變全國人民的生活，又不必像民選機構一樣對民意負責。二〇一〇年，美國國會基本上已經不再運作，聯準會挺身而出，接下刺激經濟成長的工作，這原本是財政主管機關的職責。如果聯準會成為過於強勢的公民，那麼，公開市場委員會中的十二位委員每一次投票時都要面對更大的壓力。

霍尼格擔任公開市場委員會委員近二十年，投過四十八次票，這段期間內投了四次反對票，換算下來大約八％。如果以一個共識導向委員會的標準來說，這已經算很多了，但這也代表了他有超過九成的時間都和大家一樣投贊成票。

二〇一〇年，又輪到霍尼格成為有投票權的委員。

❖ ❖ ❖

當霍尼格投票反對主席柏南克時，他可以感受到會議室裡的不安。二〇一〇年，他在每一次會議上都對主席投下反對票，在他的工作領域裡，這股不安幾乎無處不在。每一次他投反對票，就是對外界傳達聯準會內至少有一些不同的意見，很可能有損人們對其行動的信心。這也透露出聯準會的決策會因為爭執辯論而受到影響。在專業的大型研討會和會議上，霍尼格的同儕在對他的提問中透露出不安：你確定你這樣做對嗎？你真的認為應該這麼做嗎？

「這完全不是你在（公開市場委員會）會議上會被遊說與否的問題，而是當你不斷投出反對票，其他人看待你的眼光就變成：『這非比尋常。』就連媒體也說這非比尋常。因此，不難領會一般的論調是什麼……這是很嚴重的問題，」霍尼格回憶道，「你確實會影響經濟、從而影響很多人的生活，成為異類並不是最安全的立場。」

二〇〇四年利率壓得太低以致於養出房市泡沫的記憶，讓霍尼格痛苦萬分。二〇一〇年，聯準會把利率壓在零值，提出「前瞻性指引」向銀行家保證利率會長期落在零值，讓他們能在更確定的條件下從事投機性的活動。零利率刺激銀行家追求收益，承作高風險的貸款。聯準會再一次嘗試助長資產泡沫以刺激經濟成長，賭的是等到泡沫破裂時聯準會有能力收拾殘局。

八月，柏南克宣布計畫讓聯準會多做一點，雖然美國經濟已經開始再度成長，但聯準會將透過量化寬鬆再注入六千億美元資金到銀行系統裡。失業率確實還很高，但經濟學家本來就知道，到二〇一〇年之前都降不下來。聯準會的領導階層覺得有必要處理，在經濟復甦時放寬環境條件，期望能加速復甦速度。量化寬鬆被當成一種若有必要可以逆轉的保險政策。

十一月三日，這項提案送到了公開市場委員會。柏南克點名，輪到霍尼格投票了。

第六章　資金彈（二〇一〇～二〇一二）

「我尊重，但我反對。」

霍尼格投完票之後，就坐回座位靜待走完正式的流程，等著公開委員會會議結束。流程結束時，委員和幕僚人員收拾好自己的東西，一邊客氣地聊天，一邊走出走廊走向電梯。霍尼格的車子在樓下等他，他還要搭飛機回堪薩斯市。回到密蘇里，從機場還要再開四十五分鐘才能回到霍尼格家，這是一棟都鐸式的紅磚豪宅，坐落在歷史悠久的溪邊區（Brookside）一條林蔭道上。辛西亞感覺得出來丈夫壓力極大，因為他不發一語。二〇一〇年霍尼格開完公開市場委員會會議返家後，沉靜異常。他躲進樓上一間臥室改裝的書房，把門關起來。霍尼格不能談論華府發生的事，公開市場委員會的會議過程是機密，但辛西亞可以從媒體得知丈夫投了反對票，因為最終的投票結果是公開的。

辛西亞說：「我可以看出來，必須這麼做讓他整個人很疲憊，誰想跟大家的意見不同了？」

很久之後，辛西亞和霍尼格有一次去參加社交活動，她不經意聽到他對一位同事說起身為孤獨的反對者是什麼感覺。「他說，這是一個人會經歷到最可怕的事。坐在會議室裡，輪到你投票，然後你說『我反對。』他說，誰都無法看淡這種感覺。」

霍尼格知道他投的反對票實際上什麼都改變不了，公開市場委員會早在開會之前就已經決定要施行量化寬鬆了。他投反對票，因為他認為這是他的責任。他這麼做還有另一個理由：他要向美國大眾發出訊息。他的投票是一種信號，指出事實上有人反對聯準會接下來要做的事。有很多論點支持聯準會的行動，但至少有一個人相信，量化寬鬆的風險太高，沒有理由去做。

遺憾的是，霍尼格的訊息僅能用一種方式傳給大眾。他發出的信號要經過有線電視新聞節目、報紙報導、財經通訊社以及愈來愈流行的黨派導向網站等等構成的美國媒體生態系，二〇一〇年時，這套系統已經四分五裂、退化墮落，反映出了美國民選機構的腐朽，但同時也加快其破敗的速度。正因如此，量化寬鬆與零利率是這十年間最重要的經濟政策，但也是最乏人討論的政策。

有一小群的保守運動人士對聯準會的政策非常執著，但其他人幾乎都不管。幾年之後，一位經濟學家卡洛拉．拜德（Carola Binder）使用一個有超過三十萬則新聞的資料庫，分析二〇〇七年到二〇一一年間美國媒體對於聯準會和量化寬鬆的報導。結果顯示聯準會的政策很少成為新聞。舉例來說，約有八％的新聞主要報導歐巴馬總統，主要在報導柏南克的新聞約為〇．一三％。新聞寫到聯準會時，都是某些現成的記者會，比方說柏南克到國會去發言。基本上沒有人在報導公開市場委員會的會議。會固定報導聯準會的新聞管道，是專業的財經新聞通訊社，例如彭博新聞社，他們的記者連比較次要的聯準會活動都會報導，比方說地區分行總裁的演說。但他們的報導通常聚焦於一件事：聯準會接下來要做什麼，這又會對市場造成那些影響。這是為了華爾街的交易員所寫的新聞，不會用一般人能懂的話來寫，不會進入一般人的討論範疇。拜德說：「我會說，多數人根本連量化寬鬆是什麼都不知道。」

有一天晚上，霍尼格投下反對票，福斯新聞臺（Fox News）播出一段長度超過十四分鐘的量化寬鬆報導，以電視媒體來說，這長度算一輩子了。這段報導的影響力高到不成比例，將近有四七％的美國保守派人仰賴福斯新聞臺取得大部分的新聞。至於美國自由派人士，則並無相應的媒體，他們的注意力會分散到不同的媒體管道，包括美國國家公共電臺（National Public Radio）、CNN、《紐約時報》和MSNBC。福斯新聞臺在黃金時段播報量化寬鬆的新聞，有幾百萬人看到。負責播報的是新聞臺最受歡迎的人之一：前電臺節目主持人葛藍．貝克（Glenn Beck）。他對聯準會的理解，就像一個在汽車旅館房間內吸毒吸到亢奮無比的人，透過薄牆聽到隔壁房的人在聊中央銀行時所講的隻字片語。他有時候說的話聽起來似是而非，觀眾聽完他的報導之後比一開始更不理解聯準會。

貝克上電視最愛穿的服裝，是皺巴巴的西裝加網球鞋。他戴著一副粗框眼鏡，理著平頭，讓人想起一九六〇年代初期教社會科的高中老師。他的觀眾信任他，幾乎像信神這麼虔誠；貝克是搧風點火推助茶黨運動的人，他的主要專業是描繪空泛且惡意的陰謀。十一月三日那天晚上，貝克在一面黑板上草草寫了一個很長的數值：六〇〇、〇〇〇、〇〇〇、〇〇〇，這是聯準會宣布要購買的債券金額。貝克說：「這就是他們所稱的量化寬鬆。」之後，他走到另一面黑板前，在上面畫了一張讓人糊塗的流程圖，裡面有很多像卡通圖案的大型箭頭，好像是代表著聯準會新方案背後的資金流向，或是影響力的方向，或者諸如此類的。讓人不解的是，他整張圖以一位工會員工為起始點，畫的是一位頭戴圓頂禮帽、嘴底叼著雪茄的工會領袖。之後更奇怪，而且更加不知所謂。流程圖的最後則畫著一群戴著高帽子的銀行家，貝克到這裡也講出了最後最高潮的終極啟示。

他說：「我想我們都痛恨銀行家，對吧？不，不，不，這其實是**聯準會**。」此時的他很亢奮，大喊出聲，說：「什麼是聯準會？沒差，他們也就是一群大銀行家，你知道的，比方說高盛（Goldman Sachs）。我們不確定是哪些，因為不准我們看。喔，這聽起來很坦白！你如果去找這些銀行家，這些銀行家會說：『不用擔心！我們會去財政部，印更多錢。我們就會印更多錢，然後我們會把錢從印鈔機裡拿出來，拿去買你們的債券……。』」最後他做出結論：「你們知道這會帶給我們什麼嗎？又一次破產！」他說的話大部分都是錯的。聯準會並非由一群大銀行家組合而成，也不用靠財政部印錢，而且，量化寬鬆不會讓美國破產，反而剛剛好相反，會注入幾兆的資金到金融體系裡。貝克唯一說對的重點，那就是他指出量化寬鬆會對儲蓄者造成傷害。但他的說法整體來說明顯是一樁悲劇。他的節目幫保守分子決定了二〇一〇年要關注哪些議題。

保守分子比自由派人士更關注聯準會。十一月三日，量化寬鬆是保守派網站卓奇報導網（Drudge Report）的頭條，網站以紅色字體書寫標題：「新的大灑幣」（BIG NEW PUMP）。反之，偏自由派的赫芬頓郵報網（Huffington Post）在發布消息幾天後都沒有在首頁放上任何量化寬鬆的報導。保守派媒體會用一種特定的方法報導量化寬鬆：他們深深憂慮物價通膨。報導的重點，放在這套計畫很可能削弱美元的價值，這聽起來很缺乏愛國情操，就好像要削弱美國一樣。貝克在他長篇報導中不斷提到惡性通膨的威脅，他說：「未來將會成為威瑪共和國（Weimar Republic）時代那樣。」他指的是納粹興起之前讓德國吃盡苦頭的惡性通膨。

事實上，聯準會確實是要削弱美元的價值。達拉斯分行的總裁費雪在公開市場委員會內部討論時就指出了這一點。費雪說：「主席，就如你昨天所說，另一項我們希望能看到的益處，是讓美元貶值以刺激對美國出口商品的需求，我認為我們不應該公開提到這一點。」在公開市場委員會內，並不把讓美元貶值當成壞事，美元貶值會讓美國的產品在海外變得更廉價，可以刺激出口並創造就業機會。但保守分子在批評聯準會時幾乎把美元貶值當成叛國。保守派的作家詹姆斯・瑞卡茲（James Rickards），二〇一一年出了一本書《下一波全球貨幣大戰》（*Currency Wars: The Making of the Next Global Crisis*）。瑞卡茲之前是避險基金長期資本管理（Long-Term Capital Management）的律師；這家避險基金一九九〇年代末倒閉，幾乎毀了金融體系。他的書把擔心貨幣貶值這一點推演出最極端的結論，警告這可能導致中俄聯手放掉美國債券，讓他們自己的貨幣也跟著貶值，引發美國經濟動盪。《下一波全球貨幣大戰》熱銷，讓瑞卡茲繼續寫出一系列封面和書名在主題上如出一轍的書，比方說《下一波全球金融危機：揭露權勢階級的大陰謀》（*The Road to Ruin*）、《下一波全球經濟浩劫：亂世中保存財富的七大祕訣》（*Aftermath*）以及《下一波全球貨幣大崩潰》（*The Death of Money*）。

這些書籍以及保守派的其他宣傳報導，反而抑制了對聯準會與量化寬鬆的批評，因為批評這些方案會顯得像是右翼分子。瑞卡茲這些人預測會出現最嚴重的後果，比方說惡性通膨，但在接下來的十年都沒發生。聯準會的行動確實讓他國央行承受必須起而效尤的壓力，透過自家的量化寬鬆方案印更多錢，但是還稱不上貨幣大戰。還有，就像過去十年一樣，物價通膨也從未來到很嚴重的地步，更別說惡性通膨了。保守派的主張走極端，因此很容易駁斥。這些主張把霍尼格的異議一起捲進他們的逆流裡，也因此，霍尼格反對量化寬鬆是因為這會引發物價通膨或惡性通膨的印象，在之後幾年愈來愈強。把重點放在物價通膨，讓量化寬鬆的支持者每年都可以宣告勝利，因為物價通膨並未出現。

柏南克更進一步強化了這樣的說法。

十一月三日投完票之後，沒多久柏南克就去上了電視節目《六十分鐘》（*60 Minutes*），這是柏南克第二次上這個節目。一年前，柏南克接受了一次長時間的專訪，在他的家鄉南加州迪隆市

（Dillon, South Carolina）拍了一段影片。當時他和《六十分鐘》的主持人史考特．裴利（Scott Pelley）坐在主街（Main Street）旁的一張長椅上，倚著一棟樸實的建築，柏南克的祖父過去就在這裡經營藥房。柏南克說：「我來自主街，這就是我的成長背景。」

二〇一〇年，柏南克上節目是為了捍衛聯準會正在執行的史無前例實驗。裴利準確地概要說明量化寬鬆的運作方式。然而當他問柏南克這套方案可能的缺點時，只把重點放在一件事：物價通膨。裴利說：「批評柏南克帶領的聯準會的人……說，注入六千億美元的資金，再加上壓低利率，會導致正在復甦的經濟過熱，導致物價失控上漲。」這些話設定了針對柏南克提問的方向，大大限縮了霍尼格、費雪、普洛瑟和瓦許等人在公開市場委員會內部提出的實際評論本質。柏南克並沒有修正這樣的錯誤認知。

柏南克說：「嗯，關於對通膨的恐懼，我認為是過慮了。我們非常、非常謹慎地監督物價，我們每一方面都會分析。」接下來柏南克的言論扭曲了人們對於量化寬鬆的理解，而且長達多年。「有一項迷思認為我們所做的事是在印鈔票，我們不是在印鈔票。」他說，「流通的貨幣數量並未改變，貨幣供給也沒有明顯的變化。」

這段話基本上不成立。貨幣供給已經有大變化，而且從來沒有回復到十一月三日時本來就已經很高的水準。最理解這一點的人就是霍尼格和柏南克這些人，他們知道聯準會的權力機制如何運作，也知道在公開市場委員會投完票後聯準會實際開始動手做了哪些事。

❖ ❖ ❖

從二〇一〇年十一月四日起，美國金融體系開始圍繞著一處位在下曼哈頓自由街三十三號（33 Liberty Street）的中心打轉：此地是聯邦準備銀行紐約分行，新的量化寬鬆紀元也就從這裡起步。

聯邦準備銀行紐約分行聘用了一群金融交易員，他們通常很早上班，有時候天沒亮就到了，因此很習慣在早上九點五分開例行晨會。交易部門沉靜安詳，只有低語的交談和鍵盤的敲擊聲。一長排一長排的小隔間裡，坐著偏年輕的分析師，牛仔褲並不罕見。這些小隔間的裝飾和到處都有的辦公室隔間差不多，都有一些用來反抗無聊齊一性的個人小物：亮紅色的羅格斯（Rutgers）大學錦旗釘住一角掛在一面牆上，另一邊則釘了家庭照片；窗臺上的盆栽奄奄一息，在微弱的光線下努力活下去。從很多方面來看，這裡和下曼哈頓其他地方的交易部門沒什麼兩樣，但聯準會的交易員有特殊權力。他們的第一項權力，是可以取得讓其他大銀行欣羨的資訊。每一家銀行在聯準會內都有準備金帳戶，聯準會的交易員可以查看每一家銀行的準備帳戶裡有多少錢。聯準會也可以監督銀行間交換的隔夜貸款，因為這些貸款要透過聯準會自有的交易體系進行。這些私密資訊，再搭配彭博社終端系統等現成的數據服務，讓聯準會的交易員擁有別人無法比擬的視野，看透美國銀行系統。這些知識，會再結合聯準會交易員享有的第二項範圍極廣的權力。他們是世界上唯一可以用創造出來的新資金買東西的交易員，這是聯準會得以影響經濟體與銀行體系的基礎憑據。

一般說公開市場委員會「設定」短期利率，這句話沒錯，但只在一定程度之內。公開市場委員會設定的是短期利率目標，實現目標的是聯邦準備銀行紐約分行的交易員。幾十年來，他們買賣數量正好可讓資金成本等於公開市場委員會設定價格的證券，用這種方法達標。如果委員會希望利率低一點，紐約分行的交易員就會出去用新創造出來的資金買進公債，這麼做，會把政府公債收進聯準會，並把新資金推進市場。這表示，市面上流動的資金多了，就會壓低借貸成本；這是調低短期資金利率的另一種說法。如果委員會希望利率上揚，交易員就反向操作，賣出公債，在過程中把資金吸回來，減少流通資金量，要借錢就變得比較貴了，這會以更高的利率來表現。紐約分行的交易團隊執行時，憑藉的就像是鋼琴調音師一般的技能和專業，想盡辦法把貨幣供給量維持在剛剛好的張力水準，以得出公開市場委員會要求的利率。不同於美國多數的基礎建設，影響金融市場的聯準會體系很樸實，並且受到小心翼翼的維護，但其權力和範疇卻大到驚人。

十一月四日，當聯準會宣布展開第二輪的量化寬鬆，就代表了把這部機器用在新用途上。現在，聯準會要做的不只是控制短期利率，也嘗試刺激美國整體經濟。操作這套方案的核心，是交易部門一角一個非常小的空間，這裡是聯準會交易員為了控制貨幣供給而從事買賣的地方。聯準會的交易員會在指定時間內進來（有時候一個星期兩次），並關上身後的門。他們會坐在終端機前存取聯準會專有的交易系統FedTrade。聯準會這套系統已經用了幾十年，幾乎每天都用來和全球一群特有的金融機構交易，買賣短期證券。有特權直接和聯準會往來的「主要交易商」大約有二十四家，包括幾家大型銀行和投資公司，例如高盛、摩根大通、花旗集團（Citigroup）和瑞士信貸（Credit Suisse），還有一些比較小型的廠商，如野村證券國際公司（Nomura Securities International）和建達（Cantor Fitzgerald）。

聯準會交易員可以從終端機上對特定資產（比方說美國長期公債或是不動產抵押貸款證券）出價，然後等著看哪一家主要交易商願意賣出、價格最好。聯準會在拍賣時出價通常能成功，理由很簡單：聯準會是全世界最強的買方，不管需要多少錢才能成交，聯準會都可以創造出足夠的資金。舉例來說，當聯準會和摩根大通銀行議定價格，比方說以一百億美元買進一批美國國庫券，摩根大通的交易員就會把銀行持有的國庫券送到聯準會，在此同時，聯準會的交易員只需要在電腦終端機上敲幾個鍵就好了。摩根大通的交易員去查銀行在聯準會的準備金帳戶餘額，就會發現因為這筆交易多了一百億美元的資金。聯準會就是用這種方法在華爾街創造資金。聯準會買進資產，然後付錢，把新資金存進主要交易商的準備金帳戶裡。

十一月起，聯準會的交易員就一再地從事這樣的交易，直到他們在華爾街銀行的準備金帳戶內創造出幾千億美元為止。流程裡還有另一個更重要的部分，我們也要理解。主要交易商不只是把他們手上剛好有的政府公債和不動產抵押貸款證券賣給聯準會而已。如果只是這樣，就會限制了聯準會能推入銀行體系裡的資金數量，因為就算是主要交易商，他們持有的這類資產也有限制。反之，聯準會設立的機制是類似輸送帶，這些主要交易商擔任中間人。輸送帶從聯準會外啟動，始於非主要交易商的避險基金。這些避險基金可以向大銀行借錢、買進政府公債，然後叫主要交易商把這些公債賣給聯準會以換取新資金。透過這種方法，避險基金可以借錢買進千百億的債券，然後賣給聯準會賺取利潤。一旦輸送帶啟動運轉，會開始神奇地將債券變成現金。現金不會安安穩穩地放在主要交易商的準備帳戶裡，而會流進銀行系統裡，找個地方生生不息。

這些錢改變了全世界，主要是因為改變了本來就已經擁有很多資金的人和機構的行為。量化寬鬆創造出來的每一分錢，都對既存的錢造成壓力，就像把水注入本來就已經滿出來的水池一樣。聯準會本來就把短期利率壓在零值，這一點又讓壓力更大。聯準會基本上是強迫避險基金、銀行與私募股權公司舉債，而且用風險更高的方式去做。這套策略就像軍事上的鉗式攻勢，從兩邊包抄對手：一邊是到處灑滿新資金，另一邊則是低利率，懲罰每一個想要把這些錢存起來的人。華爾街的人替這套策略取了名稱，叫ZIRP，這是「Zero Interest-Rate Policy」的字頭縮寫，意為零利率政策。經濟學家從利率的角度來談零利率政策，但華爾街對此有更深入的理解，明白當中結合了新資金與低利率的雙重力道。避險基金和投資人很清楚零利率政策如何重新塑造了全世界，因為他們正是代表這套政策實際行事的人。

❖ ❖ ❖

想要了解零利率政策的作用，找一家必須在零利率創造出來的世界裡謀生的貪婪避險基金管理公司，從他們的角度來看整件事會很有用。這家避險基金管理公司很可能加入了用債券換現金的輸送帶行列，把政府公債賣給聯準會，賺得一百萬美元利潤（一百萬美元的利潤對避險基金的業主來說少到塞牙縫都不夠，但以整數為例有助於理解整個情境）。當帳戶裡進來一百萬美元，避險基金管理公司做的第一件事，是想到目前通用的利率。利率是他們看其他事物的觀點，因為利率代表他們光拿著這一百萬美元什麼都不做，能賺到多少錢。如果美國長期政府公債的利率是四％，那麼，避險基金管理公司拿這些錢去買公債一年就可以賺四萬美元，基本上沒有任何風險。

很多人會跑來這些避險基金管理公司，說服他們**不要**把錢拿去買政府公債，改把這些錢拿去投資上門訪客大力推銷的其他方案。會去避險基金公司找資金的有幾種人：樂觀到不行的德州石油公司高階主管，他們需要募集資金來鑽探壓裂油井。邁阿密的商用不動產開發商，帶著興建豪華新公寓的藍圖而來。也有動不動就把**分散投資**掛在嘴上、把這個字講得好像什麼神聖魔咒的股票投資組合經理。還有一些人會排隊進進出出會議室，帶著投影片做簡報，這些人頭上總是懸著一把刀，這把刀就叫做利率四％。不管他們帶來的投資專案是什麼，他們都想辦法要讓人相信，這些專案的獲利率超過四％，四％可是美國十年期政府公債的無風險報酬率。這種方式運作了幾十年，但在二〇一〇年之後卻行不通了。

短期利率多年來都維持在零值，這表示其他的利率同樣也很低。量化寬鬆專案刻意且有策略地強化了低利率的效果。量化寬鬆方案的主要目的，是要確保儲蓄的長期益處每過一個月就少一點。聯邦準備銀行紐約分行的交易員要想辦法達成預定的效果，他們要買進某些政府公債，亦即長期的公債，例如十年期公債。這是新的作法。過去，聯準會在控制貨幣供給時僅買入短期公債。聯準會現在會買長期公債，是因為這麼做就相當於把華爾街投資人可以存放資金的保險箱關掉不准用。二〇〇七年金融市場開始崩盤，在這之前，存下來的錢買十年期美國政府公債的報酬率是五%。到了二〇一一年秋天，聯準會出手把報酬率推低至二%。[1]

零利率政策的整體效果是創造出大量的資金，並讓人們瘋狂地去找尋可以投資這些資金的地方。經濟學家將這種動態稱為「追尋收益」（search for yield）或「追求收益」（reach for yield），這個過去曖昧不明的詞彙，搖身一變成為描繪美國經濟體的重心。手上有錢的人，握著這幾千億的美元，被迫去尋找收益高於零的投資標的。

現在，當樂觀過了頭的壓裂油井投機分子來到避險基金公司，對方會帶著更認同的態度聽他們講。投影片上寫的油井產能數值，或許膨脹到有點危險的地步，但避險基金管理公司的人更有可能的想法會是：有何不可呢？總是比零好。邁阿密的房地產開發商概略地講到新屋的預估需求，就算他們抱著僥倖的心理投資這個專案，報酬率也總是高於零。來推銷股票的光鮮亮麗投資組合經理也知道，與公司實際的獲利相較之下，股價高到離譜，但他們提議的投資報酬率也高於零。追尋收益不僅對樂於承受風險的避險基金管理公司造成壓力，也壓迫到最保守、最富有的機構，例如大型退休基金和保險公司。這些機構有大量現金，他們仰賴利息維持償債能力。利率為四％時，一檔新退休基金可能只要放一千萬美元在公債上就足以支應所有支付義務（一千萬美元是固定支付利息的計息點）。當利率被推至零，這檔退休基金忽然間就無法償債，必須開始追求收益。現在，就連退休基金都會認真看待壓裂油井和豪華公寓開發案。

零利率政策就這樣帶動資產價格上漲。當人們追求收益，他們就會去購買資產，需求上漲之後，就會帶高公司債、股票、房地產甚至藝術品的價格。資產價格膨脹並非量化寬鬆方案意外導致的結果，根本就是其目標，聯準會冀望資產價格提高能創造出流入廣大經濟體的「財富效應」（wealth effect），並創造出新的就業機會。聯準會的資深領導階層很清楚，要得出財富效應，零利率政策最首先、最重要的嘉惠對象是美國最富有的人。這是因為根據聯準會自己所做的分析，美國人並非普遍持有資產。二〇一二年初，美國最富有的一％人民擁有全部資產中的二五％，後

1　影響十年期美國政府公債殖利率的因素很多，而且這些因素都會配合聯準會長期壓低利率的行動。柏南克估計，光是第一輪量化寬鬆，就已經把十年期殖利率壓低了一．一％到〇．四％之間，第二輪則又再壓低〇．一五％到〇．四五％。

面一半的美國人民僅擁有六．五％的資產。當聯準會刺激資產價格上揚，是在幫忙頂端一小群人數少到幾乎看不到的族群。

最能因為量化寬鬆受益的人，卻最不會去談到這件事。會抱怨零利率政策擴大貧富不均並助長投資債務泡沫的避險基金營運商，少之又少。事實上，華爾街的潛規則之一是，知道的人不會說出來。如果一樁交易賺了錢，知道的人不會說出來，因為說出來之後就會引來一群人，讓交易承擔風險。因此，關於量化寬鬆，主導公眾言論的仍是僅著眼於物價通膨、預言將會發生嚴重通膨的人，霍尼格這些人提出的論點，多半被忽略。二〇一〇年之後，他也不在公開市場委員會裡發表這些言論了。

❖ ❖ ❖

二〇一一年初，霍尼格在六十五歲這一年從堪薩斯分行退休。美國國家公共電臺為此做了一則報導，稱他是「聯準會的異議分子湯瑪斯．霍尼格」，他的名聲已經塵埃落定。一月，霍尼格在堪薩斯市對當地一個企業團體發表演說，基本上，這是他的聯邦準備銀行分行總裁告別演說。他並沒有利用這個場合來傳播他反對量化寬鬆或零利率政策的主張，反之，他發表了一篇簡短演說，講述他在聯準會內部成為異議者的價值。他指出，組成公開市場委員會應該包含來自全國各地的人，而不是僅有華府任命的聯準會理事。霍尼格說：「在這樣的架構下，要記住一個重點，那就是每位（公開市場委員會）成員要做的是投票，而不是擔任顧問角色。要做出非常困難的決策時，合議型的組織不會因為把分歧的看法藏起來就贏得信用。」

霍尼格曾經提出反對意見，他輸了。這場貨幣實驗如今正在進行當中。他說道：「就我而言，我承認委員會的大多數人可能是對的，事實上，我希望他們是對的。然而，我是根據經驗、當前的數據與經濟歷史來建構我的政策立場，如果我無法用我手上的這一票來表達我的觀點，我就辜負了各位以及委員會託付的職責。」

❖ ❖ ❖

從二〇一〇年十一月到二〇一一年六月，量化寬鬆方案挹注了六千億美元新資金到金融體系裡，同期間，美國的貨幣基數（這是只僅有聯準會有能力創造的主要新貨幣資金池）總共增加了七千兩百億美元。在這段約七個月的期間，聯準會注入到銀行系統的資金，比二〇〇八年之前的三十年加總起來還多。銀行的現金準備多到滿出來，數量是他們有史以來不曾見識過的。到了二〇一一年的夏天，銀行體系的高額現金準備已經來到一・六兆美元，比金融危機前高了九百六十倍。

一開始的跡象很讓人振奮，數據指出零利率政策很可能幫助了整體經濟。在量化寬鬆政策實施後的幾個月內，失業率開始下滑，速度慢但很穩定。但隨著時間過去，證明柏南克與其他人希望看到的廣大益處是一場空。十一月推出量化寬鬆時，失業率為九．八％；二〇一一年夏天方案結束，失業率仍為九％。根據聯準會自己的估計，經濟成長仍乏善可陳，而且充滿不確定性。為了這些小小的益處，聯準會扭曲了金融體系，而且要再恢復原狀並不容易。

柏南克一心一意，他很有毅力要做更多。如果新一輪量化寬鬆的效果僅是差強人意，也許再推動一輪規模更大的行動會好一點。如果銀行貸放出去的資金不如聯準會施加零利率政策壓力下的期望，那麼，也可以再強化零利率政策。這就是柏南克在二〇一二年夏天提出的主張，但這一次柏南克要面對比二〇一〇年時更多的反對意見。在二〇一二年某一場公開市場委員會的會議上，十二位委員中有六位對是否推出新一輪量化寬鬆表達存疑。在這些委員中，就算只有三人投票反對柏南克的計畫，也就是在告訴全世界聯準會對自己的實驗也不確定。柏南克很努力確保不會發生這種事。他開始在公開市場委員會內部進行政治操作，替他想要提高聯準會干預程度的計畫爭取支持。

反對柏南克最力的，是一個聯準會理事三人組，他們開始合作，以拖慢或阻礙他的方案。其中一位理事嚴詞抨擊零利率政策，至少在公開市場委員會關門會議上時是如此。此人是傑洛米．鮑爾（Jerome H. Powell），他在聯準會理事會裡相對算是新人，二〇一二年才由歐巴馬總統任命。

鮑爾提出很多霍尼格之前提過的顧慮，但是鮑爾透過不同的源頭看到這些顧慮。他的事業一直都在私募股權交易的世界裡，他的財富累積自幫忙創造與出售高風險的債務。他一加入聯準會，就開始指出這些債務對整體經濟來說可能變得多危險。

不同於霍尼格的是，鮑爾講的話有人聽進去了。事實上，他後來在聯準會中爬到權力的最頂峰。在他繼任聯準會主席的那些年，他提出了一些警示，讓大家知道量化寬鬆可能變得多危險。

第二部

零利率政策時代

第七章 量化泥淖（二〇一二～二〇一四）

鮑爾進入聯準會理事會時，他加入的是世界上最奇特、最孤立的職場。聯準會的理事在埃克勒斯大樓長廊上一整排氣派的辦公室裡辦公，距離深廣豪華的會議室很近。雖然大家都在同一棟大樓的同一層樓辦公，但理事很少會闖進別人的辦公室尋求建議或分享想法。要討論的話要先約，透過理事的助理預約安排。鮑爾有一位鄰居是碧希．杜克理事，她之前是銀行的高階主管，也是美國銀行家協會（American Bankers Association）的會長。杜克說，成為聯準會理事後面臨的疏離感，讓她大感驚訝。她回憶道：「這是我做過最寂寞的工作。」

這裡的社交氣氛很勉強，但鮑爾做到平順地融入，這是他人生中的主要技能之一。鮑爾迷人、聰明，以他的方式來說甚至算得上很謙虛，有一種無法作假的謙遜幽默。每個人都叫他的小名傑（Jay）。他這一輩子都在美國權力圈內，在大型政府與掌管大量資金的機構之間來來回回。當鮑爾和全世界最位高權重的人相處時，他知道該說什麼，也知道該怎麼說。他成長在富裕的華府市郊，上喬治城大學法學院（Georgetown Law），然後在華爾街的投資界工作。之後，他在老布希總統（George H.W. Bush）任內擔任美國財政部高階職務，後來又跳到一家非常強大的私募股權公司凱雷集團（Carlyle Group）。凱雷集團很有錢，由一群握有大權的華府內部人士經營，因此也出現了一些只有聯準會能把這家公司比下去的陰謀論。離開凱雷後，鮑爾荷包滿滿，他加入了華府的一家智庫。歐巴馬總統提名他成為聯準會理事，是一樁妥協交易裡的條件。歐巴馬提名一位自由派人士：哈佛教授傑洛米．史泰因（Jeremy Stein），他還要提一位保守派人士，此人就是鮑爾。

鮑爾二〇一二年五月來聯準會報到，當時公開市場委員會正要進入緊鑼密鼓辯論的時期。柏南克正在推銷另一輪規模更大的新量化寬鬆方案，但他在委員會內遭遇前所未有的反對。那年夏天公開市場委員會內部的辯論，顯現出委員對柏南克的計畫大表懷疑，而且明確反對。七月底的會議上，約一半的有投票權委員表達對於量化寬鬆的疑慮。柏南克開始大力反擊這些反對意見，因為美國的經濟成長仍疲弱，失業率仍高，距離二〇〇八年的崩盤也已經過了快四年。由於房市泡沫破滅後的債務積壓仍非常嚴重，經濟成長長期積弱不振完全在預料之中，可以預測。但柏南克覺得有必須做點什麼的壓力，要讓聯準會成為帶動美國經濟的行動中心。為達此目的，柏南克敦促聯準會使用過去認為帶有實驗性質、甚至可說是很激進的工具——現在聯準會能用的也只有這些了。

在鮑爾進來之前，聯準會已經用上了其中兩種最強力的工具，第一種名為「前瞻性指引」，聯準會藉此保證將會壓低利率，鼓勵多貸放資金與從事投機活動。一月，聯準會放出信號，指出將會把利率壓在零值，時間大概會再延長三年，這代表指引又更上一層樓了。第二項工具有時稱為「扭轉操作」(operation twist)，這是和量化寬鬆相似的購債計畫，但是有一項重要差別：扭轉操作不會挹注更多資金到銀行系統裡，而是用壓低長期政府公債的利率來鼓勵貸放更多資金[1]。聯準會在二〇一一年底推出新的扭轉操作，在二〇一二年時延長執行時間。

然而，隨著夏天到來，柏南克需要的更多。他轉向最終、最強力、爭議性也最大的工具：量化寬鬆。柏南克開始推銷規模更大、持續時間更長的新一輪量化寬鬆，主張這一輪的行動或許能達成前一輪無法達成的目標。如今量化寬鬆已經成為貨幣政策常態工具，在聯準會與華爾街甚至還有專屬的縮寫，這些人把量化寬鬆簡稱為QE。然而，就算已經常態化，公開市場委員會內部反對量化寬鬆的聲浪愈來愈高。柏南克正失去聯準會理事和多位地區分行總裁的支持。爭議愈來愈大，迫使鮑爾思考他應該抱持何種立場，而且要快快想出來。公開市場委員會七月、八月與九月一系列的投票，將決定聯準會與金融體系未來的路線。

鮑爾開始和杜克密切合作，杜克是大聲反對量化寬鬆的批評者。鮑爾和杜克都是從民間銀行的世界來到聯準會，因此，對於聯準會如何影響真實世界裡的避險基金與銀行等等，他們都有一定的感知能力和技術面的理解力，看來這些知識讓他們對另一輪的量化寬鬆抱持懷疑態度。杜克在幾次公開市場委員會會議上重複且強力地表達她的疑慮，她憂心更多的量化寬鬆只是在金融體系中累積更多的風險，做不出太多能協助實質經濟的事。聯準會看來沒有出場計畫，這也讓她深為憂慮。要執行量化寬鬆很簡單，但要逆轉很難，而且方案規模愈大，要逆轉量化寬鬆就愈難。兩位地區分行總裁發聲支持杜克的顧慮，他們是達拉斯分行的費雪和里奇蒙分行的勒克爾。費雪認為量化寬鬆會助長高風險的投機和資產泡沫，勒克爾擔心推動更多量化寬鬆會讓聯準會難再升息。

鮑爾是理事，因此在這場辯論中有超大的影響力。柏南克把心力放在遊說理事希望他們支持他的計畫，以期能安全地化解好辯愛唱反調的地區總裁表達的任何反對。「這就是柏南克的行事作風，」杜克回憶道，「理事不能有異議……柏南克認為這是非常嚴重的事。他說他不希望看到任何人反對。」

柏南克去遊說聯準會理事時，設定了一個具體目標，他想要讓所有理事一致支持所謂的「B選項」(Option B)。當公開市場委員會的委員齊聚一堂來開正式會議時，他們通常都會先考慮三項政策選項，之後才投票支持其中一項。選項通常會標示為「A」、「B」與「C」，就像金髮小

1　方案的運作方式是，聯準會買進長期政府公債、同時把等量的短期政府公債賣到市場裡，這樣的操作就是所謂的「扭轉」。聯準會把長期公債從市場上收走，由於需求上揚，會壓低這些公債的利率。但聯準會把等量的短期公債賣進市場裡，確保前面的買債行動不會讓流入銀行體系的新資金總供給量增加。聯準會買進長期公債流出去的每一分錢，都會藉由賣出短期公債收回來。目標是勸阻投資人把錢放到十年期政府公債、但又不至於讓資金淹沒銀行系統。

女孩的燕麥粥那樣，對貨幣政策供給造成的效果不一，從最大排到最小，A選項通常比較積極，比方說推動一輪金額達一．五兆美元的量化寬鬆；C選項則非常保守，比方說完全不採行量化寬鬆；而B選項永遠都會設計成剛剛好。不開會時，柏南克把時間都用來設計一套能讓理事滿意的B選項，確保輪到他們時會投下贊成票。杜克說：「會議的目標永遠都是要選出B選項。」柏南克願意接受一位地區分行總裁投下反對票，但最多就這樣。

第一次去公開市場委員會開會時，鮑爾表現得圓滑又溫馨。他投B選項，但他也透露出訊息，指出他的想法比較接近杜克而不是柏南克。鮑爾的開場白後來變成是他的一種習慣：他會講到他在民間的朋友與熟人有哪些看法。他常會用精準嚴謹的態度去探詢他熟識的人；他會在會議上用百分比的方式來分解對方的反應，有點像蓋洛普（Gallup）意見調查。五月鮑爾第一次去公開市場委員會開會，他說應該把量化寬鬆留待當後備工具，當成「邁向未來時的防禦性武器」。他指出，現在可能還不需要用到這項武器。他在業界的熟人說，經濟成長很慢，但他不認為經濟走緩的情況會延續到二〇一三年。他的這番批評，並不像會議上其他反對量化寬鬆者的言論這麼尖銳，但透露出無法認定鮑爾一定會投贊成票。

柏南克在休會期間去遊說各理事，這是很輕鬆的工作，從他的辦公室出來，只要走過一小段走廊就可以來到他們的辦公室。他用政治人物的手法去遊說他們，替他的志業尋求支持，並設法孤立可能阻礙他的對手。公開市場委員會的討論很開放，並會做成文字稿留底，但柏南克的私人會議不會，大家也因此能暢所欲言。杜克雖然不認同柏南克，但她很喜歡這類會談。他是很好的傾聽者。柏南克在說服聯準會理事，總是以尊重且明智的態度行事。他會讓他們看研究報告，他也會讀他們回敬的研究報告。他會出奇不意聯絡他們。他會用電子郵件往返交流，也會和人辯論。這不見得是爭執吵架。以杜克來說，她就很喜歡這樣的你來我往。

要讓杜克和她的同事接受量化寬鬆並不容易。她回憶道：「看來每個人都同意好處正在遞減。」而且，這些小小益處還附帶了未來極大的風險。「要考量的是，要如何出場？要如何停止？」

柏南克在說服他們時有一項祕密武器，就是他的副主席葉倫，她也是聯邦準備銀行舊金山分行的前總裁。葉倫是柏南克果斷且具說服力的代理人，她支持強力運用聯準會的權力。杜克早期和葉倫走得很近，她們會在私人晚宴上閒聊，悲嘆身為聯準會理事的奇特孤立感和壓力。葉倫開玩笑說，如果她在埃克勒斯大樓的辦公室裡跌死，很可能兩天都沒有人發現她的屍體。葉倫推銷自己的觀點時態度很友善，甚至可以說是很愉悅，但她絕對不含糊。

「葉倫是無上限（量化寬鬆）的強力支持者，」杜克回憶道，「葉倫非常強勢，她很有自信，大力推銷她的觀點。」葉倫和柏南克都很有說服力，他們的主張仰賴一個很簡單的論點：面對不確定性，聯準會寧可做過了頭也不要束手旁觀。柏南克把這樣的想法推銷給杜克以及其他猶豫不決的公開市場委員會委員，比方說克里夫蘭的珊卓・琵雅娜托（Sandra Pianalto）、亞特蘭大的丹尼斯・洛克哈特（Dennis Lockhart）和明尼亞波利斯的納拉亞納・科切拉科塔（Narayana

Kocherlakota）等分行總裁。

這些遊說工作代表了一件事，那就是重要的政策決議，基本上在地區分行總裁來華府投票之前就已經拍板定案。地區總裁看來也意識到這一點，他們會為了影響之後的投票或是掩護可能想要脫隊的理事，而刻意量身打造自己的評論內容。達拉斯分行總裁費雪愈來愈熟練此道。在七月底的公開市場委員會會議上，他發表慷慨激昂的長篇大論，反對柏南克力促聯準會推動愈來愈深入的干預行動。費雪不只針對聯準會零利率政策的哲學價值辯證，他更提出了一項具體又詳細的案例研究，說明這些政策已經如何危險地扭曲了整體經濟。

費雪說，他最近和德州儀器公司（Texas Instruments）的財務長談過，對方說明他的公司如何在零利率政策時代下管理資金。德州儀器剛借了十五億美元的廉價債務，但不打算用這些錢來蓋廠房、投資研發或聘用員工，公司打算用這些錢買回自家庫藏股。這麼做很合理，因為公司的股利支付率為二·五%，借貸的成本僅有〇·四五%到一·六%。這是操作精密的財務工程調度，提高了公司的負債水準、帶高了股價，給股東一筆可觀的報酬獎勵。費雪直說了他和這位財務長之間的對話。「他說——他允許我說出來——『我不會用這筆錢新增任何職缺。』」費雪轉述，「我認為這就是問題。我們操作政策的假設是，降低資本成本並提供廉價的資金，會鼓勵企業提高槓桿水準，並善用槓桿來擴充（資本投資）與創造就業機會，這是我們的使命之一。我認為並沒有帶動這樣的結果。」

具體來說，費雪講的是零利率政策已經在經濟體內累積了系統性的風險，但沒有創造出任何新的就業機會。柏南克很少直接回應這樣的說法，但這一次例外。

柏南克說：「謝謝費雪總裁。我知道我們圍坐在這張會議桌時很看重鄉野報導傳言，而且常常大加讚揚，但我強烈要求各位不要過度重視民間人士的總體經濟觀點，他們沒有受過經濟學的訓練。」

以公開市場委員會的文化來說，柏南克的這番話是以最羞辱人的方式來傷害費雪。他凸顯出費雪不是一個思慮周密的人。費雪並沒有經濟學博士學位，德州儀器公司的財務長應該也沒有，這讓他們在理解量化寬鬆這類方案的效果時居於劣勢。聯準會的領導階層有時在行事會表現出一種態度，認為包括到主席在內，唯有一群受過訓練的經濟學家才能理解聯準會如何設計相關行動以及會產生哪些效果。這種經濟學家的隱性優越感在聯準會是一股很真實的力量，每一次公開市場委員會的會議上都會出現，受過博士訓練的人會發表冗長且詳盡的報告，細訴手邊有哪些政策選項。聯準會歷史學家彼得．康提－布朗（Peter Conti-Brown）指出了這樣的動態有助於將權力整合到聯準會裡受過訓練的經濟學家手裡，比方說柏南克和他的員工。康堤－布朗在他二〇一七年的著作《聯準會的權力與獨立》（*The Power and the Independence of the Federal Reserve*）裡提到，一位前任理事說，「沒有經濟學博士學位，聯準會的幕僚就會用技術面把你耍得團團轉。」這股力量也瞄準了要對抗鮑爾和杜克這類批評者，這兩人來自於銀行界而非學界。

在七月的會議上，鮑爾審慎行事。他直接指出量化寬鬆之所以帶動經濟成長，是靠著先帶動了資產價格。鮑爾說：「我在想，我們現在使用的管道（主要是資產價格），效果可能不像模型呈現的這麼好。」他繼續指出量化寬鬆正在經濟體中累積風險，但這些風險可能還可控，不過他認為沒有必要推動另一輪量化寬鬆。他說：「以我而言，我認為需要再來一次大型的LSAP門檻很高，而且目前還沒到。」他用了另一個字頭縮寫來取代QE，LSAP的全稱是「Large-Scale Asset Purchase」，意為大規模購買資產，聯準會裡的人把這個詞和量化寬鬆拿來交替使用。

柏南克卻相信已經達到門檻了，但在七月底前，他還是無法促使公開市場委員會支持他。七月底這場會議上通過了B選項，委婉宣告了不會進行另一輪量化寬鬆。柏南克有機會在八月底翻盤，屆時他將受邀到著名的傑克森霍爾年會上演說。二〇一〇年時，他善用這個場合爭取到人們支持量化寬鬆，現在，他要捲土重來了。

❖❖❖

菁英經濟學家和各國央行人員來到傑克森霍爾時，天氣正好，柏南克在大會上的演說是眾人眼中的重頭戲。但柏南克很抑鬱，這是有原因的。對於柏南克計畫要推動更多量化寬鬆，與會人士的態度不會比公開市場委員會的委員友善太多。就連在傑克森霍爾，也對聯準會的所作所為展開激辯。有些經濟學家主張，量化寬鬆並未達成壓低長期利率的主要目標；有人則認為有，但並沒有為美國經濟創造出實質益處。不苟言笑但影響力深遠的哈佛經濟學家馬丁·費德斯坦（Martin Feldstein），在傑克森霍爾期間花了很多時間到處走動，對任何願意傾聽的媒體抨擊柏南克的政策。媒體網絡很樂於聽一聽費德斯坦的觀點，因為他是共和黨總統候選人米特·羅姆尼（Mitt Romney）的顧問。在接受福斯商業臺訪問時，費德斯坦說美國經濟是一個很深的黑洞，也指出低利率與廉價的借貸無法修復對美國造成實質傷害的問題。「我認為聯準會沒有太多可以著力之處。」費德斯坦對《華爾街日報》講的話更是直接：「聯準會來到了一個關鍵點，此時再推出一輪量化寬鬆將會犯下大錯。」

柏南克當年的演說，是在評估聯準會自二〇〇八年以來的行動，講題很中性：「自危機爆發以來的貨幣政策」(Monetary Policy since the Onset of the Crisis)。柏南克意在權衡量化寬鬆、前瞻性指引以及扭轉操作這些政策的成本效益。他顯然非常小心，他不講白話，也不用任何沒有高階經濟學學位的人也剛好能理解的方式來談聯準會的所作所為。講到量化寬鬆如何影響市場時，柏南克加油添醋地說：「據信這樣的資產購買方案能影響經濟體，其中一種機制就是所謂的投資組合調整管道……支撐此管道的關鍵前提是，基於各種不同的理由，投資人投資組合中不同類別的金融資產無法完全互相替代。」

柏南克在這場內容很硬的演說裡列出了量化寬鬆可能帶來的益處與缺點。這種方法幫助他的陣營爭取到更多人支持量化寬鬆，理由正是其中的利弊得失非常難以衡量，一位經濟學家眼中的資產泡沫，另一位可能認為那是健全的市場。他一直都用這種曖昧模糊的態度來演講，直到後來才講出一句撼動市場的話。他說：「然而，整體來說，持平判讀證據支持以下的結論：央行購買證券為經濟復甦提供了有力的支持，同時也緩和了通貨緊縮的風險。」

在《華爾街日報》的傑克森霍爾相關報導當中，大書特書的就是這一段話。柏南克說的是量化寬鬆有用，他也說聯準會「不排除進一步運用這類政策。」對華爾街來說這是很明顯的信號，交易員應該做好準備，隨時要衝刺了。

柏南克的演說帶動了所謂「宣告效應」（announcement effect），壓倒了公開市場委員會內的嚴重分歧。每當有任何跡象透露出任何聯準會將有新行動時，就會有這種效應，改變了投資人的預期，使得市場價格開始隨之變化。柏南克二〇一〇年時就得利於這種效應，當時他強化了將會推動另一輪強化寬鬆的預期心理，使得某些股票和債券的價格上揚。這表示，不啟動新的量化寬鬆將會導致價格下跌，這在任何可能投出反對票的公開市場委員會委員肩頭加上了沉重負擔。

如果柏南克慢慢壓縮公開市場委員會的選項，他就能夠靠著指出兩項極嚴重的威脅來支持他的行動，他相信，這兩項一在國內、一在國外的危機是他展開行動的很好理由。海外的威脅來自歐洲，國內的威脅則來自國會。

在歐洲，二〇〇八年的金融危機還沒真正結束。歐洲積壓的債務高到嚇人。光是歐洲的三大銀行，他們資產負債表上二〇〇八年前的債務金額就達到全球國內生產毛額的一七%。歐洲經濟已經跛行多年。歐洲的銀行和政府背負著以美元計價的債務，因此歐洲央行不能像美國的聯準會那樣，靠著多印錢救自己。聯準會很努力止血，承作「換匯額度」，用美元淹沒歐洲。但換匯額度的功用也只有到這裡而已。到了二〇一二年，歐洲很有可能陷入「厄運循環」（doom loop），政府付不出貸款將傷及銀行，回過頭來會引發嚴重損失並拖累經濟成長，讓政府之後更難償付債務。一如往常，這也會威脅到美國，因為歐洲經濟大規模下滑將有損對美國商品的需求。

第二項威脅是美國國內威脅，更是迫在眉睫。茶黨運動有效地讓國會無法運作。在茶黨領導者眼中，唯一能接受的公共政策方案是減稅、削減政府支出以及減少政府控管。二〇一一年夏天，茶黨人把他們的聖戰推進到新的範疇，威脅如果歐巴馬政府與民主黨掌控的參議院不採行茶黨的政策，他們就要讓聯邦政府的債務違約。這場抗戰的核心，是過去向來為例行性的償付政府債務投票表決，也就是所謂的「拉高債務天花板」表決。這個詞會造成誤導，投票要決定的並非是否要提高整體支出與債務，而只是如何取得資金以支應政府已經承諾要花的支出。對茶黨來說，這種細微差別毫不重要，他們會投票支持不要付錢。標準普爾因此調降美國政府公債的評等：美國政府公債過去向來被視為毫無風險的資產，這是美國有史以來第一次有債務違約烏雲罩頂。白宮和茶黨後來達成一項非常奇特的折衷方案，這才避免了一場大災難。國會同意償債，前提是要在聯邦預算上加裝定時炸彈。這顆定時炸彈是一系列的自動削減支出行動，嚴苛又不負責，就連很多共和黨人都不支持。這些瘋狂削減支出背後的理論是，這樣可以迫使國會和白宮在引爆點之前同意比較新、比較好的折衷方案。如果真的要引爆的話，日期設在二〇一三年一月一日。柏南克把不斷逼近的削減預算（總計五千億美元）稱為「財政懸崖」（fiscal cliff）。要削減的金額占美國經濟成長的三%到四%，經濟學家憂心，一旦削減將會隨即把美國逼入經濟衰退。

面對重重危機，柏南克相信聯準會必須要大膽行事，而他正忙著讓公開市場委員會相信，除了行動之外他們別無選擇。在傑克森霍爾演說幾天後，一般人認為將會有更多量化寬鬆行動出場的想法更強了。華爾街的交易員開始把注意力放在接下來九月的會議上，他們預期聯準會將會宣布展開本次的量化寬鬆。

在這之前，需要由公開市場委員會先通過這項措施，反對者最好不要超過一人。柏南克過去在公開場合用大量的經濟學語言推動量化寬鬆，現在他在內部也使用相同的辦法來對付公開市場委員會。聯準會的經濟學家已經在做簡報，有大量的數字和滿滿的圖表，預備在下次會議時提出。這次簡報中所呈現的量化寬鬆充滿希望，但也幾乎全是錯的。

❖ ❖ ❖

九月十二日，十二位公開市場委員會的委員來到華府，準備參加例行的政策會議。柏南克已經為另一輪量化寬鬆打了底，但新方案的範疇和型態仍未定。柏南克和葉倫推銷一套開放式的方案，這套幾經琢磨的B選項，提的是一項沒有預設結束日期的量化寬鬆方案。方案維持開放式的特質，本意是要和反對者妥協。想法是如果後來證明沒有必要，聯準會可以重新調整，甚至結束方案。

會議室裡有一股箭在弦上的氣氛。柏南克在傑克森霍爾的演說，讓華爾街翹首盼望隔天就會宣布推動新一輪的量化寬鬆。但是箭在弦上的氣氛遠不足以讓公開市場委員會投下贊成票；設置這個委員會的根本理由，是要委員進行冷靜的辯論之後再針對政策投票表決。會議一開始就由兩位聯準會的經濟學家提出一份很長的簡報，用意是要平息對於新一輪行動的質疑。這份研究以科學上非常嚴謹的方式預測新一輪的量化寬鬆可能有哪些作用、又要持續多久。報告使用精確的學術語言，塞滿了精準的衡量數值和圖表。這份簡報做的這麼詳細卻錯得離譜，當中幾乎每一項重要預測都錯了。顯然，這些可怕的錯誤矛頭都指向同一個方向，而這個方向也幫忙柏南克推銷他的論點。

這份簡報的執筆人是賽斯．卡本特（Seth Carpenter）和蜜雪兒．艾瑟（Michelle Ezer），他們把自己的研究發現提交給公開市場委員會。卡本特是相對年輕的經濟學家，但他的普林斯頓經濟學博士學位以及在聯準會擔任研究員多年的工作資歷，讓他可以穩穩掌握複雜議題。他的風度、他的用詞，在在散發出專業與冷靜稱職的氣息。他使用的術語會讓人嚇到幾乎動彈不得，在簡報一開始時他就說了「這份幕僚分析報告，始於嵌入美國公債與不動產抵押貸款證券供給因素做為決定殖利率因素的期間架構模型。」

即便有這些複雜的術語，主要重點卻很簡單。報告預測，隨著推動新一輪的量化寬鬆，整個二〇一三年和二〇一四年短期利率將仍會釘在零值水準。但之後，他預測利率會開始再度上揚，直到約二〇一七年來到歷史常態水準。大約到二〇一八年一切都會恢復正常，到時候短期利率將會回復到約四・五％或以上。

這真是很神奇的想法。現實中，聯邦基金利率直到二〇一六年年底前都停在〇・四％，到了二〇一八年中利率僅升至不到二％，僅有簡報中預測的一半。

其他的重要指標也出現同樣的錯誤模式，比方說三十年房貸的平均利率。文中預測一開始會先下跌，但之後會穩定上漲直到二〇二〇年，屆時房貸利率將高於六％。現實中二〇一三年的房貸利率有上漲，但之後就停滯不動，並在二〇一五年前穩定下跌，二〇一五年時來到三・六％。房貸利率從未來到預測的六％，到二〇二〇年初也僅為三・五％。

最嚴重的錯誤則和聯準會的資產負債表有關：聯準會的資產負債表反映出聯準會買了多少債券，反過來說，就是聯準會挹注多少新資金到金融體系裡。卡本特和艾瑟聚焦在紐約聯準會交易員使用的帳戶數值。聯準會預測手上持有的資產二〇一三年會快速成長，之後，等到聯準會完成購買債券計畫，就會穩定在約三・五兆美元。過後，隨著聯準會賣出手上持有的所有資產，資產負債表的規模會開始逐步縮小，到二〇一九年前縮減到約二兆美元。

現實中，聯準會帳戶中的資產價值膨脹的速度比聯準會預期快得多，也高得多，二〇一六年時已達四・二兆美元。二〇一八年二月之前，帳戶一直維持在這樣的高點，基本上沒有變動。換言之，公開市場操作帳戶（SOMA account）的金額比聯準會預期的高了兩倍，而且從未下降，並不符聯準會所預測。

卡本特的簡報中最後還有一項嚴重錯誤。文中假設物價通膨二〇一二年會下跌，但之後會開始再度上揚，在二〇一五年前穩定攀升，到了那時，則會持平穩守在二%的水準，而這也恰好是聯準會的政策設定要達成的目標。沒有這種事。從二〇一二年到二〇二〇年這整段期間，物價通膨基本上都低於聯準會的二%目標，二〇一九年十二月時還在一・九%。

最後這項錯誤造成嚴重後果。物價通膨數值基本上是可以套用到零利率政策上的唯一外部煞車機制。如果消費者物價開始上揚，那麼，聯準會就會面對升息的強大外部壓力，取消量化寬鬆。但如果物價沒有上漲，聯準會就會繼續把利率壓在零值，繼續購買債券。

就連卡本特本人，當他詳細做簡報時，也在評論中提了很多警語、警示。他試著解釋預測只是有根據的猜測，預測的基礎是理論模型，模型的基礎則是某些關於這個世界如何運作的假設。他在簡報之後說：「當中層層疊疊，一個模型疊上另一個，想辦法得出這些效果。」

多年後，有人問起這場簡報，卡本特幾乎怯於談論。「我確實因此受到嘲弄。」他一邊說著，一邊笑了。聯準會出現這些錯誤是體系組織面的問題，也說明了聯準會如何使用其無人可比的研究能力。當卡本特想要知道未來會如何時，他靠的是一套名為FRB／US的總體經濟模型。這套模型假設，經濟狀況長期來說會回歸常態，十年下來，利率、通膨和失業率都會回到過去的水準。卡本特說：「多數總體經濟模型的缺點是，大部分都假設經濟條件長期下來會回歸普遍的『常態』。」

綜合來看，在這些錯誤估計值之下，顯得新一輪量化寬鬆是應急行動，將快速帶動經濟成長並創造就業機會，達成目標後就取消，一切回歸平常。如果真是這樣，那麼，量化寬鬆就跟聯準會使用的其他工具無異，比方說降息，聯準會實施，然後等到經濟條件出現變化時就快速撤銷。但到頭來，現實情況完全相反。量化寬鬆造成的扭曲很深入，而且持續很久，還有，一旦實施這項方案，基本上就沒完沒了。

這些預測上的錯誤並非單一事件。關於量化寬鬆會產生什麼效果，全球央行不斷自我誤導。美國國家經濟研究院（National Bureau of Economic Research）二〇二〇年所做的一項研究指出，與外部研究人員所做的研究對照之下，這些央行持續高估量化寬鬆對於整體經濟產出的正面效益。該研究發現，提報量化寬鬆能產生重大效果的央行研究人員，在職場上晉升的速度多半比較快，這很可能是因為，這些人匯報的對象正是推動這類方案的央行領導階層。

這些預測值幫柏南克穩住了論點，表明公開市場委員會支持的也只是一個有限且有彈性的決策承諾。但其他委員仍大力抨擊這項計畫。亞特蘭大分行的總裁洛克哈特顯然難以抉擇。他說：「我對於推動新的（量化寬鬆方案）這條路有所保留，以我來說，這一次我們看來面對的是更典型的需求不足問題，我不認為壓低市場通用利率可以刺激信貸大幅擴張並帶動支出。」

克里夫蘭分行的總裁琵雅娜托說，新一輪量化寬鬆的助益不會如前幾輪，而且一旦啟動，就很難收場。

與不具投票權委員如費雪和接替霍尼格成為堪薩斯分行總裁的埃絲特．喬芷（Esther George）相較之下，這些論點可謂溫和。後面這些人主張新方案無效，要退場很困難，而且聯準會將會造成較長期的風險，這些風險連衡量都很難，更別提要怎麼減緩。

柏南克對這些疑慮的答案，自金融危機以來始終如一。聯準會必須大膽行動。國會顯然已經晾在一旁了，經濟成長也很緩慢。量化寬鬆的益處可能很微小，但既然聯準會有力量創造出這些好處，就算很小，也要盡責去做。他說：「我們想要說服同仁這是絕對值得喝采的行動，但事實是，沒有人真的知道到底是什麼因素抑制了整體經濟、正確的因應之道是什麼或是我們的工具將會產生什麼作用。」

柏南克承認，新一輪量化寬鬆基本上像是「在一片漆黑裡開槍」，但他相信，不冒險也有風險。還有同樣重要的是，一旦他在黑暗中開了槍，他們都要支持他。他說：「我真心認為，很重要的是，從某種意義上來說，我們要通力合作，全力支持我們的所有作為。」當天的投票情況眾所皆知。即便有顧慮，其中十一位公開市場委員會的委員都投票贊成這項計畫，只有一個人投下反對票，這一次，投反對票的是里奇蒙分行的總裁勒克爾。他的異議無關緊要，可以解釋成一位古怪的地區分行總裁的頑固行徑。杜克和鮑爾等聯準會理事都支持這項計畫，這才重要。

杜克被說服，是因為B選項在設計上讓聯準會有彈性。B選項沒有設定結束日期或特定的購債金額，這讓公開市場委員會有了自由度，可以根據經濟狀況加強、也可以降低方案的力道。她之後說道：「我真心相信這是一套暫時性的方案，我們的資產負債表終會回復（到常態）。」

事態的發展差不多是馬上證明她錯了。

❖ ❖ ❖

當聯準會宣布推出開放式的量化寬鬆方案，華爾街的投資人在解讀當中的曖昧不明時，認為這是聯準會正在計畫把規模做大的信號。推出方案三個月內，聯準會犯下的根本性錯誤就明顯之至。到了一月，華爾街的一般交易商就預期聯準會到二〇一三年年底前都會持續購買資產，當年會買進約一兆美元的證券。事實上，聯準會當年僅規劃買進約五千億美元的資產，而且買進行動僅到六月為止。

這讓杜克極為氣餒。她會投下贊成票，是因為她認為這會是有限度的方案。現在，市場期待的規模大很多。杜克之後說：「我們可以接受五千億美元的方案，但市場裡的人根本不知道金額是五千億，馬上就變成了一兆到一．一兆。」如果聯準會堅守原始的計畫，會讓市場失望，市場可能會走跌。

這讓公開市場委員會有了選擇：委員會可以擴大方案，也可以告訴投資人他們錯了。杜克說：「這會是二選一的狀況，一是我們不想讓市場失望，最後推出的一套並非我們想要的方案；要不然，就是讓市場最後對於方案的規模感到失望，最後結果必是其中之一。」她知道某些公開市場委員會的委員，例如葉倫，願意接受第三輪量化寬鬆的金額達到一兆美元，但杜克不行。

鮑爾顯然也不想。在公開市場委員會二〇一三年一月的會議上，鮑爾不再持溫和論調，而是針對方式如此魯莽、甚至可怕的量化寬鬆會造成的危險與扭曲提出警告。鮑爾說，聯準會正在公司債和槓桿貸款這些債務市場裡創造出潛在的資產泡沫，當市場進入修正時，大有可能造成嚴重傷害。他說：「目前很多固定收益證券的價格高於根本價值，最終的修正可能很嚴重也很動盪。」他的用詞很節制，但要傳達的訊息不然。鮑爾很清楚地指出，聯準會很可能替另一次的金融市場崩盤（或者用他的話來說，叫「嚴重且動盪」的事件）打了底。

約就在此時，杜克和鮑爾連成陣線，反擊柏南克。和鮑爾同時成為聯準會理事的哈佛前教授史泰因，也加入他們的行列。鮑爾處理這個問題的手法讓杜克十分佩服。開完公開市場委員會議之後，她會重讀他的評論，思考他的批評。這三位理事開始私下碰頭，並比對紀錄。他們偶爾會在馬丁大樓（Martin Building）一起吃中飯，這棟附屬於聯準會的大樓就在埃克勒斯大樓後方，裡面有咖啡廳和幽靜的餐廳。他們為了一個共同的目標團結在一起：迫使聯準會堅守一開始預想的方案。這表示，他們希望約在六月就開始減少資產購買量。柏南克知道這場迷你起義行動，他很快就開始替杜克、鮑爾和史泰因三人取個名號叫「三友組」（The Three Amigos）。他們丟了一個政治難題給他。如果他們要聯合起來提出異議，很可能終結這項方案。

在三月份的會議上，鮑爾提出了他的研究結果，他自己針對七十五位投資經理人做了調查。受訪者當中，很多人就任職於被零利率政策推著去做愈來愈高風險投資的機構，像是退休基金、保險公司和捐贈基金。六四％的人說，聯準會刺激人們去做不合理的投資；七四％的人擔心，就算聯準會想要，很可能也無法輕鬆讓量化寬鬆退場；八四％的人說聯準會讓資產價值膨脹，比方說垃圾等級的公司債。他們多半支持聯準會採行寬鬆政策，但質疑量化寬鬆的成效。

鮑爾也很懷疑。

他在會議中說：「我認為我們需要重新奪回控制權。」聯準會每個月都買了八百五十億美元的資產。二〇一三年一月，聯準會人員預估，新一輪的量化寬鬆方案最終會讓該行的資產負債表增加七千五百億美元。但到了三月，如果聯準會不打算撤回方案或終止購買資產行動，就連七千五百億美元都開始顯得是很保守的預估值。

柏南克會見史泰因和鮑爾，並繼續和杜克協商。這三位理事不為所動，他們希望公開市場委員會在方案上制定一些紀律並減少購買資產規模。史泰因發表公開演說，討論量化寬鬆的固有風險，鮑爾和杜克繼續在公開市場委員會上對柏南克施壓。最後，柏南克和三友組妥協了。六月會議之後，柏南克宣布聯準會可能會開始減緩量化寬鬆方案的行動步調，他的用意是清楚告訴華爾街的交易員量化寬鬆方案規模不會超過一兆美元，而且絕對不會像某些交易員認定的無限期持續下去。杜克和鮑爾同意了這項折衷方案。

六月會議後，柏南克前往記者招待室傳達消息。杜克和其他理事通常會聚在埃克勒斯大樓的會議室裡，觀看CNBC新聞臺直播他的發言。柏南克是第一位固定排程舉辦記者會的聯準會主席。他從二〇一一年四月就開始這麼做，以利平息量化寬鬆引來的政治反作用力。他後來在回憶錄裡寫道：「二〇一〇年十一月引進第二輪量化寬鬆迎來了強大的後座力，自此之後……就需要比過去多做很多事，以求明確且有效地說明政策。」研究媒體如何報導聯準會的學者拜德發現，除非柏南克召開記者會，否則多數的媒體管道不會報導公開市場委員會的會議。記者會一開，攝影機的焦點就轉向柏南克本人，由他來塑造要傳達什麼訊息。

那年六月，在記者招待室裡，柏南克在臺上，頭上是早已經設計好方便電視臺攝影機作業的明亮燈光。他直接走到講臺後方唯一的椅子上，坐下來，打開文件夾，拿出幾張紙，放在前方講臺上。

「午安。」他先打招呼，準備向坐了幾排的記者開講，這些人面前都有長形的桌子，排了好幾列，往後排到會議室後方。這一群記者打扮得光鮮亮麗，眼神非常嚴肅。多數人都把筆記型電腦開著，放在前方的桌上。他們正在寫的報導，他們提的問題，會馬上傳給世界各國守在電視機面前急切盯著的金融交易員。

柏南克用他擬好的稿子開始講，講到一半，他說量化寬鬆基本上是暫時性的，如果經濟成長依然強勁，聯準會很可能會退出購買資產的行動，並考慮在二〇一四年六月左右結束方案。柏南克盡量不慍不火地發布消息，強調聯準會仍會把利率壓在零值附近。

首先對柏南克提問的是史帝夫．李斯曼（Steve Liesman），是CNBC裡面一位窮追不捨的記者。李斯曼馬上把重點放在聯準會將會縮小量化寬鬆的規模這件事上。

「我不喜歡用我的發問機會請你釐清，但你之前說到從今年稍後要開始逐步減少買債，並在明年失業率降到七％時終止方案，這是什麼意思？是公開市場委員會的決定嗎？」

柏南克含糊其辭。「顯然什麼都沒有改變，相關的政策並未改變，這只是釐清而已，希望讓大家思考一下政策的演變方向。」

柏南克的用詞仍是模糊的、開放式的，但就連他還在說話時，華爾街的交易員就已經根據他說的話在下單了。他們只聽到一件重要的事：量化寬鬆的規模會縮減，而且結束的時間很可能只會早不會晚。

接下來發生的事通常被稱為一種市場衝擊，或是無法預見的波動，但事實上，這根本是對聯準會可能會放慢量化寬鬆所展現的審慎反應，這樣的反應後來也就是大家常說的「退場恐慌」（Taper Tantrum）。

很多市場衝擊都可以映射出零利率政策與量化寬鬆在金融系統深處造成的脆弱，退場恐慌是當中的第一項。把金融體系想成蹺蹺板，有助於理解退場恐慌的概念。蹺蹺板的一端是風險性投資，比方說股票或公司債，另一邊則是極安全的投資，例如美國十年期政府公債。資金在蹺蹺板上來回流動，從一邊到另一邊，依投資人有多大膽來決定方向。自二〇一〇年，聯準會就把蹺蹺板上比較安全這一邊、也就是十年期政府公債這一頭的資金推走。這就是量化寬鬆的重點所在：聯準會買了很多十年期美國政府公債，把利率壓得很低，藉此強迫投資人把他們的錢流向蹺蹺板中風險比較高的那一端[2]。當柏南克指出聯準會會減少購買十年期政府公債時，資金開始回流到比較安全的這一端，流出風險較高的資產。就在這個時候，蹺蹺板傾斜了，隨著聯準會的干預手段愈來愈極端，傾斜的速度也會愈快。

退場恐慌最明顯的症狀，是股市忽然大跌。聯準會主席講完話後，道瓊工業指數幾乎是應聲下跌一．三五％。但股市還是只是餘興節目，真正的危機出現在十年期美國政府公債市場，這是

2 聯準會買進美國政府公債時利率會跌，是因為聯準會提高了這類公債的需求。當債券的需求上揚，借錢的人就不用付這麼多利息就能借貸，因此利率會下跌。

全球金融系統的根基。柏南克發布訊息當天，十年期美國政府公債利率彈升了〇・一二六%，聽起來不多，但在超穩的美國公債市場裡，這樣算是大地震級的波動了。幾個星期內，十年期美國公債的利率從柏南克招開記者會前的二・二%跳漲到二・七三%。對多數美國人來說，這番波動算不上金融危機，連市場崩盤都不算，但華爾街覺得這是危機的前兆。如果資金開始湧入蹺蹺板比較安全的這邊，能用於投資風險比較高項目的現金就少了，大家都知道這會怎樣。風險的平衡快速變化。美國政府公債上漲，代表華爾街很可能又有了儲蓄帳戶，投資人不需要把錢拿出來，放在風險比較高的投資上。

當這一點變得明顯，投資人轉身檢視他們買進的所有高風險垃圾級投資，比方說槓桿貸款和垃圾級公司債，現在他們可以丟掉這些投資、把錢放在比較安全的地方了。六月底和七月初就開始出現這種情況，而且就發生在之前聯準會量化寬鬆資金湧入的神祕難懂市場裡。在調整房貸利率之後，不動產投資信託（REIT）就開始斷頭賣出手中的持有部位。資金撤出公司債市場，舉債的公司眼睜睜看著借貸的利率上漲。

記者會開完後幾個小時內，杜克在她辦公室裡看著退場恐慌在電視機裡上演。她也有一部彭博社的終端機提供即時金融資訊，當她看著美國政府公債利率上揚，心裡一沉，這代表的是聯準會之前所做的一切幾乎在頃刻間化為烏有。花了這麼多錢，挹注了幾千億美元到銀行體系，為的就是壓低公債利率，現在低利率消失了。她說：「那個時刻，迫使聯準會**更加**堅持繼續做下去，繼續買資產；那個時候別無選擇。他們必須繼續，而且必須安市場的心，相信他們會繼續。」

就這樣，聯準會放棄了退場計畫。

❖ ❖ ❖

新一輪的量化寬鬆，從二〇一二年的一項小型承諾開始，這被當成一種保險，是可以撤回的權變計畫。二〇一三年一月，公開市場委員會內部的備忘錄記載，量化寬鬆方案將於二〇一三年六月結束，將會讓聯準會的資產負債表增加七千五百億美元。但事實上，這套方案一直到九月底都還在做，然後延續到十二月，到了十二月，聯準會才開始減少每個月購買的資產金額，但也沒有叫停。量化寬鬆方案持續到二〇一四年六月，然後又再延長到二〇一四年十月。最後，聯準會才在這個月停止買債行動。

原本設定金額為七千五百億美元方案，到最後變成了一．六兆美元。

卡本特做簡報時預測很快就會撤銷方案，現實中並非如此。聯準會在二〇一七年十月之前甚至都沒有考慮要減少手中持有的資產，到了那個時候，這項方案已經窒礙難行，大致來說是失敗了。柏南克和公開市場委員會基本上重塑了經濟局勢和貨幣政策的規則。

❖ ❖ ❖

杜克二〇一三年七月宣布要離開聯準會理事會。她辭職和反對量化寬鬆政策無關，她擔任理事已經五年之久，在華府與她在維吉尼亞海灘（Virginia Beach）的住家之間通勤上班，她已經準備好轉換跑道了。六月是她最後的幾場會議之一，她在會上說她想要投反對票。量化寬鬆政策已經拖得太久，規模也太大了。但她還是跟大家一起投下了贊成票，因為她認為一人反對成不了大事。一切為時已晚。

她說：「該提出反對的時機是一開始那時。」

❖ ❖ ❖

聯準會被困在購買資產的行動中，這套方案導致資產價格膨脹，同時也讓美國企業的負債來到新高水準。這並非量化寬鬆方案意外導致的結果，這根本就是其目標。

聯準會自家的經濟學家大衛・賴夫施耐德（David Reifschneider），在二〇一二年公開市場委員會一場會議上就清楚解釋過，零利率政策透過三個管道帶動經濟成長：資本成本、財富效果和匯率。用白話來說，這是指量化寬鬆讓債務變得廉價、帶高股票價格並讓美元貶值（這可以刺激出口）。二〇一三年三月，聯準會的經濟學家梁奈莉（Nellie Liang）對公開市場委員會說，量化寬鬆和低利率已經讓資產價格膨脹，很可能觸發泡沫。這不是根據模型提出的預測，而是根據聯準會無人可比的市場監看機制得出的評估結果。而最可怕但最有先見之明的警示出自鮑爾之口。

鮑爾在公開市場委員會一月例會上說：「金融環境整體來說是正面的，但我們也有理由擔心持續購買資產行動引發愈來愈嚴重的市場扭曲。」他警告，聯準會預設自己可以在泡沫破滅之後收拾殘局，是錯誤的想法。「不管如何，我們不應該太有信心，不要認為可以規範或管理這種因為我們的政策而愈來愈有可能發生的大型、動盪市場事件。」

鮑爾尤其擔心一個市場：奇特、高風險公司債的市場。私募股權公司和避險基金就是用這類債務來收購其他公司。這類債務有時候會以「槓桿貸款」的形式出現，包裝成套然後售出，就像二〇〇〇年代的房貸一樣。當時，房貸包裝成所謂的擔保債權憑證（Collateralized Debt Obligation，簡稱CDO）。二〇一三年，企業負債則打包成擔保貸款憑證（Collateralized Loan Obligation，簡稱CLO）售出。

當鮑爾談到槓桿貸款和槓桿收購，他講的是自己的人生經驗。他的事業有很長一段時間都花在設計這類高風險債務上，這也是他現在提出警示的標的。就這麼剛好，鮑爾在私募股權世界裡的經驗和他在聯準會的經驗直接交織一起。

第八章 會打點好一切的人（一九七一～二〇一四）

鮑爾高三時，他們班上有一位未來的國會議員和一位未來的巴拿馬駐美國大使。這所喬治城預科學校（Georgetown Preparatory School）的其他學生後來有人成為美國參議員、遊說專家、聯邦法官和企業高階主管。尼爾・戈蘇奇（Neil Gorsuch）和布雷特・卡瓦諾（Brett Kavanaugh）這兩位一九八〇年代的喬治城預科學校畢業生，後來成為最高法院法官。

鮑爾小時候住在華府市郊的奇維卻斯區（Chevy Chase），離喬治城預科學校很近。奇維卻斯區的街道有一排排的大橡樹，寬闊翠綠的草坪後方坐落著豪宅。鮑爾生長在一個天主教大家庭裡，家裡有六個孩子。他和父親同名，他的父親是著名的企業律師，曾在最高法庭前激辯。鮑爾的母親派翠西亞・鮑爾（Patricia Powel）取得喬治華盛頓大學（George Washington University）博雅教育（liberal arts）碩士學位，是奇維卻斯區一位很有名的志工，也在共和黨全國委員會（Republican National Committee）兼職。這一家人是奇維卻斯俱樂部（Chevy Chase Club）的會員，也在華府薩格瑞夫俱樂部（Sulgrave Club）享受專屬的餐飲服務。高中時，每天早上會有人開車接鮑爾上學，載到繁忙的洛克斐勒派克路（Rockville Pike Road）旁自成一體的喬治城預科學校校區。進了校園，有一條蜿蜒長路領著學生穿過一座高爾夫球場、網球場和警衛室，才走進坐落在一處草皮翠綠小方院中心的主學術大樓區，校園景致和常春藤名校很像。喬治城預科學校的課表很緊湊，但有很多真正的教育是在課程之外，這些是其他地方教不來的。在喬治城預科學校，學生會學到如何和全世界最有權勢的人相處。聰慧機敏的學生會留心許多沒說出口的暗示以及待人接物的微妙規則，這些事決定了極富有、極具影響力人士如何互動。這些是很難量化的行事法則，你必須從生活中領會。

長大成人後的鮑爾，很知道如何成為中心人物。他的事業幾乎都構築在美國權力頂峰上一個非常特殊的點：公共政府與私人資金相會之處。他做過的職務，都是把華府和華爾街這兩個世界串在一起。他是負責打點好一切的人，幫忙促成重大資本與重要政府部門之間合作順暢，在這個很小的世界裡累積起絕佳的名聲。鮑爾這個人很審慎，也有絕佳的判斷力。他很穩，但他從來不是權力世界裡大權在握的人，不曾競選公職，也沒當過執行長。他把擺平問題、搞定狀況的工作做到無懈可擊。他從來不是名氣響叮噹的人，但在許多重要的圈子裡都備受尊重。鮑爾後來在二〇一八年被提名擔任聯準會主席，堪稱適得其所，選擇他幾乎沒有任何爭議。他尤其是是眾人眼中的高效操作高手。一位投資經理人麥可．法爾（Michael Farr）二〇一四年接受《華盛頓郵報》訪談，對鮑爾的評價是：「他既非鷹派也非鴿派。」他的用詞，是指聯準會理事在對抗通膨時採取的立場。到二〇一八年，鮑爾擔任聯準會理事約五年，參與了某些最棘手、最複雜的聯準會政策辯論。但法爾與其他人認為，鮑爾是一個沒有固定信念體系的人，只有想要完成任務的渴望。法爾說：「他是實用主義者，他會追求經濟上的益處，對政治裝聾作啞。」

但鮑爾從不曾對政治裝聾作啞，他的聽力很敏銳，判斷也很犀利。他的事業發展路線，是一個認真傾聽並且每走一步都從中學到一些教訓的人才走得出來的路。常有人因為他有個法律學位稱他是「律師」，但他的事業可變化多端了，不僅如此而已。

鮑爾一九七一年高中畢業，之後進了普林斯頓大學。畢業後，他去了國會山莊成為立法幕僚人員，然後又去喬治城大學法學院拿到了學位，並在紐約的聯邦上訴法庭擔任書記官。鮑爾跟著父親的腳步，成為企業律師，進了達維律師事務所（Davis Polk and Wardwell）。一九八四年，鮑爾三十一歲，他在這一年做出重大改變，離開了法律天地，走進了投資銀行世界。一家名為狄龍瑞德公司（Dillon Read & Co）的投資銀行聘用了鮑爾，他也在這裡展開漫長的職涯之路，走向企業債務世界的豐厚財富。

❖　❖　❖

記者講起狄龍瑞德公司，會用到的形容詞幾乎不脫**頂級**、**菁英**和**高檔**這些字眼。這家公司自一八〇〇年就已經存在，惟型態有一些變化。狄龍瑞德公司的合夥人，是為大筆資金提供服務的成效絕佳好僕人。舉例來說，如果有兩家大型企業想合併，他們會請狄龍瑞德公司來處理細節。當某個市政府需要靠發行債券來借錢，裡面的政治人物也會請來狄龍瑞德公司包裝好債務，賣給銀行。這類交易替公司合夥人創造出幾百萬美元手續費。

一位律師，比方說鮑爾，會進投資銀行工作，看來可能有點奇怪，但從公司法轉向高額融資領域很常見，因為律師有能力處理落實高額資金交易所需的棘手且極度複雜合約。像鮑爾這樣受過法律訓練的人，擁有一項在狄龍瑞德公司要能出人頭地必備的關鍵技能：審慎。鮑爾在狄龍瑞德公司時擔任公司常務董事的凱薩琳・奧斯婷・費絲（Catherine Austin Fitts）回憶道：「這家公司的企業文化是低調不張揚。」審慎行事，是出於策略性的理由。當一家上市公司開始和另一家洽談合併事宜，保密是關鍵。如果狄龍瑞德公司哪一位合夥人洩露了交易的細節，很可能就替某個人開了門，去做不合法的內線交易。大企業和狄龍瑞德公司合作，是因為信任這家公司的合夥人在他們幫忙談判交易條件時會閉緊嘴巴，而且很可能要緘默好幾個月。

另一項有助於在狄龍瑞德公司成功的重要特質是忠誠。這家公司和客戶培養的是可持續好幾年、甚至好幾十年的長久關係。費絲說，狄龍瑞德公司裡的合夥人就好比是漢撒聯盟（Hanseatic League）裡的成員；這個聯盟是一一〇〇年代的一個商會，成員是當時在歐洲北部經商的商人。費絲說道：「他們的名言是，『和長期夥伴認真做生意』，這句話用來說狄龍瑞德公司再適當也不過了。他們低調行事。審慎最重要，關係也是。他們確實重視長期關係。」

狄龍瑞德公司聚焦在有錢可賺、而不是光鮮亮麗的交易。這家公司往來的對象是能源業、製造業和政府的基礎建設部門。這些單調乏味但獲利豐厚的工作，需要在一些常人認為有害創意心靈的生活領域中來點創意，比方說會計、安排償付債券時程以及撰擬貸款合約。如果一個人能在這個世界展現高績效，就可以賺得豐厚的報償。不管用哪一種指標來看，鮑爾在這樣的環境中都是如魚得水。

在狄龍瑞德公司，鮑爾學到了各式各樣發行公司債務的細節。在實施量化寬鬆和零利率政策的十年間，這類債務是美國經濟生活的中心要角。二〇一三年時鮑爾提出警示，指貸款的價值已然膨脹，很可能崩盤，他講的就是公司債務。他的警示反映出他深入理解這個一度由狄龍瑞德這類菁英公司主導的金融世界角落。他幫忙建構與銷售公司債多年，很清楚這類債務以奇特的方式組成，最終一定會危及全球金融體系。

公司債務基本上有兩種：公司債和槓桿貸款，聽起來很複雜，但實際並不然。從許多方面來說，公司債就像是一般的銀行貸款一樣。一家公司發行債券借來一千萬美元，債券上說好要支付五%的利率。公司債券也有期間，就像是三十年期的房貸一樣，到期時必須還清。但相似之處也就到此為止了。公司債在結構上有一處很特別的地方，和信用卡債或汽車貸款大不相同。發行公司債的公司，可以在期間內只支付利息，然後到期那一天才償付全部債務。所以說，這種公司貸款不像房貸，不會在期限內逐步償還本金。公司幾乎都不打算真的清償債務，這已經是公司債的公開祕密了。反之，他們通常會「延展」債務，這是指他們會請銀行在債務到期前賣掉，然後再借一筆債務取而代之。債券到期了，但債務沒有清償，變成公司後來再度賣出並延展的新債券。企業會持續將公司債務延展很多年，也因此會暴露在風險之下。如果在延展時剛好碰到利率調升，公司就會身陷泥淖。他們有兩個很糟糕的選擇：一是一次清償所有債務；一是用比較高的利率發行新債券延展債務，但這樣成本就更高了。

即便有這種風險，但買賣公司債的市場仍充滿活力。公司債和股票一樣，是標準化產品，也受證券交易委員會（Securities and Exchange Commission）監管。債券價格也和股票一樣，有漲有跌（債券價格通常以債務人償還的機率來表示。好的債券交易價格可能是票面價的九五％，這表示預期公司大概會全額償付債券。）就算是高風險的債券，人們還是會買，因為如果你可以承受一些風險，這會是穩定賺得收益的好方法。公司債固定支付利息，給持有債券的人穩定的現金流。債券風險越高，適用的利率愈高，以補償債務人可能違約的風險。大型穩定的公司，比方說沃爾瑪超市（Wal-Mart），就可以用低利率借錢，規模較小且負債較高的公司，就適用高利率。風險最高的公司債，是一般所講的垃圾債券（junk bond）。

另一類的公司債務叫槓桿貸款，從某些方面來說有點像公司債：槓桿貸款也可以買賣，也訂有反映其風險的利率。關鍵差異是，槓桿貸款的客製化程度比較高，通常都是由銀行直接向公司承作，不像公司債是標準化產品。

狄龍瑞德這類公司將公司債和槓桿貸款當成是燃料，用以推動企業接管、合併和收購。鮑爾在這一行裡做得風生水起。他三十五、六歲時，看起來就已經像是你可以信任、把價值幾百萬美元的企業接管機密交易交給他的人。他講話的音調渾厚，莊重的男中音傳達出自信和權威，瘦長的臉型加上有個小窩的下顎，可說是結合了英俊和溫柔可靠。他身上唯一讓人覺得突兀的，是在他髮分線處翹起來、彷彿動章的那一撮白髮。鮑爾在狄龍瑞德公司表現很好，但是他還沒賺到吸引企業律師進入華爾街的高額財富，就先中斷了公司債務領域的訓練。一九八八年，狄龍瑞德公司的董事長尼可拉斯．布雷迪（Nicholas F. Brady）被雷根總統聘為財政部長，在老布希當選總統之後，布雷迪仍穩坐財政部長的位置，鮑爾離開狄龍瑞德公司，加入布雷迪主掌的財政部。沒有什麼比這更能說明鮑爾早年在私募股權領域的成功了。費絲說道：「如果他能進到財政部，顯然贏得了布雷迪的信任。布雷迪可不笨。」

鮑爾一來到華府，幾乎是馬上就驗證了布雷迪對他的信任。財政部裡爆發了一樁醜聞，牽涉到刑事詐騙、高風險衍生性商品契約以及一家大到不能倒的華爾街投資銀行。鮑爾被叫去解決這一團混亂，這次經驗讓他在學習華府權力運作上又往上走了一階。

❖　❖　❖

問題始於鮑爾監督的大型官僚機構內部。他當時是主管國內金融的助理財政部長，在職責上，他要負責發行政府債務。他管的部門，實際上就是發行美國政府公債的部門。從某些方面來說，這份工作很沉悶也很好預測，有點像是在操作一部印刷機。美國債務系統歷史悠久也運作的很順暢，因此鮑爾的工作就有點像是火車站的站長，負責確認列車能平穩地通過繁忙的車站即可。他主管的部門和聯邦準備銀行紐約分行密切合作，後者負責將美國政府公債拍賣給華爾街的主要交易商。

一九九一年一月，聯準會的交易員提報異常事件。他們在某一次銷售政府公債時，有一個小細節出了點問題。在一次拍賣中，聯準會將美國公債賣給兩家顧客：一家是沒什麼名氣的投資公司水星資產管理集團（Mercury Asset Management Group），還有另一家是華伯格集團（S.G. Warburg Group），奇怪的是這兩家公司居然都是同一家投資公司旗下的關係企業。如果這兩家公司都代表共同的業主買進政府公債，這是違法的。政府嚴格限制單一家公司能買進的政府公債數量，不讓任何人控制市場。這些交易看來很可疑，讓人不禁懷疑是不是有某一家大銀行試圖繞過限制，透過看起來獨立的空殼公司來買進政府公債。這兩家公司的共同業主是主要交易商所羅門兄弟銀行（Salomon Brothers）。

鮑爾部門裡有一位較低階的員工發函到所羅門兄弟銀行，詢問這是怎麼一回事？所羅門兄弟銀行知不知道這兩家客戶事實上算是同一家？

在所羅門兄弟銀行內部，這封公函很快就轉到了保羅．莫澤（Paul Mozer）手中，他就是所羅門兄弟銀行裡負責監督買進美國政府公債的債券交易員。莫澤很快就去找主管說清楚，承認他正在策畫一樁騙局，利用關係企業買進很多美國政府公債，讓母公司可以悄悄地在一場拍賣中買到超過三五％的政府公債，這個數值是法律明定的限制。他的目標，是要買入最大量的政府公債，讓所羅門兄弟公司對其他在次級市場裡買公債的公司造成壓力。這件事沒有灰色地帶，很明顯是刑事案，但莫澤並沒有被開除，所羅門兄弟公司還掩護他。這家銀行函覆財政部，解釋他們懷疑的買債行動不過是無知的錯誤。莫澤繼續推動他的騙局，掌控市場並壓迫競爭對手。一九九一年五月，所羅門兄弟銀行利用這項詭計買進了很多美國政府公債，掌控了九四％的供給量。在此同時，財政部似乎完全接受了所羅門兄弟銀行的解釋，認為沒什麼大問題。鮑爾的部門繼續透過聯邦準備銀行紐約分行拍賣政府公債，所羅門兄弟銀行也繼續玩弄市場。

鮑爾的主管、也就是財政部長布雷迪，剛好有位好友叫史帝夫．貝爾（Steve Bell），後者是所羅門兄弟銀行華府辦事處的常務董事。貝爾不是債券交易員，他是在華府周旋多年、認得每一個人的那種人。比方說，貝爾和布雷迪交上朋友，是因為布雷迪曾短暫被指派為紐澤西州的參議員，而貝爾剛好是美國參議院預算委員會的幕僚主任。這兩人很親近，貝爾經常到布雷迪為在馬里蘭鄉間的豪宅，兩人會在那裡獵鵪鶉。貝爾必是絕佳的狩獵夥伴。他聰明的不得了，而且不相信宗教信仰那一套，在參議院擔任幕僚時，貝爾最大的成就之一，是幫助雷根政府創造出一套名為「協商」(reconciliation)的全新立法動員手法，讓這位總統能以險勝的多數決通過預算，繞過了議事阻撓手段。這套立法協商手段，後來也用來通過歐巴馬健保法案（Obamacare）和川普（Donald Trump）提的減稅方案，讓貝爾在國會山莊惡名昭彰，但幾十年後，他對此事可是語帶驕傲地大肆宣傳。貝爾得意地回憶道：「我幾天前和某位女士聊天，她說：『你就是發明立法協商的那個王八蛋，對吧？』她**真的**是這樣說的。」貝爾在所羅門兄弟銀行的辦公室位在威拉德飯店（Willard Hotel），就在財政部大樓對面。這表示，當所羅門兄弟銀行的犯行在公眾眼前爆發時，貝爾正在原爆點。

所羅門兄弟銀行圍標，在五月二十二日的拍賣之後人盡皆知，這一次，這家銀行買了很多美國政府公債，控制了九四%的市場。這麼做太過分了，無法視而不見。這一次，證券交易委員會和聯準會的監管人員不再接受所羅門兄弟銀行所說的沒什麼大問題。情況很快就明朗了，圍標幾乎一定會導致刑事訴訟與高額罰款。但讓所羅門兄弟銀行處境更加危險的，是財政部很可能撤銷該行的主要交易商資格。少了這個資格，這家公司就會破產。貝爾說：「這是事關生存的威脅。」

有一個人跳出來幫忙確定威脅不會成真，貝爾相信，此人就是鮑爾。

圍標一事敗露，所羅門兄弟銀行的執行長下臺，由公司的最大股東之一接任，他就是來自奧馬哈（Omaha）的投資人華倫．巴菲特（Warren Buffett）。貝爾和他的團隊相信，巴菲特的聲譽可以挽救這家公司。巴菲特立即承認公司有罪，並禁止貝爾的團隊聘用華府地區要價不斐、可能會對證交會和財政部宣戰的律師事務所。巴菲特來到華府，在貝爾辦公室的廚房裡設立基地，開始打電話和財政部就所羅門兄弟銀行的存亡進行談判。就貝爾記憶所及，電話另一頭的人就是鮑爾。巴菲特傳達出一個很簡單的訊息：他會幫忙整頓所羅門兄弟銀行，但他需要財政部表現出寬容。貝爾說：「巴菲特說：『我會接下這件工作，但如果你要讓我們活不下去，那就免談了。』」

布雷迪仍暫時停止所羅門兄弟銀行的主要交易商資格，在貝爾眼中，這等於宣判了死刑。此時，所羅門兄弟銀行改弦易轍。這家銀行主張，如果任憑其破產，將會把華爾街的其他公司一起拖下水。他們的訊息很簡單，貝爾說：「如果砍倒了最大的那棵樹，樹倒下了，壓倒了森林裡很多其他的樹，那怎麼辦？」這個論點瞄準的對象是鮑爾，他待過華爾街，他會懂。貝爾說：「我認為，他知道以所羅門兄弟銀行在衍生性商品與其他金融工具上的重要地位來說，將會對全球金融市場造成一些實質的干擾。」貝爾當時不太了解鮑爾，但他知道鮑爾的建議對布雷迪來說很重要，因為聘用他的人正是布雷迪。布雷迪「需要他自己的**人馬**。這個人是他帶來財政部的。」貝爾說，「鮑爾很了解市場，他之前和布雷迪合作過，這位財政部長很相信他。」

巴菲特直接打電話給布雷迪為所羅門兄弟銀行抗辯，財政部很快逆轉了決定，重新宣告所羅門兄弟銀行具有主要交易商的資格。貝爾總是將這次的勝利以及讓所羅門兄弟銀行活下去的功勞歸於鮑爾。貝爾說：「我知道，鮑爾在布雷迪部長做決策時是非常重要的角色。」這個判決，讓巴菲特有了時間實踐他整頓銀行的計畫。

但是讓位高權重的國會議員憂心的另一個大問題，是一開始居然讓所羅門兄弟銀行能使詐作弊，在聯準會交易員起疑之後更繼續容忍該銀行欺騙，這是法律規範面的奇恥大辱。眾議院九月時針對這個議題舉行公開聽證會。在華府，這類聽證會相當於一種儀式性的鞭笞，讓國會議員有機會公開表達憤怒。財政部派來參與聽證會的人是誰，很有意義。證交會派主席過來，紐約分行派了總裁過來，布雷迪則派了鮑爾代表他發言。鮑爾是即將現身的炮火瞄準目標。他來參加聽證會時穿了一套灰色西裝、白色襯衫，打了灰色領帶。他的發言很冗長，冷靜且看得出來排練過了，就像上法庭作證一樣。國會議員粗魯相待。媒體在寫這場聽證會時，用上了「詰問」和「審訊」等詞彙。但鮑爾好像都沒有被激怒。財政部無法偵測出所羅門兄弟銀行的陰謀，任憑其繼續胡作非為，但鮑爾想辦法以冷靜的方式解釋前因後果，耗去詢問他的人的亢奮之情。聽證會後，鮑爾督責完成了一篇針對這樁醜聞所解釋的冗長報告，以及導致此事發生的監管人員角色，到最後，事情沒有太多改變。財政部修改了公債拍賣方法，轉為看來更難操弄的「荷蘭式拍賣」(Dutch auction）風格。莫澤被判有罪，入獄服刑。所羅門兄弟銀行的執行長約翰・古佛蘭（John Gutfreund）則被罰十萬美元。

鮑爾被拔擢，三十九歲時成為財政部次長。但當老布希選舉失利時，他的任期也提早結束了。鮑爾失業的時間並不長，他在狄龍瑞德公司待過，再加上在財政部服務了好幾年，讓他成為很理想的候選人，去做全世界最少人能做的工作之一，而這份工作又讓他賺進大把鈔票。凱雷集團聘請他成為合夥人。

❖ ❖ ❖

借重華府內部人士的人脈與影響力，是凱雷極成功商業策略的核心。這家公司成立於一九八七年，其中一位共同創辦人，是卡特總統（Jimmy Carter）過去的幕僚大衛・魯賓斯坦（David Rubenstein），他曾說，這家公司位在美國首都，這一點就勝過了業內其他兩百五十家多半設在紐約的私募股權公司。凱雷集團專攻買賣仰賴政府支出的公司，並聘用卸任的政府官員幫忙推動業務。凱雷集團的合夥人包括前任財政部長詹姆斯・貝克三世（James Baker III），以及前任國防部長法蘭克・卡魯奇（Frank Carlucci），前總統老布希也是公司的顧問。光是二〇〇一年，凱雷就請來證交會的前任主席、聯邦通訊委員會（Federal Communications Commission）以及世界銀行（The World Bank）的前任投資長。這些人幫忙把交易帶來凱雷，凱雷則幫他們把過去監管產業內的詳盡知識和人脈轉成白花花的銀子。

凱雷集團就像其他私募股權公司一樣，會出去找富裕人士與機構投資人募資，比方說退休基金，這些大錢會匯聚成一個資金池，由凱雷用來買公司。基本的目標是「投資、強化然後出售」那些比較小型的公司。凱雷通常持有一家公司約五年，之後就賣掉，理想的狀況是可以獲利。債務是這套業務模型中的關鍵。槓桿貸款和公司債永遠都能讓投資資金池變得更強大。凱雷會拿出一些自己的現金，然後借更多錢來當成交易的資金。重點是，債務會由凱雷買進的公司承擔，之後，這家公司必須努力清償貸款。這有點像是你買了一棟能賺現金的房子，然後用這些錢清償房貸。

要順利成為凱雷的合夥人，最重要的特質是要有人脈。理想的凱雷合夥人，要認識該認識的政府機構要人，也要認識該認識、可能負責安排與聯貸高額槓桿貸款的銀行家，還要認識有才華的人，可以負責帶來並幫忙經營他們買進的公司，整頓幾年就緒之後賣出。

鮑爾一九九七年加入凱雷，當時他大約四十五、六歲。他的辦公室在賓夕法尼亞大道（Pennsylvania Avenue）上凱雷總部大樓的二樓，距離白宮不遠。用私募股權公司的標準來說，凱雷的辦公室算不上奢華。華爾街裡的公司會用實木家飾裝飾辦公室，牆上還掛著精緻藝術品。凱雷的美學則是走實用主義：牆上掛著的是複製畫而非原作，合夥人開會的會議室很樸素，隨便哪一家法律事務所或保險公司都看得到。凱雷的前合夥人兼常務董事克里斯多福．鄔曼（Christopher Ullman）回憶道：「我們的辦公室無趣且平淡到變成一個笑話。」合夥人向來把重點放在市場，市場也以報酬回敬。一家家銀行排隊等著來凱雷推銷他們想要出售的公司。

像鮑爾這樣的人，職責是篩選這些別人提供的選項、從中找出最具潛力的交易，有點像是翻閱目錄找產品。二〇〇二年，有一樁交易吸引他注意。一家總部在密爾瓦基（Milwaukee）的大型工業集團瑞斯諾德（Rexnord），正在尋找新業主。瑞斯諾德公司製造重工業使用的昂貴高精密設備，比方說專業滾珠軸承和輸送帶。這家公司自一九八〇年代以來換過一連串的投資人，每一個都讓公司背負更多債務、然後交給下一個，希望能從中賺一筆。即便經歷了多次的負債和出售，這家公司仍具吸引力。瑞斯諾德公司有一樣私募股權公司最珍視的東西：穩定的現金流。這表示公司的狀況很穩健，可以償付承擔的債務。

鮑爾最後判定值得為瑞斯諾德冒風險，他組成了一個團隊管理收購事宜，並幫忙安排融資以落實收購行動。凱雷從自有的收購基金裡拿出了三・五九五億美元投資，鮑爾用這筆錢當頭款，得到了兩筆總價值五・八五億美元的貸款，可以支付剩下的買價。這項收購案成為鮑爾私募股權事業生涯中的高峰，也讓他親身學到如何運用企業債務以及會伴隨哪些風險。

❖　❖　❖

瑞斯諾德的總部是一棟不顯眼的兩層磚造建築，就在密爾瓦基中西部一座大型停車場旁邊。主辦公建築後方有一棟工廠，還有一座大煙囪從上到下以白色的字母寫著「鏈帶」（CHAIN BELT），向回溯到一八〇〇年代末期的公司原始名稱致意（這家公司歷經多次合併，在某一次之後才使用瑞斯諾德一名，此名稱的歷史約有百年）。廠區周圍是由樸實房舍組成的勞動階級社區。

湯姆．簡森（Tom Jansen）一九八〇年代就開始在瑞斯諾德的會計部門任職，幾年來他升職好幾次，後來成為財務長，這個職稱低估了他的職責範圍。很多財務長負責公司的財務事宜，但簡森也要負責塑造與重新塑造整家公司，因為瑞斯諾德從一九八〇年代末期就開始不斷轉手。簡森的工作勞心勞力，他曾經離職，但一年左右又忍不住回鍋了。在私募股權的世界裡，成為瑞斯諾德公司的財務長是一件讓人興奮的事。這家公司是美國私募股權資本主義中債務帶動發展模式的經典案例。早期一位購併大王傑佛瑞．史代納（Jeffrey Steiner）買下了帶著垃圾債券債務的瑞斯諾德公司，在公司裡推動成本精簡，然後在一九九〇年代中期把公司賣掉，個人獲利六百三十萬美元。之後，諾斯瑞德公司繼續換手。在一次收購行動後，新業主用一道命令，就把簡森以上的管理階層團隊全數開除。簡森受命重新打造公司，也因此，他和下一任的執行長羅伯．希特（Robert Hitt）密切合作。

二〇〇二年，瑞斯諾德裡的各個部門又被最新的私募股權業主（一家總部在倫敦的公司）拆開來，一點一點賣掉。簡森和希特籌辦了「街邊行銷」活動，到處去廣告買進瑞斯諾德當成企業資產的益處。他們聘用了投資銀行家向私募股權業主大力宣傳，很快的，他們的推銷話術就傳到一群投機客耳裡，紛紛前來密爾瓦基。簡森回憶道：「各式各樣的人跑來看個端倪，當中有些逢低撿便宜的小人，這些你馬上就看得出來。」這些卑鄙小人想要買下瑞斯諾德、拆開來，然後一點一點賣掉以便快速獲利。就因為有這些人，使得鮑爾和凱雷的團隊脫穎而出。凱雷團隊很酷、很冷靜，散發出一種來自資金豐厚大公司的自信。簡森上臺做簡報時，他講到就算沒有人講得清楚諾斯瑞德公司做什麼，但幾乎美國每一家工廠、煉油廠和礦場都有瑞斯諾德的產品。簡森很喜歡開一個玩笑：「你不知道『瑞斯諾德』代表什麼，我們沒有代表性的產品。」但是，瑞斯諾德的產品線裡有著貨真價實的錢，比方說用在飛機上的精密打造輸送帶與專業滾珠軸承。簡森解釋：「我們公司製造所有人們為了讓這個世界動起來所需要的東西。」瑞斯諾德的業務模式，很像刮鬍刀公司使用的模式。刮鬍刀很便宜，但更換刀片很昂貴，而且獲利豐厚。瑞斯諾德真正賺錢的業務，是在非常重要的輸送帶故障或昂貴的滾珠軸承磨損時賣出的更換零件。瑞斯諾德的年營收很穩定，大約一年七．五五億美元，一年的稅前與息前利潤高過一．一三億美元。

鮑爾和他的團隊很認同這家公司。讓簡森意外的是，鮑爾反客為主，開始遊說瑞斯諾德讓凱雷集團入主有哪些好處。簡森回憶道：「他們的說詞是『我們想要幫忙你們，我們想幫助你們成長。』」凱雷團隊承諾，他們不會大小事一把抓，凱雷的人會入主瑞斯諾德的董事會，導引公司的發展方向，但是會讓在地管理團隊保有自主權。

二〇〇二年九月這個案子成交，使用的資金大部分都是企業債務，都灌到了瑞斯諾德公司的資產負債表上，公司的債務馬上從四．一三億美元飆漲至五．八一億美元，每年要支付的負債利息也從二〇〇二年的兩千四百萬美元增至二〇〇四年的四千五百萬美元。在凱雷入主時，瑞斯諾德要支付的利息成本，超過全年賺得的利潤。

負債讓瑞斯諾德的壓力大增。二〇〇三年初，瑞斯諾德在密爾瓦基的員工同意時薪平均減三美元，還要加上其他讓步，以說服管理團隊不要把七十份工作挪到北卡羅萊納（North Carolina）。密爾瓦基的員工都有加入工會，因此把這些公司挪到沒有工會組織的南方州，或許能替瑞斯諾德省點錢。但簡森說凱雷團隊對於這類行動會引發的新聞很敏感。他回憶道：「他們非常、非常清楚，一旦必須裁員，我們必須要以尊重的態度來做。要尊重人。他們不希望在這些問題上出現任何負面的公開宣傳。」

❖ ❖ ❖

鮑爾加入瑞斯諾德的董事會後，經常去密爾瓦基出差，和簡森以及管理階層團隊的其他人會面，針對公司的策略、預算和營運長時間開會。他們開會的地方不是瑞斯諾德工廠附近的總部，而是在外面租會議室，例如普菲斯特飯店（Pfister Hotel）這類地方；這家飯店是市中心一棟百年建築，有四層樓高的天井，大理石廊柱整齊列隊，頂上覆有玻璃天花板。董事會大約每年會有兩次前往邁阿密的多拉鄉村俱樂部（Doral Country Club），齊聚一堂召開多天期的策略會議（後來川普集團〔Trump Organization〕買下這家俱樂部）。這座渡假村很適合思考，不規則形的住宿區看起像是南方歌德式豪宅，外面的游泳池和高爾夫球場旁邊有寬闊的平臺。房客可以租用旅館裡的會議室，落地窗環繞著會議室，望出去可以看到起伏的綠地和棕櫚樹。董事會就在這裡制定策略，看如何將瑞斯諾德的經營策略發揮到最佳狀態並提高現金流，增加獲利並清償債務。清償債務這部分是關鍵，也正是這一點，讓私募股權業像一部自我啟動的永動機。瑞斯諾德的員工努力工作，清償凱雷公司用來買下這家公司的債務，當他們勤勉奮力打消負債，也提高了凱雷擁有股權的價值。如果一切順利，幾年內凱雷就能把這家公司賣掉。

遺憾的是，這樁交易幾乎馬上就開始走岔了。二〇〇三年美國經濟走緩，疲弱不振使得工廠、礦場和煉油廠縮減產量，扼殺了對瑞斯諾德公司零件的需求。在這樁交易上，凱雷投入了近十億美元的現金加債務。簡森不太確定賭這一局會不會有收穫，他還必須把壞消息向鮑爾和其他董事報告。他們的反應讓簡森大為意外。沒有人捶桌子，特別是鮑爾，他只是問了很多問題。簡森說：「我認為鮑爾可能是提出最犀利問題的人，我想我可以把他歸類成深思者。」當鮑爾得知瑞斯諾德開始要垮掉，他只問了一個主要的問題：你們有什麼計畫？簡森和希特花了很多天在邁阿密的度假村開會，要想出一套方案。

休息時，董事和高階主管會去打高爾夫。簡森覺得，自己是在高爾夫球場才認識鮑爾這個人。高爾夫有可能變成一種讓人挫折萬分的運動，把打球的人逼至快歇斯底里。你擊出完美的一球，順利落在平坦的球道上，但緊接而來的很可能是一記讓人完全莫名其妙的斜飛球，以令人心碎的角度把球送進長草區。鮑爾漂亮出擊時不會驕傲張揚，打偏了也不會苦澀難當。這些聽起來是小事，但是可以從中一窺端倪。人沒有辦法連著幾個小時假裝。簡森回憶道：「那是一種像和好兄弟一起打高爾夫的感覺。」就像很多和鮑爾合作過的人一樣，簡森覺得和他很投契。簡森說：「我想他不是中西部人，但感覺他很像。」

鮑爾在市場下沉時也不恐慌，這一點感染了簡森。瑞斯諾德為了精簡成本，在原本的五千兩百八十五位員工中裁掉了三百八十五人。光是二〇〇四這一年，公司就要支付四千五百萬美元的利息，但當年訂單回流了，人力也減少了，瑞斯諾德的利潤得以大增，也證明了鮑爾對管理團隊的信心。

但瑞斯諾德要年復一年長期活下去，光是提高銷售額和精簡成本還不夠，這無法創造出凱雷的普通合夥人想從投資當中賺得的利益。私募股權公司要的，是在五年左右能賣掉公司，賺得雙位數的利潤。要能達到這麼硬的目標，要靠發明新產品或踏入新市場，更常見的戰術是借更多錢來買更多公司，既存公司要背負後來再借的錢，但馬上就能接收新產品線和新客戶，並在公司合併時快速削減成本。霍尼格說過這是一種「資源配置錯誤」。借錢很容易的時候，企業會用舉債來進行合併或私募股權收購，能從這類活動中獲利的是能取得資本的人，但這些人很少有亮眼的創新，也很少能創造出新的工作職務或是替勞工加薪。

二〇〇五年初，瑞斯諾德的債務仍高達五．〇七億美元，支付的利息成本比賺得的利潤高兩倍。但鮑爾以及公司董事判定，瑞斯諾德還有再借錢的空間。他們看到了一家收購目標，那是另一家位在密爾瓦基歷史悠久製造業，名叫福爾克公司（Falk Corporation）。福爾克公司歷史逾百年，製造工業用元件，例如齒輪傳動和聯軸器。瑞斯諾德的高階主管團隊設計了一樁交易，以槓桿貸款的形式借了三．一二億美元，這會放入瑞斯諾德的資產負債表，讓公司每年要支付的利息從四千四百萬美元增至六千兩百萬美元，瑞斯諾德的總債務也從五．〇七億美元增至七．五四億美元。但這次的收購案，又使得瑞斯諾德在外部買方的眼裡變得更具吸引力。公司的產品線多角化，拓展了佈局，而且營運創造出穩定的現金流。凱雷此時也該落袋為安了。

一開始，瑞斯諾德還想到要上市，發行股票賣給華爾街，但沒有太多人有興趣，瑞斯諾德也就沒有繼續下去了。真正的機會來自另一家私募股權公司阿波羅管理公司（Apollo Management LP）。阿波羅公司不擔心瑞斯諾德債臺高築，因為阿波羅相信瑞斯諾德還可以借更多錢。這家公司就像凱雷之前的做法一樣，設計了一套方案要買下瑞斯諾德公司，申請新的槓桿貸款聯貸，然後讓瑞斯諾德公司背這條債。阿波羅公司在這方面可謂雄心勃勃。這家公司籌得十八．二五億美元，比凱雷四年前支付的價錢高了兩倍有餘。

鮑爾和團隊賺到的報酬可謂豐厚。凱雷的人幾年後講起瑞斯諾德這樁交易，很難判斷鮑爾賣掉這家公司就就賺了多少錢，因為凱雷沒有揭露相關數字，但阿波羅公司的買價比凱雷高了九億美元。在凱雷的投資規則之下，八成的利潤會歸於拿錢出來執行收購的有限合夥投資人，兩成歸於凱雷。在凱雷拿到的報酬中，四五％歸於他們所說的企業「母艦」，五五％歸於鮑爾的團隊。

瑞斯諾德在密爾瓦基的財務長簡森，也在這樁和阿波羅的交易中變現。到了那時，他已歷經多次易主，他想要脫離這樣的循環了。

二〇〇六年的瑞斯諾德收購案，是會改變一個人人生的那種交易。用多數人的標準來看，鮑爾的父親很有錢，他在奇維卻斯區有棟房子，送小孩上私立學校，還是鄉村俱樂部的會員。而鮑爾從事業上賺得的財富（到了二〇一八年時，他的身家估計在兩千萬到五千五百萬美元之間），讓他在經濟上跨入了不同的領域。在瑞斯諾德的交易之後，他最終離開了凱雷。有好幾年時間，鮑爾一直在私募股權領域裡進進出出，之後，他加入了華府一家智庫，再之後才被提名成為聯準會理事。

瑞斯諾德的狀況則不太妙，這家被鮑爾賣掉的公司被債務拖垮了。一年間，公司的債務就從七．五三億美元暴增至二十億美元，每年要支付的利息，則從二〇〇五年的四千四百萬美元至二〇〇七年增為一．〇五億美元。長達十餘年的時間裡，這家公司每年支付的利息都超過賺得的利潤。瑞斯諾德公司變成私募股權世界裡的一家標誌性公司。這家公司不再是利用舉債來達成目標的公司，這家公司的目標已經變成償付債務。

從二〇一一年到二〇二〇年，瑞斯諾德債台高築的世界和聯準會零利率政策的世界有了交集。當鮑爾使用槓桿貸款和公司債買進瑞斯諾德時，這些還是某個精品產業專用的工具，推動零利率政策十年後改變了這一點，把這些債務工具變成了尋常的零售品項，透過大型商店賣給投資大眾。其中一家大型商店叫瑞士信貸（Credit Suisse），這家銀行打造了一個蓬勃發展的部門，負責銷售槓桿貸款。負債累累的瑞斯諾德公司，自然成了瑞士信貸裡促成交易人員眼中的金礦，他們替瑞斯諾德簽下了多樁高額負債的交易。這些交易是美國新經濟的一部份，這正是聯準會二〇一〇年開始挹注資金加持之下創造出來的新體系。

在那些一次又一次幫忙簽署與安排瑞斯諾德貸款交易的人當中，有一人名叫羅伯・海度（Robert Hetu），他是瑞士信貸的常務董事。他幫忙簽下貸款，讓阿波羅管理公司得以買下瑞斯諾德，說起來，海度對於大額借貸可熟悉的很。他待在華爾街的那些年看過很多這類案子，但他沒看過量化寬鬆啟動之後的那種債務市場。湧進銀行體系的現金太多，沒有人知道該拿這些錢怎麼辦。但可想而知的是，瑞士信貸和其他人想到了出路，那就是創造出一條擔保貸款憑證的生產線，這也幫忙創造出美國史上金額最高的企業債務。

第九章　風險機器（二〇一〇～二〇一五）

瑞斯諾德某些獲利最豐厚的產品不是由工廠生產，而是出自於千里之外，一棟坐落在紐約曼哈頓心臟地帶麥迪森大道（Madison Avenue）與第二十五街（25th Street）路口的豪華摩天樓，入口有拱形的門廊穿過。若是上班日，海度多數時候很早就會到，以便早早開始辦瑞士信貸常務董事該辦的事。他在瑞士信貸裡創造與銷售槓桿貸款的部門工作，很多案子都源出於瑞斯諾德的密爾瓦基總部。瑞斯諾德或許是一家在破落地區擁有老工廠的不知名公司，卻是讓華爾街的債務工程師享有好工作的泉源。

海度的辦公室可俯瞰麥迪遜廣場公園（Madison Square Park），但上午時分大家都忙得不得了，沒空欣賞美景。像海度這樣的常務董事配有私人辦公室，附近則是由小辦公室隔間組成的集合式大辦公室，坐著一群超時工作的資淺分析師與同仁。多年前，海度也是這些員工的一員，他也早已習慣這份工作的磨人壓力。這份工作全年無休，永遠揮之不去，而且這不是比喻的說法。資淺員工基本上每天都上班，有時候要持續好幾年，星期天下午還瘋了似的到處打電話，敲定某一件債券發行案的細節。海度升任常務董事後，他大約早上七點上班，晚上七點下班，讓他得以在孩子上床睡覺之前可以和他們共處幾個小時，等他們去睡覺，他又要開始打電話。

海度曾去中國的香格里拉（Shangri-La）豪華度假村度假，他和家人一起坐上導覽小巴瀏覽鄉村景色，最後卻以他和一位律師用手機開會畫上句點；他還記得，小巴停下來讓一群小豬過馬路時，他正在電話上協商。海度回憶道：「這種生活方式就是這樣。你得到獎賞，但也要付出代價。」

過這種生活的誘因很明顯。在瑞士信貸，一位常務董事一年可以為銀行帶來幾億美元的手續費用，其中一部分會落入他們的口袋。他們從來不愁沒有手續費可賺，因為公司債務的世界是一個不斷轉動的巨輪，債務到期時會一次一次展延，新的貸款又取代了舊的。舉例來說，當阿波羅買下瑞斯諾德時，他們就是利用一再延展的槓桿貸款借錢，每次再融資都會讓瑞士信貸賺到手續費。對瑞斯諾德來說的好處，是以相對低的利率維持債務不致於破產，正因如此，像海度這些人才會沒日沒夜打電話，而他們談話的對象通常都是律師。二〇一二年三月，海度幫忙瑞斯諾德再融資十億美元債務，這筆交易的合約長達三百四十四頁。基本上，這三百四十四頁裡的每一段都是在嚴密的查核、大量的協商以及重重的焦慮之下寫成。好的債務合約，會有必須密切貼合的多種要素，不會在法律上受質疑，這樣的話，才能吸引外部投資人買進債務。銷售債務是這套業務模式能順利運作的關鍵。瑞士信貸安排槓桿貸款，但從來無意自留太多。海度說：「瑞士信貸不是倉儲業，而是運輸業。」

這種運輸業通常生氣勃勃。海度和同事安排債務交易，然後推動聯貸並在公開市場上出售。二〇〇六年阿波羅買下瑞斯諾德時，這還是一種利基型的業務。大型投資人，比方說退休基金或保險公司，不會買進槓桿貸款，因為這類產品既讓人費解，風險也高。二〇一〇年時，聯準會開始第二輪量化寬鬆並讓利率定在零值，情況也隨之變化。聯準會挹注了幾兆美元的資金到銀行體系裡，而且大力懲罰任何想要把錢存起來的人，把錢逼進了像瑞士信貸辦公室這類的地方。海度清楚看見局勢的變化：現金很多，能放現金的地方很少。海度說：「能取得的資本更多時，你就需要去找產品。」

在這種情況下，所謂的產品，就是像瑞斯諾德這種願意承擔更高債務的公司。在美國，這類公司似乎無窮無盡。如果說，企業家的樂觀主義是美國最偉大的資源，那麼，槓桿貸款市場便是收割這項資源之處，讓任何想出方法花錢的人都能舉債。然而，這套系統中有一項自然限制，那就是銀行系統對於風險的耐受度。瑞士信貸做的是運輸業，不想把槓桿貸款放在自家帳上，一心只求把貸款賣掉，賺取手續費用。如果瑞士信貸想要擴大業務，就需要有外部買家。

當量化寬鬆的現金大浪打上華爾街，就替瑞士信貸這類銀行打開了一道新的開口，讓他們把槓桿貸款業務擴大到前所未見的規模。創造出這番局面的商品叫擔保貸款憑證，簡稱CLO。

擔保貸款憑證這個名詞，鑽研二〇〇八年金融危機的人應該很熟悉。二〇〇八年，由於一種名為擔保債權憑證（簡稱CDO）的奇特債務商品，導致市場內部爆發問題。CDO是把多個房貸（或以房貸為標的之衍生性契約）堆疊起來，然後賣給投資人。CDO導致美國市場崩盤；這種商品創造出一條無縫接軌的生產線，讓房貸仲介製造高風險的次級房貸，快速包裝之後賣給投資人，回過頭來，這麼做又讓房貸仲介可以承作更多的新房貸。當時，還沒什麼重要性的CLO在債務市場裡還像個童養媳，沒有人注意。二〇〇八年全球金融危機時約僅有三千億美元的CLO，但光是二〇〇六年一年，就發行了約一・一兆美元的新CDO。而，以CLO來講，重點是這類產品的損失不會像CDO這麼嚴重。當華爾街二〇一〇年左右從崩盤的碎石堆裡爬出來時，CLO累積出了名聲，成為相對安全的投資。

瑞士信貸是引領市場的CLO生產者。在二〇一〇年到二〇一四年上半年之間，瑞士信貸發行了十一種CLO，總價值為六十七億美元，成為美國第三大的CLO交易商。海度發現，自己就身在新的債務生產線中心。他和團隊具有精深的專業，善於安排新的槓桿貸款，然後賣給銀行裡管理CLO的經理。創造新槓桿貸款的界限已經被打破。

瑞士信貸另一位高階主管在打破界限這件事上也扮演要角。CLO這部機器之所以重要，不光是因為規模和金額，更在於交易的架構。槓桿貸款一度專屬於凱雷集團和阿波羅這些私募股權公司，這類公司已經習慣要用到三百四十四頁債務交易契約來規範的複雜、非標準化條款。由於CLO，使得槓桿貸款變成像是連鎖商店會賣的既成品，而會出現這種現象，全是因為瑞士信貸CLO部門主管約翰·帕普（John Popp）等人。

帕普是一個看起來會值得信任的人。他就像一般體面的銀行家一樣穿著細條紋的套裝，灰色的頭髮剪得很短，天真無邪的笑容正好凸顯高高的顴骨。二〇一二年五月，帕普提出一份文件，基本上是邀請人們把退休儲蓄拿來買CLO。這份文件名為「白皮書」，發表單位掛名的是瑞士信貸的信用投資群（Credit Investment Group）。白皮書要解決保守的機構投資人面對的一個惱人問題：當聯準會把利率定在零值時，他們要怎樣用滿手的現金來賺得收益？對退休基金和保險公司來說，這是一個關乎生死存亡的問題。在零利率的世界裡，這些公司忽然間就發生資金不足的問題。過去他們向來仰賴每年都會拿到一定金額的利息支付款，幾十年來都是這樣運作。帕普很敏感地察覺到這個問題，他的白皮書一開始就以哀怨的語氣提了一個問題：「當十年期政府公債實質殖利率為負值時，投資人該怎麼辦？」幸運的是，帕普想到一個辦法來化解這個難題。他的報告委婉地建議，機構投資人應該考慮投資過去認為太神祕、太難理解的債務，比方說槓桿貸款。如果投資人願意多冒一點風險，可以探索一下中層企業債務裡的各種選項，這類產品支付的利率約四·四%，相比之下，最安全的企業債務支付的利息約為一·二%。風險最高的企業貸款，利息約為五．六％。

退休基金願意接受最安全公司債提供的低報酬，因為這些債券是標準化的產品，一如福特（Ford）出產的T車款（Model-T）。公司債受到證交會監管，在交易所裡交易，大家都懂這種產品；反之，槓桿貸款是非常複雜的契約，條款的變動幅度很大，也不像股票和證券那樣，有監理機關負責監督。CLO解決了這個問題，這可以把槓桿貸款標準化，讓退休基金覺得安心。

CLO的創新關鍵，是將CLO裡包含的槓桿貸款標準化。CLO根據風險把貸款分成三大塊，決定這三個群組風險的因素，是收取債權人支付的利息時持有貸款者的順位。第一群是最安全的人，標示為AAA。持有AAA貸款的人，是最先收到借款人支付利息的人，萬一標的貸款違約，這些人也可以最早受償。這些AAA級的投資人可以睡得很安穩，但是他們的CLO支付的利息很微薄，因為非常安全。風險胃納量高一點的人，可以投資CLO中的下一個群組，這些風險第二高的群組稱為夾層（Mezzanine）群組。這些貸款的債權人在第二順位，如果貸款違約，他們要在AAA的人之後才能把錢拿回來，這表示，他們可能無法拿回全數投資。因為有這種風險，他們能拿到的利息就會高一點。最後是第三塊、也是CLO中風險最高的一塊，這一部分稱為權益群組（equity chunk）。權益型的債權人最後受償，如果貸款違約，很可能全數投資付諸流水。

這表示，退休基金可以買進不同的CLO區塊，選擇套裝產品裡的AAA、夾層或是權益部分，就像走進麥當勞點餐一樣。這替海度和他承辦槓桿貸款的團隊開啟了新的業務管道。CLO

在瑞士信貸以及其他地方如火如荼發展，引來他們一直在找的穩定買方。瑞斯諾德的債務被切開來，分散到帕普的部門創造出來的各種基金裡面。買方蜂擁來到瑞士信貸的CLO部門，急著尋求收益。瑞斯諾德的債務（仍被評為垃圾等級，這表示，大型的信用評等機構相信該公司的債務風險很高，遠遠不到投資等級）就像木柴一樣，被切開剖開，然後放進各種不同的基金裡，賣給投資人。瑞斯諾德的債務最後出現在瑞士信貸提供的各種基金裡，名稱如「瑞士信貸高收益債券基金」（Credit Suisse High Yield Bond Fund）、「瑞士信貸資產管理收益基金」（Credit Suisse Asset Management Income Fund）以及「瑞士信貸浮動利率高收益基金」（Credit Suisse Floating Rate High Income Fund）。這所有基金都包含各家公司（比方說瑞斯諾德）的債務，這些都是背負了沉重槓桿貸款並發行了公司債的公司。持有CLO的大部分是機構投資人，如保險公司、共同基金和銀行。舉例來說，瑞斯諾德的債務最後出現在公家員工退休基金的投資組合裡，用來支付南卡羅萊納、賓州和肯塔基州的政府員工退休金。甚至連共同基金與退休帳戶的巨型投資公司富蘭克林坦伯頓（Franklin Templeton），也來搶瑞斯諾德公司的債務。CLO促成的槓桿貸款比過去更多，並比過去更廣泛分散到整個金融體系內。

這些貸款有一個關鍵特質，這對投資人來說會更安全，但對瑞斯諾德這些債務人來說則更危險。槓桿貸款通常是用浮動利率，這是指，貸款到期前適用的利率有可能會變。如果升息，這可以保障投資人，因為槓桿貸款的利率也會跟著漲，他們可以撿到天上掉下來的這筆錢，但這是把所有風險套在債務人身上。如果升息，債務人的債務負擔也會跟著明顯加重。在零利率政策那些年，這看來不是問題，因為利率一直那麼低。

瑞士信貸多次協助瑞斯諾德延展債務，讓這家公司在需要償清債務之前就先一步脫身。瑞斯諾德適用的利率仍低，瑞士信貸也在每一次再融資時賺到手續費。整個華爾街都是這樣操作。隨著量化寬鬆的資金倒入金融體系，全球投資銀行業的手續費收入也穩定成長，二〇一四年時來到高點，每個月可以收到一百一十一億美元，超越二〇〇七年夏天市場要崩盤前創下的紀錄一〇七億美元。

大約就在二〇一四年的此時，一位垃圾債券分析師薇琪．布蘭恩（Vicki Bryan）注意到企業債務市場出現重大變化，垃圾債券和槓桿債務的老規則似乎已經不再適用。布蘭恩回憶道：「市場完全和經濟現實脫節。」身為垃圾債券分析師的她，工作是找出用垃圾債券借錢的公司有沒有詐騙或行為不當的問題，然後對客戶提出警告。她的整個業務模式要能發揮作用，仰賴的是一件事：當分析師發布重要訊息時，會對市場造成影響。當布蘭恩舉發某家公司有不當作為，如果她的客戶擁有這家公司風險甚高的債務，那麼他們可以賣掉，或者至少要求公司支付更高的利率以彌補持有債務的風險。

這是布蘭恩的工作模式，但到了零利率政策時代開始之後就變了，零利率政策從根本上改變了企業債務市場的動態。約在二〇一四、二〇一五年時，布蘭恩注意到她可以對市場發布新消息，但是完全波瀾不興。她說：「這是聯準會從二〇一〇年開始、之後持續所作所為造成的結果。你會碰到的是人造的底部，底部加高的部分是聯準會墊起來的，因此，你在這個市場裡不會有損失。如果不會有損失，那就不叫市場了。」

大家相信不會虧，因此所有的資金開始進入槓桿貸款和CLO等等新市場。二〇一〇年底，美國的CLO總價值僅稍低於三千億美元，到了二〇一四年底則有四千億美元，到了二〇一八年則有六千一百七十億美元。

這替很多人創造了工作機會，比方說瑞士信貸的海度。有太多錢追著要買銀行賣出的每一件槓桿貸款，海度看得出來這會造成什麼局面。每過一年，賣出的貸款就愈多，投資人也願意承受更高的風險。

❖　❖　❖

海度說這種情況像被老虎鉗夾住了，一邊是退休基金這類有壓力的投資人，他們大聲喊著要買貸款，另一邊則是像凱雷這種私募股權公司，他們是提供這些新貸款的最佳來源。私募股權公司有優勢，他們開始用這來追求自己的益處。

當凱雷這樣的私募股權公司達成交易、買下像瑞斯諾德這樣的公司，就會生出典型的槓桿貸款。私募股權是沒完沒了債務的源頭，在華爾街的說法，會說他們是貸款的「發起人」(sponsor)。凱雷發起交易之後，會去找瑞士信貸這樣的銀行，給銀行一個機會，由銀行安排一群投資人出錢，為這樁交易提供資金。海度是銀行裡負責安排的中間人，他通常要靠發起人給他源源不絕的槓桿貸款。長期下來，發起人的要求會愈來愈多，他們知道銀行很急著作成更多槓桿貸款。發起人有時候會以讓人生氣的態度展現自身的力量，比方說，他們堅持瑞士信貸要請哪一家律師事務所來監督交易，要由他們挑選。海度不喜歡由發起人決定他要用哪一位律師，而且他猜想，由發起人挑選的律師在檢視文件時的立場很可能偏向發起人。但他又能如何？像凱雷這樣的公司總是占上風。

發起人以更有影響力且更讓人憂心的方式展現談判優勢，他們開始拿約定條款（covenant）很寬鬆的槓桿貸款出來賣。所謂約定條款，也就是指保護投資人的契約條款。典型的約定條款會規範債務人（例如瑞斯諾德）不可以馬上再去借更多錢，以免更難償付之前的貸款。也有些約定條款可能會規定，債務人必須先取得債權人的同意才可出售資產。這些約定條款過去很常見，但槓桿貸款發起人開始大力主張要刪掉。海度記得，到後來，發起人的作風更是大膽，開始列出約二十頁長的貸款條約細節，堅持要加進交易內。這些是給債務人更多彈性的條款，但同時刪掉保護投資人的約定條款。這樣的作法愈來愈常見，後來華爾街還給這些刪掉約定條款的貸款取了一個小名，叫低門檻貸款（Cov-lite loan）。

海度的工作是把低門檻貸款拿到市場上兜售，看看有沒有人要買。有時候，他會向發起人堅持，如果找不到買家就要把保障投資人的約定事項加回去。但他根本不需要，因為總是有人要買。有十億美元的貸款，就會有二十億美元的資金想買，這種事一再發生。低門檻貸款的需求很高，更助長了交易發起人提出更多堅持。投資人有太多資金要找收益，根本沒辦法要求高標準。

海度說，「這真的很難。當你看到人們簽訂的協議之後，你會想：『我的天啊，你知道你剛剛簽了什麼嗎？』交易條件愈來愈激進，這是因為市場又有了大量的現金，要靠CLO來運用這些現金。推入市場的交易總是有限，大家都愛，大家都買。」

海度很清楚槓桿貸款業裡本來就存在風險，他也知道這裡面確實也有好處。全國各地的企業得到貸款，讓他們有信用額度可以用來擴張規模、聘用員工或是發明新產品。把多項貸款打包成CLO，有助於緩解投資人要承受的風險，他們可以分散布局，萬一有些貸款違約，損失也有限。買入CLO的機構投資人精明老練，當他們跳進低門檻貸款市場裡買進產品時，很清楚自己在做什麼。

過去被視為奇特債務工具的低門檻貸款，如今卻成為業界標準商品。二〇一〇年，低門檻貸款在槓桿貸款市場裡的占比不到一成；到了二〇一三年，占比超過五成；到了二〇一九年，所有槓桿貸款裡有八成五都是低門檻貸款。即便寬鬆的約定條款讓投資人更沒有保障，但這類貸款的需求仍愈來愈高，承作這類貸款的競爭也愈來愈激烈。凱雷以及其他私募股權公司，例如阿波羅、貝恩資本公司（Bain Capital）和KKR集團，甚至在自家公司成立貸款部門以滿足市場需求，自己創造與管理CLO產品，無須仰賴瑞士信貸這些銀行。市場的CLO胃納量這麼大，有部分理由是因為債務套裝產品在二〇〇八年金融危機期間表現出色，當其他信貸產品變成錢坑時，CLO仍保有價值。

爭著承作企業債務的不僅是銀行家和私募股權公司而已，有一種一九八〇年代由國會創造出來的投資公司叫商業發展公司（Business Development Corporation，簡稱BDC），過去少有人知，如今也來分一杯羹。商業發展公司如果把錢借給風險很高、無法從傳統銀行得到貸款的小企業，可以抵稅。他們會把多個貸款組合在一起賣給投資人，投資人可以在公開的股票交易所買商業發展公司的股份。商業發展公司幾十年來都在財務界的角落裡低調運作，貸款給中型的烘焙坊、醫療器材製造商或食品公司，大部分的貸款利率都超高。二〇一〇年之後，由商業發展公司管理的資金大幅成長：二〇一〇年時，美國有約四十家商業發展公司管理兩百七十億美元高風險的債務；到了二〇一四年，商業發展公司增至七十七家，管理八百二十億美元的資金；到了二〇一八年，則有九十五家商業發展公司管理一千零一十億美元的資產。

承作、包裝與銷售企業債務的熱潮勢不可擋，美國企業借貸的金額來到歷史高點。二〇一〇年底，非金融業的企業負債總額為六兆美元，二〇一三年底增為七兆，二〇一七年底增為九兆，二〇一九年底則來到十兆。

企業債臺高築，在美國金融體系中深深埋下了危機。危機有兩邊，一邊是債務人，一邊是債權人。由於多年來約定條款被刪掉了，債權人、或說是投資人承擔較高的風險。如果債務人違約，投資人能得到的保障比過去更少了。至於債務人，他們面對的則是不同的風險。這些公司或者貸款、或者發行債券，他們都全力撐到展延之時。他們寄望的，是在債務到期必須全額償付之前，有能力用合理的價格延展債務。只要聯準會幫忙壓低利率，並用新資金讓金融體系活下去，這套機制就能運作。但如果資金被抽掉了，或是利率升高了，就會引發非常可怕的瀑布效應。企業要不就清償債務，要不就承擔更高的利率成本，萬一違約，投資人就要面對更嚴重的虧損。

海度眼見情勢發展下去，他也注意到布蘭恩注意到的事。CLO或是槓桿貸款世界裡，沒有人想過自己會虧。二〇一八年成為CLO貸款經理的二十七歲年輕人，在金融危機發生時還只有十七歲。海度說：「現在很多CLO業務的投資組合經理在二〇〇九年時都還是小孩，他們沒有面對景氣循環走下坡時的經驗。」投資人買進他們知道品質很差的貸款，但他們這麼做時，想的是如果有必要，他們隨時可以賣掉。「嗯，問題是，等到出問題了……市場也急凍，你也賣不掉了。」

多年後，我們大可把矛頭對準打造出這些高風險企業債務高塔並幫忙融資的華爾街交易商，但這些金融界從業人員只是去做聯準會給了他們誘因去做的事。發生這些事，聯準會的資深領導者應該都不意外才是。二〇一三年公開市場委員會辯論要不要推出最大型的量化寬鬆時，達拉斯分行總裁費雪明白指出，這項政策主要嘉惠的對象會是私募股權公司，比方說鮑爾的前東家凱雷集團。費雪質疑聲稱這會創造出柏南克期待的「財富效應」理論：資產價格高漲，會轉化成讓勞工階級所得提高，並為這一群人創造出更多就業機會。

費雪在會議中說：「我相信，會有財富效應，但主要受益對象是有錢人和快速致富的人，比方說巴菲特、KKR、凱雷、高勝、鮑爾，可能連我費雪也是，這些人不用什麼成本就能借到錢，把債券、股票和房地產的價格拉高，把獲利放進自己口袋。」他主張，這些錢所能創造出的就業機會或拉高的薪資水準，不會像聯準會期待中這麼美好。

這當然大部分要看企業如何花掉借來的錢。以瑞斯諾德為例，他們透過瑞士信貸承作的多輪債務融資借了幾十億美元。而瑞斯諾德的情況，完全說明了廉價債務如何決定了多數員工的命運。

第十章　零利率政策世界（二〇一四～二〇一八）

鮑爾擔任瑞斯諾德公司董事並代表凱雷集團管理這家公司時，高階主管團隊開會時捨棄位在密爾瓦基中西部工廠附近的總部大樓不用，改在飯店和鄉村俱樂部。到了二〇一四年，瑞斯諾德的領導階層和其他員工之間的疏離已經牢不可破，而且永難化解。高階主管團隊搬進密爾瓦基市區重新裝修的辦公大樓，旁邊就有一座行人徒步河濱公園。這是市內其中的新興區之一，過去空著的店面，現在滿是酒吧、精釀啤酒廠和墨西哥式外帶快餐店進駐。午休時，瑞斯諾德的高階主管會走蜿蜒曲折的人行步道過街，俯瞰流過市中心的梅諾莫尼河（Menomonee River）。新辦公室是自成一格的職場環境，高於中階管理人員、以及成千上萬在瑞斯諾德廣布全球的工廠網絡裡工作的勞工。

工廠被視為資產，高階主管團隊的工作是利用這些資產賺取最高利潤，帶領他們勞心勞力的，則是在瑞斯諾德算蠻新的執行長泰德．亞當斯（Todd A. Adams）。二〇〇四年時他大約三十出頭，就進瑞斯諾德當財務人員。亞當斯進瑞斯諾德的第一年是在鮑爾手下工作，這讓亞當斯有機會親自觀察凱雷集團如何在持有公司不到五年期間就賺了幾億美元。亞當斯在瑞斯諾德很快地愈爬愈高，二〇〇九年時成為執行長。瑞斯諾德的新任執行長來自財務領域而非工程界或製造業，這並非巧合。凱雷集團把公司賣給阿波羅之後，瑞斯諾德便陷入債務泥淖，管理債務變成公司的優先要務之一。二〇一〇年是亞當斯完整任滿執行長一年的第一年，瑞斯諾德負債二十一億美元，光是利息就要支付一．八四億美元。這一年是大衰退（Great Recession）的谷底，公司虧損五千六百萬美元，前一年則虧損三．九四億美元。瑞斯諾德直到二〇一二年才轉虧為盈，而且每年要支付幾千萬美元的利息。但亞當斯沒有退卻。阿波羅還是瑞斯諾德的業主，在私募股權的世界裡，經營一家公司不只是要賺錢或是清空負債而已。瑞斯諾德成為阿波羅的策略性工具，透過財務工程定期創造天上掉下來的錢。舉例來說，阿波羅買進之後，就讓瑞斯諾德背負了六．六億美元的新債務，這筆錢是用來買進一家工業用配管公司得恩股份有限公司（Zurn Industries）。瑞斯諾德公司因此跨足新市場，也創造出一條新管道推動更多以債務帶動的收購案。亞當斯的主要工作之一，是幫忙把瑞斯諾德變成一項馬上就可以出售的商品，或至少在過程中可以賺點錢。

當亞當斯公開談到管理瑞斯諾德時，他會講到該公司獨特的管理哲學，他們叫「瑞斯諾德業務系統」（Rexnord Business System），簡稱RBS，甚至專門為此製作標誌。在一部推銷瑞斯諾德的影片中，亞當斯站在鏡頭前談到瑞斯諾德業務系統的好處，亞當斯說：「任何企業都可以贏一次，但要每天贏、在每個市場裡都贏，就需要一套可以重複的流程。」亞當斯頭已經禿了，肩膀結實，讓他看起來比實際年齡大一點。他穿著深色西裝和白色襯衫，沒打領帶，扮起四處可見的親切和善中階管理人員。他說，瑞斯諾德的優勢，就來自於瑞斯諾德業務系統裡蘊藏的智慧和流程。當然，瑞斯諾德的經理人和員工都接受這套管理理論訓練，學習其真義和技巧，但瑞斯諾德業務系統並無法說明哪些原因可帶動瑞斯諾德的業務。從很實際的層面來說，工廠裡的生產幾乎只算是公司整體策略的附屬品。

財務工程是瑞斯諾德策略的關鍵。瑞斯諾德就像每一家公司一樣，要因應營運的環境。從二〇一二年開始，主宰美國經濟環境的是零利率政策造成的影響。大量的廉價債務、應聲而起的資產價格以及對收益的渴求，推著各家企業發展出某些特定的大策略。管理階層最需要應付跟調度的工作，和槓桿貸款以及高漲的股價有關，而不是輸送帶或滾珠軸承。在一次次急切發行新債務之下，把錢花在研究新產品的想法早已被拋到九霄雲外。瑞斯諾德是這方面的先行者，自一九八〇年代就由私募股權公司帶著「以債務帶動獲利」的模式入主。而這家公司很快就變成經典範例，說明透過量化寬鬆與零利率政策把廉價資金倒入系統裡會讓美國整個企業界變成什麼局面。這套策略讓公司業主和高階主管賺飽了荷包。以亞當斯為例，二〇一〇年，他擔任執行長滿一年，賺得的所得是讓人咋舌的兩百五十萬美元。但這只是開始而已，二〇一二年對亞當斯來說是個好年頭，那一年瑞斯諾德上市，配了慷慨的股票選擇權，他賺得了八百七十萬美元。不是每一年都這麼好，但亞當斯繼續每年領超過一百萬美元，某一年狀況特別好時，他更領到一千兩百萬美元。

但零利率政策這場賭局不是為了要讓亞當斯這種人富有，原本是期望這能夠幫助像約翰・費特納（John Feltner）這樣的人，他是瑞斯諾德的員工。他曾經相信，在瑞斯諾德工作可以讓他擠進一條狹路，通往穩定的中產階級生活。零利率政策鼓動的所有財務工程，本來應該是要讓這樣的信念實現才對。

❖　❖　❖

費特納一有機會去瑞斯諾德面試一份在工廠的工作，他馬上跳上車，連夜開了十五個小時以上，以確保自己能準時應試。二〇一三年，他的大好機會來了，當時瑞斯諾德印地安納波里斯（Indianapolis）工廠要聘一位機械操作人員。費特納是土生土長的印第安納波里斯人，但他接到電話時人住在達拉斯。他被前一家工廠辭退之後，就搬到達拉斯了。能在瑞斯諾德謀得一份工作，想到公司支付的高薪，很值得拚一拚。

費特納就是這樣，他一直都很勇敢，不管要他做什麼，只要有助於養家活口，他都願意。費特納受過很好的教育，學過現代工業生產使用的複雜機械。他擁有I.T.T. 科技學院（I.T.T. Technical Institute）的副學士學位，做過幾份工程師的工作，也曾經設計過煉油廠內使用的複雜管路系統，之後他轉往工廠。費特納很清楚什麼才叫努力工作，他和妻子育有三名子女，這一點常常讓他把心思放在要把手邊的工作做好。遺憾的是，費特納成年之後剛好碰上美國製造業劃時代的大崩盤。這表示，各種動盪不安的裁員和混亂不時打亂他的事業發展。在費特納長大成人的一九七〇年代，印第安納波里斯市東區很繁忙，有各式各樣的工廠和發貨中心，可以吸納的勞工人數彷彿沒有底線。城裡流傳著一個老笑話，說一個早上被開除的人吃過中飯後就找到了新工作。但工廠一間一間收了起來，如果有人早上被開除了，很可能就此永遠被踢出中產階級。費特納年輕時當工程師設計管路系統，一年可以賺六萬美元，當他在汽車零件製造廠納威斯達（Navistar）的工廠工作時，一年可賺八萬到九萬美元。他二〇〇七年被這家工廠裁掉，也因此促使他搬到達拉斯，找到一家保險公司任職。他在達拉斯賺不了這麼多，但費特納總是認命遵守美國經濟的新規則。當他被打倒，他就找備援。一份工作消失，他就訓練自己找另一份新工作。費特納說：「要自我革新，你要把過去的每一個部分都拿出來用。我總是說，這就好像揉麵團一樣，你要改變，變成別的東西。」

也就是因為這樣，費特納甘願連夜開十五個小時的車，來瑞斯諾德面試。這很可能是他最後幾個可以過著穩定職場生活的機會了。瑞斯諾德的工廠在這座城很偏西區的地方，靠近機場北邊。大樓很大，佔地一個街區，旁邊則有一座停滿車的擁擠停車場。面試時間是早上七點，他準時到達。等他坐下來，瑞德諾斯的人過來跟他聊聊，問他當他早上花了多久時間過來。費特納說：

「我以為他是真心在問，於是我說，十五個小時。然後他說：『不好意思，你說什麼？』我說：『老兄，我不知道你知不知道，我住在德州的達拉斯。』」

面試時，費特納說他願意回家收拾行李，下個星期一就來報到。但他沒有得到這份工作。幾位經理擔心他的經驗不夠。但後來他又接到電話，得到另一個面試機會。他又一次跑完了全部流程，但公司也只是再次跟他說他的經驗不夠。這一次，費特納反擊了。他人高馬大，左肩上還刺了大片的刺青。他留著嚇人的山羊鬍子，幾隻手指上還帶著非常大型而且看起來很嚇人的指環，但費特納開口講話時不唐突也不強硬，他很有說服力，而且極為穩重。他對瑞斯諾德的面試官說，他的個性比經驗更重要。「我說：『我每天都工作。如果你們想要一個會過來好好工作的人，而且我什麼都可以學……嗯，我就是你們要的人，用我。』」

費特納錄取了，他被派去管一部叫喬福機（Johnford Mill）的大型鑄造機器，他相信，這可能是整座工廠裡最老舊、維修最差的機器。他後來對這部機器瞭若指掌，七年之後，他還記得機器的設定編碼，就像記得老朋友的電話號碼一樣：這部機器的編號五八九八。瑞斯諾德工廠製造飛機、水泥廠或是製造業工廠使用的極專業、設計精密的滾珠軸承，一個瑞斯諾德的滾珠軸承成本約為一千八百美元。創造出這份價值的，是一個相對艱苦的環境。費特納的工作站冬冷夏熱。很熱的那幾個月，他會穿T恤、短褲和鋼頭靴。但這裡的福利很好。費特納在瑞斯諾德時加入當地的聯合鋼鐵業勞工工會（United Steel Workers unit），最後還參選工會幹部。他選上了，也獲得一些權力幫忙改善自己的工作條件。

費特納和妻子妮娜（Nina）帶著一家人回到印第安納波里斯，他們在城市東邊的市郊新開發區定居下來，這個小鎮名叫綠野（Greenfield），他們在一片大型玉米田邊的新建住宅區裡租了一棟不錯的房子。在這段充滿動盪與艱辛的漫長過程中，費特納和妮娜始終相伴相守。現在，他們回到家鄉了，找到一份有工會保障的工作，得到了醫療保險和穩定的收入。費特納可是辛苦奮鬥才得到了這份恩典。

費特納和妮娜的租屋處靠近莫札特道（Mozart Drive）和銀匙道（Silver Spoon Drive）路口。他幾乎是一開始上班就開始準備存錢買房子。

❖　❖　❖

從密爾瓦基的瑞斯諾德總部辦公室來看，印第安納波里斯的軸承工廠只是公司擁有的資產網絡中的其中一項，他們會在一個複雜且多變棋盤上安排這些資產，執行長亞當斯和團隊必須好好思考，看要如何移動這些棋子才能替公司的業主賺最多錢。阿波羅仍擁有公司二四％的股權，另外有二三％則由普徠仕公司（T. Rowe Price Associates）和摩根大通銀行分持，其餘的股份則被拆開來進行首次公開發行（Initial Public Offering），在華爾街出售。賣股票籌集了四．二六三億美元的現金，但這筆錢幾乎沒有流進公司。阿波羅以管理費的名義先拿了一千五百萬美元，再拿了三億美元來清償債務。二〇一三年，該公司二次公開發行，這一次的籌資目標是十二・六億美元。可惜的是，就像《密爾瓦基前哨日報》(*The Milwaukee Journal Sentinel*) 所說：「這次發行並未提高瑞斯諾德的收益。」

亞當斯與團隊面對的難題和其他的企業領導者並無二致，他們必須創造出最高利潤、提高業主的報酬並證明公司已經找到一條路線可在未來幾年大幅成長。要達成目標，可有各種不同的巧妙，瑞斯諾德可以想辦法發明新產品、跨足新市場，或是在原本的工廠裡再進行投資，提升既有產品的品質。但瑞斯諾德的領導者在想辦法賺大錢時特別關注的只有兩點：企業債務的市場火熱，以及公開交易公司股票的市場火熱。他們從這些市場賺到很多真金白銀。

債務市場看來是最迫切的考量點。亞當斯和團隊不管思考什麼決策，都要考量到瑞斯諾德的債務。二〇一四年，這家公司仍負債二十億美元，當年支付一・〇九億美元的利息，賺得的利潤僅三千萬美元。瑞斯諾德的領導人花很多時間和海度以及瑞士信貸商議，不斷延展與再融資債務。瑞斯諾德的債券仍被評為垃圾等級，在二〇二〇年前，每年支付的利息成本都高於賺得的利潤。清償負債要花好幾年，過程中還需要作出苦澀的妥協並付出高額的成本。這不是會讓人熱情亢奮的企業策略。

正在上漲的股市帶來的機會比較讓人振奮。零利率政策時代下的奇特現實之一是，就算整體經濟成長乏善可陳，資產價格倒是一飛衝天。這替亞當斯這類企業高階主管創造出大好機會，善用過去少有人懂的金融戰術，讓他們在公司股票大漲的時候變現落袋。這套戰術有時稱之為股票回購（stock repurchase）或買回庫藏股（stock buyback）。瑞斯諾德跟著美國企業界的其他公司，也開始用起這套戰術。

買回庫藏股在一九八二年時成為合法的操作，這個詞望文即可生義：一家公司用現金買回自家股票。買回庫藏股的基本訴求對象，顯然是已經擁有該公司股票的股東。公司買回股票時，這些人就出脫股票離開市場，市場上現有的總股數也因此大減。此舉會使得市場上可買的股票減少，因此拉高所剩股票的價格。買回庫藏股也有助於提高一個很重要、也是很多執行長據以敘薪的指標：每股盈餘（earnings per share）。這個指標衡量一家公司的股票每一股可以分到多少獲利。拿走更多在外流通的股票，每股盈餘就愈高。利用買回庫藏股，不用去爭取新客戶、發明新產品或改善盈餘，又能達成每股盈餘目標，是一種絕佳的好辦法。而且最顯而易見的好處可能是，買回庫藏股返回資金給已經擁有這檔股票的人，當中很可能就包括企業自家的高階主管團隊。

即便對高階主管和股東來說買回庫藏股好處多多，但在一九九〇年代大部分時候還是很少見，有很多很有說服力的理由讓企業避開這樣的操作。買回庫藏股幾乎一定會增加公司的負債，因此削弱公司[1]。如果公司是借錢來買回庫藏股，不利的力道又更強。但當債務很廉價而且股價快速上漲時，就很難避免這套操作。

就算是美國看來最無趣的公司，也成了財務工程師，借現金來買回自家股票，藉以拉高公司股價，通常都是為了讓高階主管有理由拿到更豐厚的薪酬配套。對管理團隊來說，公司實質上做的業務是什麼，愈來愈不重要，重點愈來愈變成是要如何進入債務市場並拉高股價。以麥當勞為例，據《富比士》（*Forbes*）雜誌所做的一項深入研究指出，在二〇一四年到二〇一九年間，這家公司用債券和票據借了兩百一十億美元。麥當勞用這些錢來幫忙支應三百五十億買回庫藏股。公司也直接支付給股東一百九十億美元的股利，在這段期間，給股東的錢超過五百億美元，公司賺到的利潤則僅有三百一十億美元。速食業的百勝餐飲集團（Yum! Brands）經營多家連鎖速食店，如塔可鐘（Taco Bell）和肯德基（KFC），則借了五十二億美元幫忙支應七十二億買回庫藏股和支付股利的資金。

買回庫藏股會提高公司的債務負擔並降低權益，使得這些公司在面對經濟走下坡時更不堪一擊。比方說，在二〇一四年到二〇二〇年，百勝集團的淨負債就從二十八億美元暴增為一百億。這表示，公司的債務佔總營收的比率從四二％增為一七八％。

瑞斯諾德二〇一五年時在想要不要買回庫藏股，但這家公司的債務已經多到深不可測，基本上是借錢來買回自家股票。以美國經濟狀況來說，大部分時候這是毫無道理的舉動。公司二〇一五年欠債十九億美元，支付八千八百萬美元的利息，遠超過當年賺得的利潤八千四百萬美元。

但二〇一五年，瑞斯諾德的董事會授權亞當斯與團隊花兩億美元買回自家股票，二〇一六年，公司又再花四千萬美元買股票。二〇二〇年，公司又擴大買回庫藏股的授權，再花八千一百萬買股票。就像很多公司的情況一樣，瑞斯諾德的執行長在這段期間坐收天上掉下來的大錢。二〇一六年，他拿到一百五十萬美元，隔年則賺到一千兩百萬美元，大部分都是股票獎酬，二〇一八年他也賺到六百萬美元。

聯準會鼓勵這類行為，他們也知道自己在鼓勵這樣的行為。但聯準會認為，諾斯瑞德買回庫藏股只是一種為了達成目的的手段。如果執行長用債務來支付工程師的薪水，只要這樣的富裕最後會透過「財富效應」散播到各地，比方說費特納家附近的銀匙道地區，那就沒問題。

❖ ❖ ❖

費特納是老資格的工會會員，他認為，職場人生就要由規則和契約來決定。工會和管理階層坐下來針對規則協商談判，達成協議後寫成書面，然後雙方都必須遵守。他對這種事很固執。而費特納相信，職場規則愈來愈不利於勞方。

---

1 提高負債的情況幾乎一定會發生，這是因為一家公司的負債水準、或者說其槓桿比率的定義，是負債金額與權益加資產之比。買回庫藏股使用資產（現金）來降低公司的權益（把股票挪出市場），因此會提高槓桿比率。

多年前、也就是二〇一二年時，當時當地的工會要協商新的勞動契約，就已經出現過一場大變局。那個時候，經理人說工廠可能會關門，因此如果勞工想要保住飯碗，就需要減薪或是放棄某些福利。工會達成折衷方案，同意兩級式的敘薪規則，新進人員的時薪比老員工低了約五、六美元。費特納知道這件事時非常不快，他譴責工會居然同意這種條件。費特納說：「他們已經把我們當地人分為兩邊，他們以後還會再繼續離間並征服我們。」

等到重新協商勞動契約時，工會推動取消兩級式敘薪制。出乎意料之外，管理階層同意了，但這才真的讓工會煩惱。管理階層太快就放棄，也許是因為他們知道工廠就要關門了。

二〇一六年五月，瑞斯諾德發表聲明，明白指出規定又要改了。遺憾的是，這份聲明不是用大家都能懂的方式寫成，只有一小群在企業財務領域工作的人才知道這在寫什麼。瑞斯諾德發布新的「控制變革」政策，講到的是萬一公司被接管，要如何處理薪資和福利。在合併與財務的世界裡，這是一種廣告詞，事實上宣告的是：「我們要賣了。」

亞當斯和團隊正忙著，希望讓瑞斯諾德在外部買家的眼中更具吸引力。這家公司仍然負債累累，但是之前已經慢慢還掉一些貸款，打消了一些負債，金額從二〇一二年的二十四億美元，到了二〇一六年降為十九億美元。但亞當斯也宣布要推動另一項新計畫，對費特納以及其他同事的人生造成更大的衝擊。

這項新計畫有一個冷血名稱：供應鏈最佳化與足跡重新定位計畫（Supply Chain Optimization

and Footprint Repositioning plan），內部人士開始簡稱為SCOFR。在SCOFR計畫之下，瑞斯諾德要重新評估檯面上所有資產的價值，評估要如何挪動、改善或清算各項資產，以利公司的股東並美化資產負債表。SCOFR要打消約兩成的瑞斯諾德製造廠區。工廠如果位在以全球來看薪資水準較高的地方，比如印第安納波里斯，就可以挪到低薪的地方，比方說墨西哥。

整體來說，SCOFR前兩階段每年可以替瑞斯諾德省下四千萬美元。這無法扭轉局面；光是二〇一六年，瑞斯諾德要支付的利息就達到九千一百萬美元。但精簡成本可以引來外部人士；就算無法減輕債務，也可以提高公司的利潤率。

當團隊開始落實SCOFR計畫、評估印第安納波里斯軸承工廠的價值時，他們看到了一個機會。

❖ ❖ ❖

回顧過去，瑞斯諾德的員工會說，他們注意到的第一個疑點，就是瑞斯諾德在印第安納波里斯的工廠加裝了新的監視器。這些監視器在某個周末過後突然冒出來，看起來很突兀。好奇的員工被告知說這些只是一種保全措施罷了。

當公司要求員工集合來聽發布的新訊息時，費特納也在工廠裡。同樣的，裡面又出現很奇怪的內容。半數員工被要求到大樓後方的裝運平臺集合，另一半被要求到大樓前面的某個地點集合。他們不知道公司為什麼要把大家分開。

費特納和被分到的那一半同仁一起，站著等一位瑞斯諾德的經理來到他們面前，發表簡短、不帶感情的演說。瑞斯諾德決定關掉滾珠軸承工廠，把生產線移到墨西哥的蒙特雷（Monterrey, Mexico）。工會後來才知道，墨西哥的工人時薪約三美元，關掉美國的工廠一年可以替瑞斯諾德省下約一千五百萬美元。消息一出，馬上就對費特納和其他同事造成嚴重衝擊。在他們的世界裡，沒辦法隨隨便便就從一個高薪的工作換到另一個，被裁員比較像是掉下了懸崖。他們過去的薪資一直以來都在一個相對的高原區，他們能夠再度來到這個高度的機會非常渺小。費特納歷盡千辛萬苦才進了瑞斯諾德，他這麼拚命是有理由的，他知道工作機會很少、很寶貴。只開了一次會，費特納工廠裡的三百份工作就不見了。費特納說：「這種事會動搖你的世界，真的。大家都被惹毛了，整個人生都被搞砸了。」

員工盡其所能對抗此一決定，他們上本地的電視新聞接受訪問，他們甚至試著對政治領導人施壓，要對方想想辦法，但是機會實在不大。工會過去曾是美國社會裡的政治權力掮客，但如今他們已經成為邊緣利益團體，只能得到零星的媒體關注。但有一件事讓他們有理由懷抱希望：二〇一六年是美國總統大選年。共和黨候選人川普，正在用一種對共和黨人而言非常奇特的方式在競選。幾十年來，以大黨提名人來說，川普是第一個主張（而且態度慷慨激昂、挑釁十足、大放廠詞且不斷重複）把工作留在美國境內比替股東賺得最高利潤更重要的人。川普發現印第安納波里斯有另一樁更大規模的裁員事件：開利（Carrier）宣布關掉印第安納波里斯的工廠，勾銷約一千四百份工作，其中七百份將轉移到墨西哥。川普在選舉演說中把開利公司講成惡棍，誓言用課徵稅收或關稅來處罰開利或任何把工作挪到海外的企業。

費特納支持川普和他的競選夥伴：印第安納州的州長麥克．彭斯（Mike Pence）。如果說有哪一個政治團隊願意處理企業裁員問題，看來就是川普加彭斯了。川普的民主黨對手希拉蕊．柯林頓（Hillary Clinton）沒有激起這樣的希望，她長久以來擁護由全球貿易協定決定的經濟體系，鋪出一條路把工作轉往勞動成本低廉的市場。費特納和其他同事非常希望，更多的媒體關注可以引來川普，由他代表他們以更激進的手段干預。十二月，隨著聖誕節將近，瑞斯諾德的員工和開利工廠的工會成員一起舉辦了一場禮拜。他們在橄欖山事工教會（Mount Olive Ministries church）聚會，教會位在瑞斯諾德工廠南邊的工業區，靠近一處大型的機場停車場。禮拜開始之前，參加的人在祭壇附近用聖誕節燈飾排出了一個大型標語，寫著「留下所有工作」（SAVE ALL THE JOBS）。他們邀請當地電視新聞臺入內，拍攝員工齊聲同唱〈齊來崇拜我救主〉（O Come, All Ye Faithfu）。員工站了起來，用在安寧病房祈禱時的陰沉、悲哀語調發表了簡短演說。他們向上帝祈禱，也向川普和任何可能傾聽的人祈禱。但這沒有帶來任何改變。川普勝選，聖誕節來了又過了，瑞斯諾德在SCOFR操作之下高效率地向前邁進。川普參加一場在開利工廠舉辦的記者會，故意誇張了能留下來的工作數量，然後在推特（Twitter）上和一位工會領導者唇槍舌戰。對於印第安納波里斯能留下多少工作，川普很快就沒興趣了。

瑞斯諾德逐步拆解印第安納波里斯工廠的生產，並整備蒙特雷的新設施。如果費特納和其他同事要留下來工作，直到工廠當年夏天完全拉下鐵門為止，公司會多支付薪水與資遣費。公司要求他們幫忙訓練墨西哥的員工，這些人以後要承接他們的工作。幫忙訓練的人時薪可以多加四美元。費特納的挑戰反抗行動之一是拒絕簽字，他說：「我絕對不可能去訓練要接手我的工作的人。」當工廠在二〇一七年終於永久關廠、而他又再度回到就業市場時，這成了他唯一能宣稱的勝利。

❖　❖　❖

亞當斯一直找不到買主買下整家瑞斯諾德或任何主要部門，但高階主管團隊確實做到替公司減債，從二〇一六年的十九億美元一直減到二〇一八年的十四億美元。隨著公司又推動幾輪SCOFR，也拉高了利潤率。從二〇一七年到二〇二〇年，光是水資源管理部門，瑞斯諾德就裁掉了七座工廠。

瑞斯諾德的董事會顯然很滿意亞當斯的表現。二〇一六年、也就是宣布關閉印第安納波里斯工廠那年，他賺得一百五十萬美元。二〇一七年，工廠正式關閉，亞當斯賺了一千兩百萬美元，大部分都是股票分紅。專營金融數據的沃邁公司（Wallmine）追蹤賣股與股票獎酬的資訊，估計到二〇二〇年亞當斯的財富淨值至少為四千萬美元。

隨著公司精簡成本，信用評等機構穆迪（Moody）幾年來也穩定調升瑞斯諾德的債券評等，但二〇二〇年時，公司的債務仍被評為垃圾等級。

❖　❖　❖

費特納又開始「揉麵團」的迴圈，他重新形塑了他的職場人生：離開瑞斯諾德之後，費特納到處兜轉，想找一份薪資和過去相似的工作。他最後找到一份還可以的職務，負責雜貨店的維修，後來又成為臨時的維修外包商。他和妮娜把要在銀匙道附近買房的計畫延後了，這一次的職涯中斷讓人備感壓力，但他沒在怕。他和妮娜的目標仍是最後要存夠錢買下自己的房子，並且讓小孩都能讀完大學。費特納找到的工作，每一次的薪水都比上一次低，但是他和妮娜都願意努力。他們會成功的。雖然被裁員很痛苦、代價高昂而且要面對動盪不安，但費特納已經習慣了。「我說這叫新常態，你就是得習慣。」

❖　❖　❖

鮑爾能從瑞斯諾德賺到他的個人財富是因為他謹慎而且有效率，就像他做其他事一樣。

瑞斯諾德裁員的消息在二〇一六年與二〇一七年登上全國新聞版面時，顯然沒有任何人公開提到鮑爾扮演的角色如何影響了這家公司的命運。他擁有瑞斯諾德是十年前的事了，但是鮑爾如何管理公司與這家公司後來的磨難有直接關係。當鮑爾拋下瑞斯諾德，這家公司就被丟進了債務的深淵，再也爬不出來。這樣的現實，決定了日後發生的每一件事，包括SCOFR的誕生和印第安納波里斯工廠關門大吉。但瑞斯諾德對鮑爾來說是很久以前的事了。

二〇一六年間，鮑爾等聯準會理事特意聚焦在棘手的內部辯論上。他們試著找出聯準會要如何掌控與抑制貨幣實驗的負作用，但不太成功。鮑爾二〇一三年提出警告，指由於聯準會的干預，槓桿貸款和其他債務資產的市場已經過熱。到了二〇一六年，企業債務成長二五%，來到八．五兆美元。這一點正證明了聯準會要在債務市場過熱情況更嚴重之前抽手，是極度困難的任務。

有一天晚上，鮑爾在華府參加社交場合，他遇見一個人，此人本來或許能給他一些深刻的見解，剖析聯準會的難題。在這次意外的巧遇中，鮑爾遇見了堪薩斯市分行的前任總裁霍尼格。就霍尼格後來的記憶所及，兩人客氣地聊了一下，但沒多談貨幣政策。兩人的對話很簡短。

霍尼格當時心裡也惦記著別的事。他從聯準會退休，之後回到華府，接下另一份公職。他受到吸引回鍋，在負責維繫美國銀行體系穩定的監理機構聯邦存款保險公司擔任副董事長。霍尼格警示量化寬鬆與零利率政策會導致嚴重的資源錯置，提高金融風險而且主要是讓擁有資產的富裕人士受惠，這已經是好幾年前的事了。如今，身為銀行監管機構負責人的霍尼格，站上了第一線近距離看著這些事發生。如果這些風險再度外溢影響一般大眾，他也要負責任幫忙清理損害。

第十一章　霍尼格法則（二〇一二～二〇一六）

霍尼格離開聯準會之後，並沒有過著輕鬆愜意的退休生活，反之，他受邀從堪薩斯市搬到華府，以便接下一份城裡最困難且沒人感激的工作。他要幫忙管理一個即便在債務與風險投資大增的環境下也要盡力確保金融體系穩定的政府機構。讓情況更糟的是，他帶著一份準備拆分大銀行的極詳盡計畫書來到華府。

事情要說回霍尼格還是堪薩斯分行總裁的時候。他接到一位參議院的人打來的電話，對方是共和黨的多數黨領袖密契．麥康諾（Mitch McConnell）的幕僚，他問霍尼格知不知道有誰可能有興趣擔任聯邦存款保險公司的主管，霍尼格說他會想一想。此人後來又來電，問霍尼格本人是否有意願。霍尼格回憶道：「我說，嗯，我總是有可能有興趣。」霍尼格常去華府，有一次，他就來到國會大廈，和麥康諾的幕僚針對一份官方的工作面談。霍尼格說他會接下這份工作，但他不會加入任何政黨。在聯準會工作幾十年之後，霍尼格希望留在獨立機構裡，不涉入政黨政治。麥康諾的幕僚接受了，於是霍尼格被提名，並獲得參議院通過任命。

聯邦存款保險公司看來非常適合霍尼格。此機構成立於大蕭條期間，整體的使命就是規範銀行與保護銀行系統。機構最知名的一點，就是保障一般人放在銀行帳戶裡的存款：如果銀行倒閉，聯邦存款保險公司會賠給把錢存在銀行裡的人，上限是二十五萬美元（二〇一六年時，美國家庭的總存款金額平均為四萬美元）。這個機構也查核銀行的帳簿，以確保銀行的錢足以支應債務。聯邦存款保險公司扮演中心要角，決定了美國銀行體系的型態與架構，從而決定了美國的整套社會系統。

霍尼格會接下這份工作，有部分原因是就算金融危機已經終結了這麼多年，關於美國的大型銀行，仍有迫切的問題要處理。全球金融危機造成的奇特副作用之一，是讓促成危機的銀行力量又更大了。二〇〇八年時大到不能倒的銀行，如今規模更大、更加不能倒。最大型銀行掌控美國資產的占比遠高於過去，聯邦政府看來是有意維持這樣。霍尼格講這事已經講了很多年。美國社區型的銀行數目少了幾千家，由一小群極大型銀行掌控的資產金額卻愈來愈高。此時的銀行業，比現代史上任何時候都集中。也就在這個時候，聯準會鼓勵這些銀行冒更大的風險。風險也散播到了「影子銀行」（shadow banking）系統裡，在這裡，避險基金和私募股權公司發揮像銀行一樣的功能，借出大筆資金。

每個人都知道霍尼格在這個問題上的立場是什麼，因此當他二〇一二年來到華府，也沒有人意外。他幾乎馬上就開始四處公開演講。他接受臨時性的邀約，去華府各地舉辦的高階銀行與監理規範大型研討會上發表意見。回首二〇〇六年，霍尼格曾去亞利桑納州土桑市參加一場年會，讓一群銀行家在他演講完之後震驚不已，只能沉默。他看來把這種事當成了一門手藝，在華盛頓也如法炮製。他在聯邦存款保險公司的演說時扣著一個大主題，他主張，要重塑銀行業，需要著眼於簡化而非複雜化。當他對一群監管銀行的監理人員演說時，霍尼格說他們應該撤銷經過多年協商才得出的極複雜規則（稱為〈巴塞爾資本協定Ⅲ〉〔Basel III accord〕）。當他對一群銀行業的遊說人士與新聞記者演說時，他對他們說應該要把銀行拆分開來，而不是靠著一部約八百五十頁長的新〈多德—法蘭克法案〉來規範與監督。

在二〇一二年的政治環境之下，別人覺得他的作法很激進，但霍尼格並非瘋了才這麼做。全美國最有權力之一的共和黨員選了他來做這份工作，而現任的民主黨總統歐巴馬也同意了他的選擇，在這整個過程中，霍尼格明確表達觀點，大家也都很清楚，他不只是主張要拆分大銀行，當他還是堪薩斯市分行總裁時，他還寫了一份詳細的藍圖說明該怎麼做。當霍尼格來到聯邦存款保險公司，他相信真的有機會改革了。霍尼格在聯邦存款保險公司裡是第二把交椅，他的頂頭上司是董事長馬丁．葛倫伯格（Martin Gruenberg），他長期以來都是民主黨的幕僚人員，對於限縮大型銀行的想法採開放態度。

然而，明顯的警訊很早就出現了。在確認霍尼格人事任命的聽證會上，一位共和黨的參議員鮑伯．寇爾克（Bob Corker）提到，光是提名霍尼格，就已經讓很多人開始緊張了。寇爾克支持任命霍尼格，但寇爾克說，他已經接到「某些大型機構」打來的電話，他們很清楚霍尼格之前對於大到不能倒的銀行有什麼看法。寇爾克說：「他們當中有些人很擔心。」

❖　❖　❖

霍尼格接到要求，要他在二〇一二年五月的參議院聽證會之前先提出他的拆分大銀行計畫。接到大銀行來電的寇爾克，對這份計畫很感興趣，他稱這是「霍尼格法則」。

就連保守人士都對霍尼格法則備感興趣，推波助瀾的理由是，二〇〇八年市場崩盤之後針對銀行規範定出一系列讓人不滿的妥協方案。銀行得以維持本來的樣貌，但要接受會改變銀行行為的新規範約束。大蕭條是最近一次堪與相比的銀行危機，但當時政府的作法卻成了鮮明的對比。羅斯福政府與國會通過一些法案，在重塑銀行的樣貌時限制了銀行的力量以及銀行可能導致的風險。歐巴馬政府的作法大不相同。沒錯，國會通過了一些銀行改革法案，甚至成立了新的監理機構消費者金融保護局（Consumer Financial Protection Bureau），產生實質的影響。但政府沒有重新建構銀行體系，而是選擇用新規定打造出一張超極嚴密的網，一層層疊在大型銀行上面，允許他們仍然很大，但用嚴加查核和大小事一把抓的管理方法來限制他們。就是這樣的體制，在美國催生出長達幾百頁的〈多德–法蘭克法案〉，國際上則有銀行體系協議〈巴塞爾資本協定Ⅲ〉。

霍尼格主張，這是一場註定要失敗的賽局。他說，規範銀行的規則要簡單、目的要清楚易懂，而且執行起來要直接了當。他說，應該像推行新政時那樣，把銀行拆開來。應該再一次用功能來劃分銀行，由商業銀行處理顧客的存款，其他銀行去做風險比較高的活動，比方說交易衍生性商品契約。這樣的區分方法，可以確保納稅人的錢僅需要擔保商業銀行裡的存款（這仍由聯邦存款保險公司擔保），不用把安全網擴大到持有存款且參與高風險投機活動的超大型銀行。霍尼格相信，把銀行拆開之後，他們只要靠著決定要留用多少資本應急的簡單規則，就可以生存下去。

霍尼格法則背後主要的概念是，把風險比較高的銀行業務從經濟面非常重要的業務（比方說承作企業貸款）中切出來，如果風險比較高的銀行賭了不該賭的局，大可讓他們倒閉，不至於拖垮系統裡的其他部分。替《財富》（*Fortune*）雜誌和《華盛頓郵報》（*The Washington Post*）撰文的專欄作家艾倫・史隆（Allan Sloan），在霍尼格的參議院聽證會之後發表了一篇廣為流傳的專欄，他說華爾街就需要霍尼格法則。史隆寫道：「這很簡單，也很明智，切開高風險和低風險的活動是很聰明的分法。」

在這些支持之下，霍尼格繼續鼓吹他的理念。二〇一二年九月，他受邀在華府高檔的財政俱樂部（Exchequer Club）演說，出席者有銀行界的遊說人士、監管銀行的監理人員以及財經媒體。這類場合中通常會有一些特殊的行事禮節，霍尼格尊重這一點，但只到某個程度為止。他的演說內容充滿了技術性的用語，以及出色的金融官員會用的平鋪直敘，但是他講出來的話還是很驚人，在高階財經演講活動上，很少會有人講這些。他一開始提到二〇〇九年與二〇一〇年的金融改革做得還不夠多，銀行體系對美國經濟而言仍是一大威脅，就算大部分的人以為銀行改革的時代已經是過去式，還是需要把整個體系拆開來。

要改革銀行，並不只是因為要維持金融穩定而已。霍尼格指出，要挽回人們對於銀行體系的信心，改革勢在必行。他說：「我們可以重新建立信任，我們可以把擔負責任這件事重新帶回體系裡，讓銀行業可以贏，而且其他人也不會輸。」即便是面對一群來自銀行業的人，霍尼格演講時還是講到霍尼格法則，他說這套法則的格局比單純的金融監管更大。他相信，霍尼格法則可穩定銀行，但他也主張，要達成的目標更宏大。要修復二〇〇八年市場崩盤留下來的深深傷痕，重新建構銀行體系是非常重要的一步，這樣可以修復霍尼格在堪薩斯市受邀對茶黨人演說時、或是他和老戰友麥基翁一起吃中餐時親眼見到的傷害。金融危機耗盡了美國人民對於自家監管機構的信心存量。如果無法找回這份信心，後果將是嚴重的動盪。「當我們拯救最大型的銀行之後，這些銀行還依然故我——規模更大、力量更強而且可以不顧市場紀律時，我們又如何能說服美國人民財政政策是公平的？」他在財政俱樂部演說時這麼問。

這番觀點獲得兩黨支持。對霍尼格的想法表達高度興趣的參議員，不只寇爾克一人。霍尼格多次和麻州的參議員伊莉莎白．華倫（Elizabeth Warren）共進午餐，這位民主黨參議員的整個事業，都建立在對華爾街施加更嚴格監管的基礎上。華倫發聲支持霍尼格的想法，俄亥俄州的民主黨參議員謝羅德・布朗（Sherrod Brown）也是。

霍尼格相信他的計畫行得通。他說：「當我拿出這套計畫，我想也許我可以說服大家這是一個選項。」但他很快就迎來完全相反的震撼教育。

❖　❖　❖

霍尼格在國會山莊四處奔走，拜訪任何願意在推動任何銀行改革上扮演重要角色的參議員。當霍尼格坐下來和某位參議員會談，談完剛要走出辦公室，就會看到知名的銀行業遊說人士在他之後走進來和同一位參議員碰面。霍尼格說：「我剛走出門，我認出他，他正要走進另一扇門。」他不意外。他知道銀行業的遊說人士也在四處奔走。「這是他們的權利，我沒有異議，我只是笑笑而已。」

國會山莊的銀行業遊說人士人數眾多，他們堅持不懈，忙碌敬業。他們有自己的智庫銀行政策研究院（Bank Policy Institute），做出優質的研究與白皮書以推動銀行家的觀點。這麼一來，要突破就很困難了。霍尼格回憶道：「就這樣啦。參議員的時間很有限，他們得要熬夜研究議題，諸如此類的。如果銀行業有十五位遊說人士，公眾利益團體有兩位，當監理機構提案緊縮（監管）標準時，哪一邊比較能呈現論點主張？」

霍尼格拜訪參議員，參議員禮貌微笑，銀行界的遊說人士馬上跟在他後面進門。他最後明白，霍尼格法則已經是空話，絕對不可能實現。二〇一〇年國會通過〈多德—法蘭克法案〉時已經選了路線；這套法案過去也是一場艱辛的政治對抗。霍尼格說道：「國會已經厭倦了處理這個議題，我完全理解。大家花了很多精神才訂出〈多德—法蘭克法案〉……他們已經決定要走這個方向，而不是（把銀行）拆開。」

〈多德—法蘭克法案〉極為複雜，連銀行也覺得麻煩，但對最大型的機構大有益處。這套法律衍生出約四百條新規定，每一條規定都要經過冗長的流程，才能由聯邦存款保險公司等機構拍板定案，每一次在法規監理上都會造成小小的困局，也因此，這一路上銀行有很多機會去爭辯規則中的每一個小細節。有一條規範衍生性商品的規定，引來一萬五千條公開批評。有些機構根本忙昏頭了，因此錯過實施法律的期限。到了二〇一三年，法律中真正有付諸實行的規定細則約僅三分之一。銀行業沒有停止遊說活動。在二〇一〇年到二〇一三年間，光以登記有案的遊說人士來說，銀行業在他們身上就花了約十五億美元，這還沒算到用來推動公開活動或智庫做研究的費用。

〈多德—法蘭克法案〉這套系統試著管理大型銀行內部的風險，同時又任由他們的規模愈來愈大。其中的重要作法之一，是透過所謂的「壓力測試」（stress test），這是歐巴馬的財政部長蓋特納大力推動的辦法。壓力測試會假裝銀行正面臨危機，然後要銀行提出書面解釋為何他們可以活下來。要通過壓力測試，銀行必須證明他們手邊有足夠的資本[1]，可以支應假設性危機中發生的虧損。但這種作法只是引發了許多爭論，去討論到底什麼才算資本，甚至是討論什麼情況才叫危機。這變成一場重點放在猜測性論點的沒完沒了談判，爭論著某項資產（例如CLO）在假設性的市況之下能保有多少價值。另一項比較少人知的作法，稱之為「生前遺囑」（living will），基本上這是一份由銀行編製的文件，證明他們就算真的倒閉了也不會把整個金融體制拖下水。他們必須證明銀行可以倒閉，不需要紓困。這後來也變成乏味冗長的談判，霍尼格也親自處理過。

二〇一三年，大銀行提交他們動輒幾千頁的生前遺囑，送到聯邦存款保險公司和聯準會。霍尼格和聯邦存款保險公司裡的其他員工，一點也不覺得有用。銀行在生前遺囑裡講出了一個故事，但完全無法讓人信服。霍尼格主張退回叫銀行重寫，補上更多細節，明確說明為何他們可以倒閉，不需要政府拯救。規範監理機構給銀行更多時間做這件事，流程一拖就是幾年。銀行又送上新的生前遺囑，二〇一四年八月時，這些文件又被退回。二〇一五年七月，銀行再度送出計畫。二〇一六年四月，這些生前遺囑再一次被退。事情就這樣循環下去。

華爾街的交易員對生前遺囑毫無信心。在這個圈子裡，大家都毫不掩飾認為生前遺囑不過是政治戲碼而已。聯邦存款保險公司的董事長是民主黨的葛倫伯格，他二〇一二年時推動一項公開活動，想說服人們聯邦存款保險公司真的會放手讓銀行倒閉，結果沒有人相信他。波士頓大學（Boston University）財經法律與政策中心（Center for Finance, Law & Policy）主任柯內流斯・赫利（Cornelius Hurley）被問到這項活動的成功機會有多大時，他對《美國銀行家》（*American Banker*）雜誌說：「市場相信，下一次危機時還是會出手相救（大到不能倒的銀行），就像前一次那樣。」

❖　❖　❖

銀行費盡心力要讓監理機關接受他們的生前遺囑，是有原因的。如果文件被退，聯邦存款保險公司會要求銀行去做他們多年來不願意做的事：挪出更多資本以支應危機期間會發生的損失。

當霍尼格理解不可能把大銀行拆開時，他就開始把注意力轉向這個議題。如果大型銀行愈來愈大，監理單位至少可以要求他們挪出足夠的資金備用，可以在經濟走下坡時挺過鉅額損失。通過〈巴塞爾資本協定Ⅲ〉本應可以解決這個問題，這是一套國際性的銀行規範協議，以瑞士的一座城市定名。一如〈多德－法蘭克法案〉，〈巴塞爾資本協定Ⅲ〉想要利用複雜的規定，在無須拆分或重組銀行的前提下讓銀行變得更安全一點。〈巴塞爾資本協定Ⅲ〉的辦法是制定一套會計系

1　具體而言，銀行必須握有足量監理機關規定的「所有權資本基金」（ownership capital funding），這指的是業主或股東提供的資本，對銀行來說是長期性的資本，可用於吸收虧損。貸款不屬於這類資本，因為貸款必須清償。

統，銀行必須根據這套系統提報他們手邊有多少硬性資本（hard capital），並拿來和他們帳上的資產做比較。銀行必須證明他們有適量的資本存量，可以緩解經濟走跌資產價值崩盤造成的衝擊。這聽起來很單純，但〈巴塞爾資本協定〉讓銀行使用「風險加權」的公式來評估資產價值，利用這套公式，銀行很可能會說他們根本不需要為了手上的希臘等國政府債務持有任何資本，因為政府債務被當成很安全的資產。霍尼格認為，就是這樣的判斷使得〈巴塞爾資本協定〉無效，也使得銀行系統看起來很安全、但實際上並不然。

霍尼格說：「以風險為基礎的資本衡量指標非常複雜，**非常**複雜，根本無人能理解。就連企業本身、或至少是這些企業的執行長，通常也不懂裡面有哪些組成因子。這些指標會給你一種不真實的安全感。」

霍尼格試著用非常公開的方法來破解〈巴塞爾資本協定〉的複雜性，他編製了一套全球資本指數（Global Capital Index），交由聯邦存款保險公司定期發布。美其名叫指數，其實就是一份試算表，但這份表格說出的故事很嚇人。其中一列數值列出各家銀行根據〈巴塞爾資本協定Ⅲ〉持有的資本金額，通常，這些數值會讓人看了很安心。以摩根大通銀行為例，二〇一三年時銀行提報〈巴塞爾資本協定Ⅲ〉下的資本比率非常亮眼，高達一一．九四％。但霍尼格的試算表再進一步，列出如果以傳統使用的指標槓桿率（leverage ratio）、而不是〈巴塞爾資本協定〉的風險加權指標來看，各家銀行有多少資本。在這個標準下，摩根大通銀行的緩衝資本僅有六．二二％；如果用國際會計準則來算，數值更低，資本緩衝僅有四．二二%。

霍尼格把全球資本指數當成長期刺激機制，提醒大家銀行手邊可能沒有足夠的資本，因而難以應付下一次的經濟嚴重下跌。當霍尼格主張要提高資本適足的要求時，很多具影響力的盟友也加入他的陣線，例如共和黨籍的聯邦存款保險公司前任董事長席拉．貝兒（Sheila Bair）。有點讓人意外的是，霍尼格和貝兒在這場辯證中成為贏的這一方。美國自行訂出了資本適足規定，比〈巴塞爾資本協定Ⅲ〉的標準更嚴格。

到了二〇一六年，霍尼格仍認為美國銀行體系很脆弱，很容易倒閉，一定會需要更多的紓困。霍尼格相信，銀行需要的資本緩衝，大約是總資產的一〇%。他用「有形資本」（tangible capital）這個指標來計算銀行的準備金，這是銀行可以用來支應虧損的硬性資本。在銀行危機之前，二〇〇七年銀行的有形資本約為總資產的三%，到了二〇一六年，由於美國的標準更加嚴格，因此把這個比率推高到約五．五%，成長的幅度很大，也讓美國銀行比起套用〈巴塞爾資本協定〉較寬鬆標準的歐洲銀行更安全。霍尼格仍憂心忡忡，因為他知道二〇〇八年崩盤時很多銀行的虧損超過五%。銀行還不到把資本虧光時就需要紓困。就算一家銀行僅虧損三%，投資人很可能質疑這家銀行還要虧多少，很可能最後還是倒了，這時他們就會抽走自己的錢，從而引發恐慌。霍尼格花很多時間辯證這個議題，寫信給參議員並主張留用準備金不會像很多人說的讓銀行跛腳，反而會讓銀行更強健。

這類抗爭定義了霍尼格擔任聯邦存款保險公司副董事長的職涯。他主張，一定要限制銀行的範疇並規範他們承擔的風險。很多人讚賞霍尼格，左派人士如華倫參議員，右派的則有《華爾街日報》的編輯專欄，但他的觀點從未在華府累積出多少力量。

霍尼格全力奮戰時，還得對抗有人扯後腿。聯邦存款保險公司努力抑制銀行，聯準會則往相反的方向推。

從二〇〇七年到二〇一七年，聯準會的資產負債表膨脹接近五倍，這表示，聯準會在這段期間印的錢，比成立以來的前一百年間多了五倍。這些錢都被丟進零利率世界裡，在這裡，想把錢存起來的人會受到懲罰。量化寬鬆如潮水一般釋出了三．五兆美元資金，不可能追蹤每一塊錢的流向。這些錢很可能像注入游泳池的水滴，馬上就和大池中的水融為一體。但，我們可以衡量池水的水位。比方說，麥肯錫全球研究院（McKinsey Global Institute）就判斷，光是從二〇〇七年到二〇一二年，聯準會把更多資金推進公司債市場裡，這樣的政策就相當於給了企業債務人三千一百億美元的補助。同一期間，想要存錢的家庭則因為利率下跌而少賺了利息，因此受罰的金額約為三千六百億美元。退休基金和保險公司在這段期間損失約兩千七百億美元，而，這段期間不過只是零利率政策時代的開端。

流出的錢進入了經濟體系裡，迫使所有大型金融機構尋求收益。很多華爾街的交易員清楚看出發生了什麼事，他們為此還取了一個渾名，叫「無處不泡沫」（everything bubble）。

聯準會的政策讓很多人大力尋求收益，以至於在各處都造成了風險。

尋求收益促使資金流進公司債和股市

到了二〇一八年底，美國的ＣＬＯ市場規模已經來到約六千億美元，比十年前成長了一倍，美國的銀行約持有其中的一千一百億。銀行相信他們的投資超安全，因為他們只買評等達ＡＡＡ級的最安全債券。市場對公司債的需求很高，因此壓低價格，也引得愈來愈多企業借錢。銀行需要貸放，因此減少了該套用的審查標準。可想而知，很多借錢的企業在預估他們能賺多少錢時，都樂觀過了頭。根據評等機構標準普爾之後所做的調查，在二〇一六年新承作的企業貸款中，有整整九成都沒有達成獲利目標。企業原本估計，他們的債務僅約為獲利（尚未扣除利息與其他成本）的三倍，但後來發現是六倍。大家對企業假設中的樂觀視而不見，資金還是要有地方去。

在設計與推動量化寬鬆時有一個具體目標，那就是要拉高股市的價格。計畫收效了。在二〇一〇年後的十年間，雖然美國整體經濟成長疲弱，整體薪資停滯不前，還有各種聯準會援例來證明自己應出手干預的國際金融問題，但股市仍穩定上漲。從二〇一〇年到二〇一六年，道瓊工業指數上漲了七七％。一位避險基金的交易員（這些人多半譏諷成性）說，二〇一六年泡沫般的股市就像是鐵達尼號沉沒時擁擠的甲板。甲板不擠的時候是一個好去處，甲板很擠的時候是因為大家沒有別的地方好去。

尋求收益促使資金流進石油業

資金要找到可投資的資產，在德州與北達科塔州新開發的油田，就是會從地上源源不絕噴出的資產。新的鑽油技術水力壓裂、或簡稱壓裂，為能源業開拓了狂野的新疆界。很多企業家向華爾街推銷他們的壓裂夢，說詞中蘊藏的樂觀之情可以說是無窮無盡。錢變成了廉價的企業負債，湧進了壓裂的國度。有人估計，從二〇〇五年到二〇一五年，石油業的債務成長三倍，增至兩千億美元。光是二〇一七年，壓裂業就借了六百億美元。

在這樣的時代裡，主題中看不到查核與質疑。壓裂業者提出的貸款理由論述非常樂觀，到了妄想的地步。這份樂觀的核心是每口油井可以產出多少油，回過頭來，這又可以決定他們多快可以清償貸款。《華爾街日報》做了一份深入調查，指出在二〇一四年到二〇一八年，由德州和北達科他州一流壓裂公司做出來的產油量預估值有三分之二都高估了，他們承諾的產油量比最終的產出多很多。平均來說，估計值高了一〇%。

就算不是鑑識會計人員也看得出來這些問題。壓裂業者虧了很多錢，而且虧得很明白。從二〇一二年中到二〇一七年中，最大型的壓裂探勘與與生產公司的總現金流量，每一季平均為負九十億美元。但還是有資金化成公司債和槓桿貸款，流進這些公司。阿瑞斯資本公司（Ares Capital）是一家新型商業開發公司，組合並銷售垃圾級公司債，並替石油帶（oil belt）上的企業安排貸款。這些借到錢的公司，多是名不見經傳而且財務狀況不佳、傳統銀行避之唯恐不及的公司。他們借了幾百萬美元，適用利率約為一〇%或一一%。

華爾街的投資人借錢給壓裂廠商，不是因為他們很笨或是他們真心相信廠商對於未來產量的承諾，他們會投資，是因為聯準會迫使他們投資。整個美國，鑽了幾千座的油井。

尋求收益促使資金流進商用房地產

二〇一三年，債券分析師約翰．佛林（John Flynn）正準備面對房貸違約潮，他把這個預告大災難的時刻稱為「到期牆」(Wall of Maturities)。他口中的牆，是指二〇〇六年房地產泡沫期間承作的幾十億美元商用不動產債券設定的到期日。對商用不動產業來說這是算總帳的時刻，對根本沒有務實的方法可償還貸款，仍借錢蓋購物中心、辦公園區和工廠的不負責任開發商來說，則是死期到了。這些債務被打包起來，變成商用不動產抵押貸款證券（Commercial Mortgage-Backed Security，簡稱CMBS）賣出。佛林大部分的職場生涯都圍著商用不動產抵押貸款證券打轉，他曾經負責創造並銷售這類證券，他也曾替一家評等公司決定這些債券的評等，最後他自己開了一間公司，為投資人提供這方面的建議。正因如此，他很清楚到期牆這回事。從二〇〇五到二〇〇八年，市場上以非常可怕的承銷標準創造出幾十億美元的不動產抵押貸款證券。這很像房貸泡沫，差別在於還沒有爆開來。這個問題會不斷出現，因為這些債券即將在二〇一四到二〇一六年間陸續到期，屆時必須要不就得清償，要不就得延展。

但怪事發生了：因為市場上完全沒有動靜，沒有撞牆的問題，沒有血流成河，只有一小部分的商用不動產抵押貸款證券違約。佛林很驚愕：「市場上不是只有我預期會有到期牆的問題，對吧？我知道有很多公司聘用了四十位員工來處理到期違約的……殺戮戰場，結果並沒有出現這種情況。」

這讓佛林很煩心。他知道商用不動產抵押貸款證券的標的貸款狀況很糟糕，而且不只有這些貸款會違約的問題，債權人還把貸款打包成新批次的商用不動產抵押貸款證券債券，然後賣出去。佛林到他兄弟位在明尼蘇達的度假小屋，靜下心來做研究，不讓人打擾。他下載了大量的商用不動產抵押貸款證券的公開說明書，說明書中會講到證券裡面有哪些貸款。他詳讀債務人的財務相關資訊，包括哪一棟辦公大樓裡有多少單位已經租出去了。把這些內容加總起來，就可以衡量標的的商用不動產的獲利能力。

之後，佛林檢視另一個資料庫，這裡追蹤商業不動產實際現金流量，而且回溯很多年。他下載資料，拿來和商用不動產抵押貸款證券公開說明書裡的資料相比。這些資料對使用者來說很不好用。佛林說：「就是因為這樣，我為了得出需要的資料死了很多腦細胞。我一直在剪下、貼上然後放到新的試算表裡，和那些……公開說明書裡的資訊結合起來。」最後，他順利建立一個資料庫，比較商用不動產實際上的獲利能力和銀行在商用不動產抵押貸款證券公開說明書裡宣傳的獲利能力。

他說：「我的下巴都掉下來了。」數字被灌水了。銀行提報的商用不動產抵押貸款證券裡的貸款利潤，一直都比佛林從獨立資料庫裡得出的數字高很多。獲利數值有些膨脹了三〇%，有些甚至達到六五%，不同的商用不動產抵押貸款證券的情況不同。除了存心欺騙之外，佛林想不出其他理由來解釋這樣的虛報。他聯絡律師，花了好幾個月整理自己的資料，然後在二〇一九年以吹哨者的身分向證交會提出告發，指控十四家大型貸款債權人刻意捏造數字，讓貸款看起來比實際上健全。後來德州大學（University of Texas）兩位研究人員也支持佛林的結論。這兩位研究從二〇一三年到二〇一九年發起的四萬件商用不動產貸款，總價值六千五百億美元，在這些貸款中，有三分之一案件的收益數字都高報了五%，甚至更高。這表示，這些不動產賺到的錢並不像貸款債權人講得這麼多，就連經濟景氣很好時也一樣。如果經濟停滯不前，這些不動產就更容易下挫。

二〇一八年發行的商用不動產抵押貸款證券約七百六十億美元，二〇一九年又發行了九百七十六億美元，到了二〇二〇年，商用不動產抵押貸款證券市場估計約為一・四兆美元。

如果佛林是對的，那麼，銀行就是故意騙人，拉高藏在商用不動產抵押貸款證券公開說明書裡的收益數值，但問題比銀行不誠實更嚴重。這件事凸顯出來的問題，同樣也出現在壓裂業的債券與企業債務上面。投資人急切地尋求收益，因此根本不想問問題。投資人會這麼急切，是因為聯準會逼得他們這麼急。

佛林說：「這是在聯準會壓低利率時就會出現的自我延續循環，擔保票據就算只有小小的收益，投資人也必須吞下去。不管標的細節是什麼，他們都要吞下去。事實上，他們大有理由不去看內容，因為他們根本不想知道裡面有什麼。」

尋求收益促使資金流進開發中國家政府公債

當麥肯錫全球研究院試著追蹤量化寬鬆創造出來的資金流向時，發現有幾十億美元都流進了開發中國家，例如墨西哥、波蘭和土耳其。一般認為這些國家的信用風險比美國高，因此他們必須支付較高的利息才能吸引債權人拿錢出來。土耳其在二〇〇九到二〇一二年間發行債券借了很多錢，比從二〇〇五到二〇〇八年間多了六倍。土耳其總統雷傑普・塔伊普・艾爾段（Recep Tayyip Erdogan）用借來的錢大興土木，以鞏固自己的權力，並在二〇一八年前將經濟年成長率推高到七％。這些借來的錢，拿來在首都伊斯坦堡（Istanbul）蓋起了新的購物商場，而且就在舊的商場旁邊。新的公寓、新的橋梁和新的藍寶石（Sapphire）摩天大樓，紛紛出現。營造業的包商利用以外幣計價的債券，借了將近五百六十億美元的資金。

就算購物商場空空蕩蕩沒人逛，還是蓋了起來。借來的錢創造出新的工作。但借錢使得像土耳其這樣的國家很容易因為債券市場的風吹草動而受到影響。二〇一三年柏南克說聯準會可能會讓量化寬鬆方案退場，市場馬上跟著調整，投資人開始拋售風險比較高的政府債務。在接下來的三個月，賣出的土耳其債券大約有四十二億美元，逃離波蘭的資金則有約二十四億美元。當外資拋售債券，會使得這些國家的貨幣貶值，對國家造成傷害。在二〇一三年的退場恐慌期間，土耳其、巴西、墨西哥和波蘭的貨幣貶值約四％到五％。當然，影響匯率的因素很多（土耳其和巴西的貨幣在之前就已經開始貶值了），但這和聯準會的政策有關，這一點絕對錯不了。當聯準會扭轉路線，改口說不會退場之後，土耳其里拉（lira）和墨西哥披索（peso）應聲跳漲二％。對開發中國家債券的需求轉強了，借貸活動又回來了。

最後，全球各國央行進一步推動尋求收益，顛倒了收益的概念

零利率時代發展出最奇特的怪物，可能要算是負利率債券（negative interest rate bond）了。

「**負利率**」一詞是一種矛盾的說法，這表示，投資人要**付錢**給債務人，只為求有榮幸把錢借出去。

在金融危機之後，歐洲率先展開發行負利率債務的實驗。基本上，在約二〇一二年之前，全世界沒有任何負利率的債務。第一批附帶懲罰性負利率的債券，是一種緊急措施。某些國家，比方說瑞典，每一年小心翼翼地進入要花錢才能擁有債券的世界。一開始，瑞典收取的負利息並不高，二〇一五年，瑞典央行（Riksbank）把利率調低至負〇．一%，其他國家起而效尤，比方說德國和丹麥，甚至連歐洲央行也跟上了。

背後的概念是，負利率和量化寬鬆有異曲同工之效。歐洲各國的央行不鼓勵投資人追求高風險的收益，而是改成懲罰存錢的投資人（這裡的投資人是金融用語）。原本預期負利率債券可以很快產生效果，然後就消失，但極怪異的事情發生了，投資人開始排隊購買這些債券。到了二〇一九年，負利率債券在全球債務中占了二九%，由國家銷售的負利率債券約有七兆美元。

債券市場常被當成股市的老大哥，比較清醒理智，在二〇一六年，這個比較理智成熟的市場發出了紅色警示閃燈，指出有些事不太正常。債券投資人急著替手上的現金找一個安全的避風港，因此他們願意支付一點手續費，請德國與丹麥這些政府幫忙看著。《紐約時報》二〇一六年時報導了負利率債券，報社專訪了嘉信理財集團（Charles Schwab）的首席策略專家凱西．瓊斯（Kathy A. Jones）。瓊斯對報社說：「全都顛倒了，負利率這種事，光用想的都很困難。我們的金融體系，是以另一種方式、也就是正利率打造出來的。這種事真是讓人吃驚。」

❖
❖
❖

這些就是當霍尼格因為生前遺囑、壓力測試與資本準備等議題陷入冗長爭議時發生的事。霍尼格在聯邦存款保險公司總部的辦公室很寬敞，裝潢很簡樸，傍晚時能沉浸在晚霞中。辦公室裡有一張很大的木質辦公桌讓他工作，旁邊則是寬敞的接待區，放了幾把椅子供訪客歇息。二〇一六年八月，霍尼格想了很多也很樂觀，但他很清楚自己在華府待了這四年能做的事有哪些限制，沒有半點錯覺。在這些抗爭與嘗試改革之後，金融體系仍然極為脆弱，無法化解重大衝擊，銀行仍然大到不能倒。如今聯準會已經重塑金融市場的面貌，又如何能撒手不管？這個世界已經自行重組，一切都難以勾銷了。霍尼格說：「想一想，零利率的時間基本上已經持續七年了，這七年來經濟體系怎麼了？這套市場系統發展出新的均衡，而且是以零利率為核心。

「整套金融體系，都以零利率為核心，不只是美國，全世界都一樣。規模很大。現在，想一想要轉移到高利率新均衡要經歷的調整過程。你認為不用付出代價嗎？你以為沒有人會受害嗎？你以為不會再出現輸家和贏家嗎？不可能。你帶領了經濟和經濟體系，導引整套系統走向人為的低利率。你讓人們在這樣的基礎上做投資，人們在這個基礎上做的**不是**投資，而是在新的活動裡投機，人們據此從事衍生性商品投機交易，然後現在你說你要調回來？

「嗯，祝你好運。這不可能不用付出代價。」

第十二章　完全正常（二〇一四～二〇一九）

鮑爾擔任聯準會理事時，大部分時候聯準會都很努力要讓局面再度恢復正常，至少從二〇一〇年初起，就斷斷續續推動相關的作為。當時，聯邦公開市場委員會的委員相信，聯準會非比尋常的干預手段只是暫時性的，他們針對逆轉零利率政策與量化寬鬆方案發明了一個詞：「正常化」（normalization）。至少早在二〇一〇年一月，聯準會就開始爭論要如何正常化。他們提出有力的論證，主張應該在二〇一五年之前完成正常化的過程，這意味著聯準會此前就要賣光透過量化寬鬆買進的資產，基本上這會耗掉從銀行體系流出來的所有超額現金準備。這種事從未發生，反之，銀行決定重新解釋正常的定義。

辯論剛開始時，鮑爾的立場和霍尼格相當接近，兩人都主張，以帶動美國經濟成長而言，聯準會是效能非常低的引擎。霍尼格的批評出自於他過去幾十年在聯準會任職的經驗，鮑爾的批評出自於他過去幾十年在私募股權業的經驗，而且他用上了紮實的數據以及訪談業界熟人的資訊，因此他對量化寬鬆的評論很具體，也很具警惕性。兩人都對聯準會的做法提出警告，指聯準會在追逐勞動市場的小利時帶動了資產泡沫。但鮑爾和霍尼格之間的相似之處就到此為止了。鮑爾儘管批評，但從未投出反對票。而且，不同於霍尼格的是，鮑爾開始放軟批評，到最後，他擁抱了他在公開市場委員會閉門會議中批評過的政策。也就在這時，鮑爾開始成為明日之星。

鮑爾在聯準會愈來愈有影響力，早在二〇一四年一月二十八日時就顯而易見，當時公開市場委員會委員齊聚華府，參加柏南克以聯準會主席身分主持的最後一場會議。柏南克在好聚好散之下離開聯準會，他對國家的付出被比擬為上戰場打仗，他最為人所知的，是二〇〇八年時在他監督之下的大規模紓困和救援配套方案。柏南克最後一次主持會議時，眾人以不歇的掌聲為他開場。當柏南克手下的副主席杜德利說：「我們在想，這幾個小時是不是只要拍手就好了。」此話引來委員一陣笑聲，掌聲停息。

接下來精心策畫的盛況，宛如皇家典禮。就在這時，聯準會理事史泰因提名葉倫成為主席，月底柏南克離職之後就接手聯準會。此舉只是儀式而已；美國眾議院當月初已經通過葉倫的任命案，但聯準會內部的流程還是要有正式投票這一關。

「我想提名珍奈特．葉倫。」史泰因說。

「有人附議嗎？」理事丹尼爾．塔魯洛（Daniel Tarullo）問。

最後正式確認由葉倫接任主席的，是鮑爾。

「我附議。」鮑爾說。葉倫的任命通過了。

葉倫擔任聯準會主席，從很多方面來說都值得記一筆。她是聯準會第一位女性主席，而且幾乎所有同事都尊敬她。她的聰明才智明顯可見，她具備作戰能力，可以快速吸收每一場會議一開始時聯準會經濟學家傳達的複雜資訊，也非常了解聯準會、美國財政部和白宮。但葉倫的任期也面臨多重限制。她擔任聯準會主席的時間僅有四年，而且她要花很多時間收起她在柏南克時代支持過的非常態干預措施。

葉倫上任第一年，公開市場委員會就一個中心問題展開辯論：聯準會是否應該試著走向正常化？失業率正在下跌，經濟成長雖然緩慢，但也呈現漲勢，那麼，何不繼續無限期印鈔票呢？甚至，何不擴大量化寬鬆制度，並承諾無限期將利率壓在零值？聯準會可以憑空變出資金，看起來無害，而且不用花成本。

很多經濟學家主張聯準會根本不應該推動正常化時，會引用一項很重要且極有說服力的理由，那就是物價通膨幾乎不見蹤影，這一點非常神奇。聯準會保守派的批評者不斷警告會出現物價通膨，這是有理由的，因為過去一向如此。挹注更多資金會讓貨幣價值下跌，導致價格上漲，但零利率政策最明顯的特徵不是通貨膨脹，而是讓人意外又害怕的怪物：**通貨緊縮**（deflation）。通貨緊縮是價格持續下跌的狀態，對任何經濟體來說，都是一種讓人窒息的死亡螺旋。當人民知道未來價格會下跌，現在不會買東西；當企業知道無法賣得好價錢，他們就不製造。通縮的陰影正在籠罩各處。聯準會把更多資金倒入全世界的經濟池裡，但沒人知道為何池底有一個通縮漏洞，導致所有資金都流掉，沒有引發價格上漲。最感到訝異的莫過於聯準會了。三年來，聯準會在預測通貨膨脹會高到什麼程度時，一直都高估了。

專家紛紛出來解決這個問題，思索到底背後的原因是什麼。即便到了二〇二〇年，還是沒有人真的確定為什麼。名聲響亮的布魯金斯研究院（Brookings Institution）當年針對這個主題舉辦了一場一整天的研討會，葉倫以及多位一流的經濟學家均出席，當天討論最後的結論很可能還是：**天知道**。全球化或許有點關聯，願意在薪資下跌的條件下工作的勞工變多了，他們製造出廉價的商品，也存下更多錢。聯準會過去的成功可能也有作用，過去聯準會一直把未來的通貨膨脹預期壓得很低，安撫了銀行家，回過頭來，也真的把通貨膨脹給壓了下來。從聯準會的觀點來說，這種現象有一個重點，沒有出現物價通膨，就可假裝成資產價格真的大幅飆漲。只要物價不上漲，聯準會就手握許可證，繼續印更多鈔票積極干預，進一步帶動資產價格。

二〇一四年，鮑爾下定決心要特意凸顯出聯準會行動的代價。他和公開市場委員會裡的委員一樣，都在敦促聯準會走向正常化。六月，公開市場委員會的委員開會討論，他提出了明確的正常化論點。

鮑爾一開始就說：「歷經幾乎長達六年的高寬鬆政策之後，風險已經出現，而且還繼續在累積。」他說他不擔心會出現二〇〇八年大銀行倒閉時那樣的「系統核心熔毀」，他相信，銀行準備的資本以及受到的規範都比過去好很多，他比較擔心的是可能發生「劇烈的修正，並因為市場的流動性搭配不當（liquidity mismatch）而更加嚴重，很可能會傷害仍然脆弱的經濟發展過程或讓其暫停。」他說，很多交易員和避險基金都利用大量的債務累積出風險性極高的部位，如果（因為高漲的資產價格開始反映真實價值，因而導致）市場下跌，那麼，這些避險基金就會開始賣掉所有能賣的資產，以清償債務。然而，在這種情況下，不會有太多人出手買進太多資產，這也就是經濟學家所說的「流動性搭配不當」。聯準會正在替另一次的市場崩盤鋪路，零利率政策與量化寬鬆每多拖一個月，崩盤的機率很可能就更大一點。

如果這個理由還不足以讓聯準會收手，另外一個理由也同樣重大：將利率壓在零值，讓銀行體系充斥著現金，如果經濟開始陷入衰退，聯準會自己就沒有什麼調度空間了。

他的演說很值得注意，因為內容清楚透徹，但也還有另一個理由讓我們該去注意。這顯然是鮑爾在公開市場委員會會議中最後一次發表這樣的演說，沒多久之後，他的態度為之丕變。

❖　❖　❖

鮑爾發出警示後約過了七個月，他在華府的天主教大學（Catholic University）演說，意在讓批評聯準會的人化干戈為玉帛。二〇一五年二月，當他發表演說時，保守派與極右翼反對聯準會的聲浪愈來愈高。引領這次運動的是自由派人士，比方說前國會議員與總統候選人榮恩．保羅

（Ron Paul）。保羅推動一項稽核聯準會運動，讓大眾有機會更能詳加查核與管理美國的央行聯準會。長期以來對惡性通膨和貨幣貶值的恐懼，激發了很多人追隨保羅。

鮑爾說，愈來愈多人大肆批評聯準會，但他們都被誤導了。他說：「事實上，聯準會的行動高效、必要、適當，且非常契合聯準會與其他央行應扮演的傳統角色。」換言之，聯準會的所作所為完全正常。

在這場演說中，他特別跳出來，捍衛自他成為聯準會理事以來在內部一直提出警示的政策。他說，像量化寬鬆等「非傳統政策」，大致上帶動了美國經濟成長，後來也證明批評這些方案的人錯了。鮑爾說：「我二〇一二年五月加入聯邦準備理事會之後，也對於買進更多資產的成效和風險表達過疑慮，但我們就讓數據說話，到目前為止的證據清楚指出政策的效益很大，而且沒有實質風險。」

鮑爾沒有提到，他前一年六月時警示的量化寬鬆風險不僅已經出現，而且還愈來愈嚴重，很可能導致企業違約與金融市場崩盤。過去在辯論時和他同一條陣線的公開市場委員會同事注意到他的轉變。達拉斯分行總裁費雪說：「這是一大改變，我認為很值得注意。」費雪過去多年一直表達對量化寬鬆的疑慮，他相信，鮑爾的支持扮演重要角色，讓這些疑慮更具份量。鮑爾很重要，因為他的辦公室就和葉倫在同一條走廊上。費雪說：「他重要，因為他是理事。」

費雪不知道從六月到二月這段期間有任何研究或新的數據可以提供佐證，能扭轉鮑爾對於量化寬鬆或零利率政策的判斷。費雪說：「二〇一五年沒有任何事指向應該或有必要放鬆之前的主張。」他相信，比較有可能的，是身為聯準會理事的身分造成了影響，「這樣的轉變，很可能是因為在這裡待得愈久，身邊都是聰明的幕僚，各個都有學術上的立場與偏向，你身處於一個封閉的環境裡，在那條走廊上的環境很不一樣，你會比較順服。我不認為這當中有什麼邪惡之處，我想這只是一種社交動態。」

在閉門會議上，鮑爾繼續對量化寬鬆的成效發出質疑。「我認為我們一直把購買資產當成是一種次佳的工具，」他在二〇一五年九月的公開市場委員會會議上說，「我認為從一開始我們就是這樣講了。我們不確定效果如何，不確定會有哪些副作用，當然也不確定在政治經濟上會出現哪些特徵。」但檢視他曾經說過的話（紀錄僅到二〇一五年年底），指向鮑爾此時的主張和警示都在放軟。他的用詞不再生動鮮明，也比較少聚焦在「大型且動盪的」市場崩盤上了。

鮑爾逐漸收斂辯才時，聯準會開始採取實質的行動以因應他之前警示的風險。葉倫推動升息計畫，也停止了量化寬鬆，她很實際地推動了正常化。

❖ ❖ ❖

二〇一五年十二月，聯準會七年以來首次升息，意思意思小漲一點，將利率從本來的零值調整為〇・二五％到〇・五％的區間[1]。零限的日子看來終於要過去了，但事情沒有這麼快結束。公開市場委員會的委員相信，他們會一路升息，到二〇一六年底時來到一・三七五％，但到最後其實只漲到〇・五％。

聯準會在結束量化寬鬆這件事上的運氣好一點。聯準會二〇一四年底停止購買債券，但並未如某些人的期望，扭轉量化寬鬆。華爾街主要交易商的金庫裡還放著二・四兆美元的超額準備，聯準會也還持有四・五兆美元透過量化寬鬆買來的債券。華爾街有滿坑滿谷的現金，就等於利率永遠都會這麼低。如果聯準會真心想要緊縮貨幣供給，緩解尋求收益的壓力，那就要開始拿走這些資金。

聯準會正常化的行動慢如牛步，部分理由是因為這項工作工程浩大。如今的銀行超額準備比二〇〇八年時多了一千三百五十倍，聯準會的資產負債表規模達四・五兆美元，比二〇〇七年高了快五倍，利率定在零值已經將近七年。當聯準會設法扭轉這些改變時，秉持的指導原則是要審慎小心。

二〇一六年川普當選總統，此時的美國整體社會並未謹慎行事。此一突發的意外事件，終結

1　公開市場委員會自二〇〇六年六月之後就沒有再升過息了，自二〇〇八年底以來，前七年的時間利率都沒有調高到突破零限。

了葉倫在聯準會的任期。

川普的主要訴求之一，是他會努力裁撤美國任何左派的財政政策機構。他動手解散環境保護局（EPA），通過後來簡直變成財政危機的減稅方案，並擴大聯邦政府的年度赤字，連在經濟正在成長時赤字規模都達到一兆美元。

川普對於多數政府機構的敵意明顯可見，但他對聯準會的態度倒沒這麼鮮明。在二〇一六年的競選活動中，川普表達了奇特且挑釁的評論，讓人聽起來覺得他會支持聯準會的正常化作為。和柯林頓辯論時，他回應一段說到中產階級很辛苦的評論，答案聽起來像是不當推論。他開始大罵聯準會，還講到資產泡沫。川普說：「聽好了，我們遭遇的是大蕭條以來最差的經濟復甦，相信我，我們現在都在泡沫裡。看起來，只有股市還不錯。但如果升息，就算升一點點，股市就會應聲下挫。我們正在一個又大又肥又醜的泡沫裡……我們有從事政治操作的聯準會……聯準會把利率維持在這個水準，就是政治操作。當他們升息，你將會看到一些很糟糕的狀況就此出現。」

這番話在選舉中並沒有引發任何力道，川普之後也沒怎麼再提到聯準會了。但當選總統之後，他有個機會把自己的影響力烙在美國的央行上面。葉倫的聯準會主席任期將於二〇一八年初期滿，葉倫期滿之日將屆時，川普和一群人面談，考慮要提名誰成為下一任聯準會主席，其中包括葉倫本人。川普和葉倫會面之後，說他很佩服她。

沒什麼人覺得鮑爾是聯準會主席的熱門人選。當金融業交易員和銀行界分析師在打賭誰會成為下一任主席時，大家都認為鮑爾沒什麼機會，但川普的財政部長史蒂芬・梅努欽（Steven Mnuchin）改變了勝率。梅努欽來自投資銀行與避險基金界，過去的經歷讓他非常清楚鮑爾之前在凱雷集團做了什麼。梅努欽直接向川普推薦鮑爾，面談時川普也對鮑爾大表佩服。川普政府內部有一種看法，認為講到貨幣政策，鮑爾和葉倫提倡的其實是同一套，天平倒向鮑爾的關鍵，是他對規範銀行的態度。他們認為他比較貼近川普政府；川普政府正努力刪減一些歐巴馬時代加諸的規範。川普提名鮑爾，參議院很快確認了這項人事案。

選鮑爾被視為打安全牌，也代表支持聯準會繼續行動。他不是異議分子，他可以延續柏南克和葉倫規劃好的路線，在這個時候，這條路就是繼續正常化。二〇一五年和二〇一六年時，聯準會已經展開緩慢且走走停停的正常化之路，在二〇一七年，這家美國的央行可就真的開步走了。

某些人也認為，鮑爾在一個關鍵議題上是川普的盟友：他幫忙廢除加諸在大型銀行上的監理規範。〈多德─法蘭克法案〉確保由不同的機構來分擔監管銀行的工作，其中包括聯邦存款保險公司和聯準會，這麼一來，聯準會就大有能力影響管理華爾街的規則。鮑爾手下負責監管銀行的是副主席蘭德爾・奎爾斯（Randal Quarles），他之前是凱雷集團的員工，鮑爾在老布希任內任職於財政部時，奎爾斯也曾是他的部屬。奎爾斯和銀行業的遊說人士在埃克勒斯大樓裡聯準會的會議室碰面，聽取他們的顧慮。聯準會放寬壓力測試的規定，也放鬆部分伏克爾規則，這些規定本來讓銀行監理單位在評估銀行估算資產價值時可享有更大的權力。

這個時候的霍尼格，則走上一條相反的路。

❖ ❖ ❖

川普勝選對於銀行業政策以及對霍尼格的事業發展方向有何影響，一開始並不清楚。川普自封是勞動階級的英雄，大肆批評大型銀行。川普勝選後不到一個星期，《華爾街日報》就登出了簡短的報導，指有人猜測霍尼格很可能被拔擢為聯邦存款保險公司的董事長；也有人議論霍尼格可以成為聯準會理事，成為負責監督銀行的副主席，但最後得到這份工作的人是奎爾斯。

到了二〇一七年年底，川普政府需要決定霍尼格的去留，他擔任聯邦存款保險公司副董事長的任期快要滿了。霍尼格說，他願意前往華府，但只想擔任聯邦存款保險公司的董事長或是聯準會負責監管的主管。霍尼格說：「私底下，我說得很清楚，對於這兩項職務，不管是哪一個我都願意多留一陣子，但我不會坐領乾薪。」他對自己在華府的未來並不樂觀。他來此之後已經惹惱了很多大銀行，他也知道有很多人抗議，這讓他更沒有機會升職。甚至有人警告他。「有人相當婉轉的建議，如果我期望真的有機會去做那些我或許想做的事，我就應該低調一點。」霍尼格日後表示，「我才不管，因為我沒興趣改變我的觀點。如果真的要這麼做才行，那我乾脆什麼都不要了。」

二〇一八年一月，霍尼格收到川普政府的答案。打電話來的是一位幕僚，霍尼格已經不記得對方的姓名了。政府感謝他的辛勞，並說國家已經不需要他的服務了。霍尼格也被告知，就算他想留在聯邦存款保險公司，現在也沒辦法了。白宮已經提名一位資深的銀行業律師耶萊娜・麥克威廉絲（Jelena McWilliams）遞補他的空缺，麥克威廉絲後來將成為聯邦存款保險公司的董事長。

二〇一八年四月，霍尼格離開聯邦存款保險公司，回到堪薩斯市。他的離去對大型銀行來說無疑是好運來了。彭博新聞社就登了一篇報導，標題是：「華爾街最不喜歡的監理人員不幹了」（Wall Street's Least Favorite Regulator Is Calling It Quits）。

❖ ❖ ❖

成為聯準會主席給了鮑爾一個大好機會。幾年來他一直敦促聯準會以常態運作，以限縮資產泡沫的下跌風險。現在，他有機會領銜了。他可以成為現代的伏克爾，後者結束了聯準會史上的一段時期並開啟了另一段，不管是否會在華爾街擾動一池春水。正常化的過程已經開始了，聯準會二〇一七年升息三次，讓目標利率來到一・五%。更重要的，或許是聯準會十月終於開始逆轉量化寬鬆，拋售之前買進的債券。聯準會承諾，二〇一八年和之後都會繼續穩步正常化，把資產負債表的規模從四・五兆美元縮至三兆到一・五兆之間。

鮑爾一接下新職，就明顯看出這項任務的難處。聯準會就要開始正常化了，但金融體系已經在崩解。

二〇一八年二月五日星期一，眾人迎接鮑爾新官上任，第一天成為聯準會主席。股市大跌，道瓊工業指數下跌一千一百七十五點，是有史以來最大單日跌幅。幾天前，指數已經跌了六百六十六點，是自二〇〇八年以來最大的單日跌幅。

股市的動盪不是一時的演出，這和聯準會有直接關係。當聯準會朝向正常化運作，就是在重新安排全球經濟秩序，因為如今聯準會就是全球經濟的中心。投資界巨人品浩投資公司（PIMCO）的執行長穆罕默德．埃爾艾里安（Mohamed A. El-Erian）是極具影響力的投資人，二〇一六年他寫了《唯一的選擇》（*The Only Game in Town*），書裡就講到這樣的現實局面。埃爾艾里安口中唯一的選擇，講的就是全球各國的央行。隨著全球民意機構在功能不彰的泥淖裡愈陷愈深，央行變成了經濟發展的定錨點。這種局面造成的問題是，成立央行的本意並不是為了促進經濟發展，他們能做的也就只是創造更多資金。埃爾艾里安寫道：「某種程度上，這個世界現在靠的這群機構、也就是各國的央行，面對特定的任務，他們只有最少的工具組可供運用。操作這種政策的時間愈久，成本和風險開始高於益處的機率就愈高。」

聯準會一有動靜，就會造成全面影響。二〇一八年的市場動盪有很多面向，源出於很多地方，但有一股單一的重大力量帶動這種局面。一系列看來毫無關聯的市場恐慌，實際上是聰明投資人理性地回應聯準會所作所為造成的結果。這些投資人聽進鮑爾說的話，認真看待他。就算是慢慢地結束，零利率政策看來即將壽終正寢。大量的資金必須移動到不同的地方，才能因應新現實。

在這方面，鮑爾從一開始就穩定領導。他接下聯準會後，公開市場委員會根據可預測的時程並相隔固定的期間升息。聯準會每個月都賣出幾十億美元的債券，把華爾街的超額現金吸回來，減輕由聯準會創造出來的尋求收益高壓力。鮑爾說，這麼做的理由是美國經濟基本上很強健。他成為聯準會主席後第一次演講時，他指出失業率來到四．一％，這個數值很低，在過去會認為這很異常，幾乎代表預告了日後必會出現通貨膨脹。美國連續九十個月都創造出新職缺，失業率自二〇〇〇年來都很低，接近網路泡沫（dot-com bubble）高點時的水準。如果聯準會現在不能推動正常化，那要等到什麼時候才能做呢？

六月，聯準會再度升息，利率來到一．七五％至二％的區間，這是短期利率十年來的最高點，但以未來的漫漫長路來看，這也還只是早期地標而已。如果聯準會希望未來在需要嚇退危機時能有較大的降息力道，那麼，現在就要把利率推到三％或四％的水準。

毫無疑問，隨著正常化的腳步繼續，市場的波動幅度必會加大。鮑爾很小心地在華府培養關係，希望能在局面變得難堪時有人幫忙穩住。鮑爾上任的頭八個月，他在國會山莊會見五十六位國會議員，大致上把時間平分給共和黨和民主黨兩邊。反之，葉倫上任後同一段期間內，僅會見了十三位國會議員。鮑爾培養出來的人脈關係，在聯準會萬一陷入政治爭端時可以給他一點支持。

鮑爾一邊尋求支持，一邊繼續推動正常化，讓公開市場委員會繼續在相隔固定時間之後升息。聯準會一個月賣掉了約五百億美元的債券，繼續逆轉量化寬鬆。在二〇一八年九月底一場記者會上，鮑爾透露聯準會將會繼續緊縮：「利率還很低，慢慢回歸正常有助於維繫美國強健的經濟，為所有美國人民帶來更長期的幸福。」

十月，鮑爾再度強力推銷這個論點。在一場公開的經濟論壇中，他說利率距離自然水準還有一段「長路」，意指利率仍遠低於無法幫助也不會傷害經濟成長的利率。當中隱含的意義是，未來還會繼續升息。

市場隨後大跌，道瓊指數在兩天內跌了五％，受創最深的，是銀行和能源類股。

鮑爾或許默默的在華府拉攏了政治同盟，但是他無法管理好一種關係：他和川普之間的關係。這位總統開始以典型的川普風格涉足貨幣事務，引來很多人關注這個議題，並任人們提出完全錯誤的主張。在這方面，川普開始公開對鮑爾施壓，要他降息，此舉惹惱了聯準會的信徒，這些人相信，央行就應該要獨立，不接受政治施壓。鮑爾忽然間出了名，但他會出名只是因為他反襯出川普公開的怒氣。鮑爾成為華府又一個代表性人物，代表某個川普設法汙衊或摧毀的機構。正常化的必要性、正常化的成本以及正常化複雜的副作用等比較重要的議題被掃到陰暗處，遠離大眾的目光。川普把貨幣政策變成一場馬戲，他人就在馬戲團舞臺的正中心。

川普在電視臺的攝影機前和推特上大肆宣傳他對鮑爾的不滿，主訴求是鮑爾居然在其他國家都還在壓低利率時升息。以前川普抱怨過聯準會觸發了資產泡沫，現在他擺出的立場是需要把利率維持在接近零的水準，聯準會應該停止每個月賣掉五百億美元債券的行動。「停賣那五百億。」川普十二月時在推特上大聲疾呼，「去感受市場，不要只是一句沒有意義的數字辦事。祝好運！」

川普和鮑爾之間的公開爭論，幫忙掩蓋了全球金融體系緩慢但混亂的崩壞。到了二〇一八年底，正常化的現實正要開始展現自我。

❖　❖　❖

聯準會的行動和市場波動性之間的直接關係很難說，部分理由是總是會有一些短期因素由或當日新訊可解釋目前的市況。

舉例來說，當科技股開始下跌時，新聞就會說這是因為政界更加嚴格查核臉書與谷歌等壟斷性科技公司。新聞報導是對的，確實有一股力道愈來愈強的運動主張要規範科技公司。但股市之所以下跌，背後更強大的力量是聯準會的正常化行動。當聯準會放鬆壓力，不再逼著投資人把錢投股市，投資人就會先賣掉高估幅度最大的股票，把資金拿回來，當中就包括了科技類股；在推行零利率的這幾年，科技類股大獲投資人關注。

當全球經濟發展開始走緩，新聞會說這是川普挑起對中國的貿易戰與關稅行動導致的後果。

媒體也說對了。川普的行事作風難測而且會造成干擾，使得全球貿易活動走緩，並讓投資人重新檢視、甚至重新安排供應鏈。但同樣的，聯準會的正常化力道更大，而其他央行也剛好採取了類似的行動。二〇一八年十二月，歐洲央行跟隨聯準會的腳步，結束歐洲版的量化寬鬆。緊縮的金融條件讓全球債務市場裡形成的破敗顯露出來。中國是極具啟發性的範例：中國曾歷經了一場債務危機，以及一波由政府和人民銀行多年來幫忙創造的資產泡沫。聯準會二〇一八年的一份報告說得簡潔有力：「在中國，經濟成長的步調近來走緩，幾年來信貸快速擴張，萬一出現經濟減緩，債權人會暴露在更大的風險下。」中國的民間債務自二〇〇八年以來幾乎翻倍，比中國的經濟年產出高了兩倍以上。當經濟走緩、債務人發現自己無能償債時，這麼大量的債務「可能引發負面動態」。貿易戰掩蓋了中國更深層的問題，這些問題都和廉價資金以及資產價格高漲有關。

這一年的十二月是很重要的一個月。全球經濟普遍下跌，看起來很可怕的是，幾乎什麼都逃不過這波的影響。通常，不同資產與不同大宗商品的市場走向也會不同，舉例來說，股市下跌，金價就會上漲，因為投資人會急著尋找一個資金避風港。但這年的十二月沒有這種事，反之，各種資產普遍同步走跌，讓華爾街的交易員大為震驚。當年股市以下跌約六％作收，就連優質的公司債最終都跌了六％，原油價格以及其他大宗商品則跌了約一五％。全世界現在開始遠離風險資產，並重新塑造零利率政策之後的經濟系統。如果繼續這樣動盪下去，很可能威脅到全球銀行體系，讓全球經濟跌得更深，甚至導致另一場金融危機，很有可能讓失業率快速升高。

十二月中旬時，鮑爾做了決定，要堅定地面對這些風險，正常化要繼續。在十二月十九日召開的記者會上，鮑爾說聯準會將繼續扭轉量化寬鬆流程，以「自動駕駛模式」賣出債券。他的意思是市場動盪並沒有嚇跑聯準會。金融市場裡的交易員把鮑爾的話聽進去了，然後理性地因應。他們開始拋售手上風險較高的資產。

平安夜當天通常會是交投清淡的日子，但道瓊工業指數下跌了六百五十三點，將近三%，對在華爾街打滾的人來說，這感覺起來很有恐慌的意味。道瓊工業指數自十月以來已經跌了約一九%，離正式的「熊市」的定義只差了一%；熊市是嚴重的經濟下跌，通常預告著經濟即將進入衰退。可怕的經濟逆轉正在發生。

當這場嚴酷的經濟風暴顯露出全貌以及橫掃的範疇，不到幾個星期，鮑爾就高舉白旗投降了。

❖　❖　❖

二〇一九年一月二十五日，《華爾街日報》登出一篇內情報導。後來發現，聯準會逆轉量化寬鬆的行動，很可能不像鮑爾之前講得這麼「自動」。事實上，這篇報導指出，幾位未透露姓名的資深聯準會官員即將決定，聯準會將會在資產負債表上留下高於原先預期的資金。市場應聲上漲。

公開市場委員會當月開完會後，鮑爾走出會議室開記者招待會。他一開始用一長串的技術性論點和資料發表評論，但他毫不含糊表達他的中心要旨。正常化行動等於結束了，賣債券這件事結束了，升息結束了，緊縮結束了。鮑爾說：「支持升息的論點某種程度上已經轉弱了。」

鮑爾的用語毫無生動趣味可言，但華爾街的交易清楚聽到他要傳達的訊息了：鮑爾的扭轉行動已經結束了。投資界替這個時刻取了一個名字：鮑爾轉軸（Powell Pivot），這個詞是換句話來講，華爾街認為聯準會將提供的安全網。他們也用「賣權」(put）來講，這就像選擇權合約一樣，如果股價跌得太低，可以用一個底價要對方把股票買回去。最早有葛林斯潘賣權（Greenspan Put），然後有柏南克賣權（Bernanke Put），再來是葉倫賣權（Yellen Put），現在則有鮑爾賣權（Powell Put）。

發布消息過沒幾天，二月三日，股票和債券雙漲，這是很罕見的現象。

但情況很快就明朗了：光是終止正常化還不夠。全球經濟就像一棟電線走火、內部正在悶燒的大樓，有些地方濃煙密布，有些地方只是霧濛濛的，而且看來隨時都會有火冒出來。

通縮是核心問題。需求疲弱，德國的工業生產走緩，中國也是。整個歐盟區的物價都僵固在很低的水準。三月，聯準會宣布利率持平不動，鮑爾承認，不見通膨讓人費解，這是決定利率的一大理由。他說：「我認為我們沒有信心用對應的方法達成二%的通膨目標。通膨下跌的壓力，是我們這個時代要面對的大挑戰之一。」

到了三月，銀行股因為憂心金融體系而下跌，全球經濟衰退這隻幽靈的身影已經愈來愈明顯。當月市場發出一個非常鮮明的警示訊號：短期債券的利率高於長期債券。這是所謂「反轉的殖利率曲線」（inverted yield curve），是經濟要走下坡的信號。七月，歐洲央行宣布降息，主要是因為通貨膨脹率仍低到讓人擔心的地步。川普總統發推文表達對此舉的憤怒。他相信，聯準會才應該是降息和刺激方案的領頭羊，而不是歐洲央行。

七月，鮑爾領導聯準會做了一件大事。聯準會不管經濟仍正在成長，還是調降了利率。此時的失業率為三．六%，是五十年來的最低點，薪資也已經調漲了。通常，在經濟循環的這個階段尚，聯準會多半會拉高利率，等到萬一美國經濟走緩時才有辦法降息。降息一直被當成保單，華爾街的交易員認為，如今這張保單很可能只是一個開始。期貨市場在定價時，認為年底前會再降息三次。

從歐洲、中國到俄羅斯，全球央行又開始採行寬鬆政策。他們只能如此選擇，接下來，到了八月，這些央行就在為全球經濟走跌而奮戰了。

如果說鮑爾曾經覺得自己控制了大局，那麼，在二〇一九年九月十七日星期二那天早晨，這種感覺應該就消失無蹤了。當天公開市場委員會的委員齊聚華府，來開例行會議。然而，紐約分行交易室的緊急報告，讓這次會議變的無足輕重。有一個低調但極為重要的隔夜貸款市場整個縮起來了，而且問題愈來愈嚴重。如果坐視不管，很可能引發另一場金融危機，甚至比二〇〇八年那一次更嚴重。金融圈以外，少有人知道到底出什麼事了。

美國經濟很強健，就像幾年來的狀況一樣，但金融體系很脆弱，裡面就快要爆開了。

第三部

何不食資產

第十三章　隱形紓困（二〇一九～二〇二〇）

二〇一九年九月十三日星期五早上九點〇五分，一群金融交易員和分析師來聯邦準備銀行紐約分行，準備開每天的例會。這些交易員背負著期待，每天都要穩穩掌握全球市場的脈動，這樣他們才能對頂頭上司詳細匯報，這位負責人就是聯邦準備銀行紐約分行主管整個交易部門的洛莉・蘿根（Lorie Logan）。蘿根是嬌小的黑髮女子，留著齊肩的鮑伯頭。她的線條俐落，講話時表現出高效官員特有的爽利節奏。她拿的高等學位是公共行政而非經濟學，但自一九九〇年代末期進聯準會之後，她也培養出犀利且詳盡的眼光，看懂聯準會的金融配管系統。九月那個星期五，蘿根心裡想的是下一趟差旅。從下個星期二開始，她就要去參加華府公開市場委員會的例會。蘿根和她的團隊星期一會在埃克勒斯大樓先布點，決定簡報的最終版本，好對委員會報告。通常，蘿根會把大部分的心思都放在這裡，但就在這紐約的最後一天，分析師在早會時提出了警示。他們偵測到市場出現麻煩的信號，他們相信，等到蘿根星期一出門時，情況很可能會更嚴重。

聯邦準備銀行紐約分行的會議室就在主交易室旁邊，開會期間門都開著，讓人可以安靜地進出。會議室裡放著一張大會議桌，牆邊放了一張沙發，幕僚可以坐下來，打開筆記型電腦記筆記。有一片牆上掛著幾個大型的數位螢幕，其中一個直播芝加哥另一間像到有點可怕的會議室裡動態；這個會議室在聯邦準備銀行芝加哥分行裡，分行離重要的芝加哥商品期貨交易所（CME futures exchange）很近。

那天早上，等到每個人坐定，紐約的交易員報告了他們擔心的事。他們監看龐大的全球美元交易市場，他們簡稱為貨幣市場。貨幣市場追蹤貨真價實的資金在全世界的流向。這個市場裡有很多不同的部分，其中包括隔夜貸款，銀行會利用這種資金來維持帳面數字，避險基金每天也會借入幾十億美元以融通他們要做的交易。紐約分行非常注意全球貨幣市場。聯準會主要的工作是要控制資金的價格，所謂資金的價格，也就是銀行和避險基金支付的短期利率。聯準會的交易員擔心的是，可能很快就會發生現金緊縮的問題。沒錯，全世界游資豐沛，目前的現金數量很可能是史上最高，但交易員卻看到市場發出信號，指短期利率正在上漲，而且很可能繼續漲、大幅漲。這讓蘿根全神貫注。她的主要任務，是確保利率的漲跌不能超過公開市場委員會規定的狹幅區間。她指示團隊更加緊監督市場，這表示，他們會開始打電話給金融市場的交易員，並更密切監督某些反映短期資金價格的交易契約。

聯準會本身正是導致這種情況的始作俑者。金融市場資金緊縮，是鮑爾督軍的正常化流程造成的直接結果。正常化在自動駕駛模式下啟動，之後基本上已經暫停了，但公開市場委員會還是撤銷了柏南克時代推行的一些非常態干預手段。聯準會扭轉量化寬鬆時，從銀行體系收回了超過一兆美元的超額現金。銀行超額準備（意指銀行放在聯準會內部金庫裡的現金），從二〇一四年的約二・七兆美元，到了二〇一九年九月已經降到約一・三兆美元。這個金額還是比二〇〇八年時銀行的超額準備多了七百六十倍，但降幅非常明顯。

從蘿根的團隊來看，問題是，就算超額準備有一・三兆美元，可能還是不足以維持銀行體系運作。

蘿根的團隊解釋，警示訊號來自於非常重要的現金市場：「附買回」（repo）市場。附買回市場是金融世界根基的一部分，這應該是一種超安全的資金貸放。附買回貸款很短期，很可能短至隔夜而已。向來的運作方式都一樣：債務人拿出美國政府公債來換現金，然後，隔天或隔週，債務人就會拿現金來換回美國政府公債，並為了這筆交易支付很低的費用。附買回貸款的重點，是讓你在需要時可以拿到現金，用來交換的是超級安全的美國政府公債。這對華爾街上的各家公司來說很重要：他們手上有美國政府公債這種強勢資產，價值很高，他們需要轉換成現金來活化資產，以支應隔夜債務。銀行很樂意承作這種短期貸款，因為很安全，銀行有美國公債當擔保，他們實際上不用承擔任何成本。如果債務人破產，銀行可以賣掉美國公債，回補貸款的總值。就因為這樣，附買回貸款市場才能達到幾十億美元的規模。各種金融機構每天都用美國政府公債來換現金，手邊就有錢供日常營運。

但在九月十三日星期五，附買回市場發出警示訊號。摩根大通等大銀行調高了他們對附買回貸款收取的極低利率，這是早期信號。蘿根的團隊相信，這些銀行調高利率，是因為他們愈來愈不願意承作附買回貸款，看起來，他們覺得自家的現金準備太少了。

隔週的週一，這些銀行的現金水準來到很低的水位，因為同時發生了兩件事：第一，那天是大企業的納稅日，這表示銀行要把很多現金轉出門去納稅；第二，也因為那天有很多美國政府公債的拍賣活動要結算，代表銀行要拿出現金買下他們之前同意購買的美國政府公債。這些都會耗掉系統裡的現金，降低超額準備的水準。

蘿根被說服，相信這很可能是一個問題。從下個星期一開始看，如果銀行遲疑著不想承作附買回貸款，他們很可能會收取更高的費用，推高附買回利率，從目前的約一．五%，拉到一．八%、甚至是二%；回過頭來，這會出現外溢效果影響到所有貨幣市場，到處都會提高資金的利率。就因為這樣，蘿根才指示她的幕僚加強監督附買回市場。蘿根那天下班時想著的是即將到來的公開市場委員會會議，以及她要去華盛頓的事，她在紐約的幕僚則把所有精神放在附買回貸款上。

隔週週一發生的事，說明了紐約分行交易團隊在零利率政策時代是走一步算一步，沒有計畫。這表示，聯準會的整個領導團隊，包括鮑爾，也都是走一步算一步。聯準會用資金淹沒金融體系，改變了整個生態，這麼做時也摧毀了一套貨幣體制並用另一套新的取而代之，但是沒有可靠的工具可以衡量新體制的狀況，星期一當附買回市場崩潰時，就凸顯出這個鮮明的現實。從歷史來看，此時市場本應穩定又健全，但隨之而來的市場危機幾乎發展成一場完完整整的金融危機，之所以沒有成真，唯一的原因是聯準會幾乎馬上介入，啟動了四千億美元的紓困。這次的紓困史無前例，受惠的是一小群避險基金，基本上，他們是挾持了附買回市場，用這當成工具來進行高風險的投資活動。聯準會把他們從賭輸了的困境中救了出來。在這次的紓困案中，最值得注意的或許要算是聯準會在神不知鬼不覺之下就出手了。挹注四千億應急現金不是什麼新鮮事，聯準會用正常維修的概念來描述這次事件。但在附買回市場崩盤時，聯準會內部可不是這麼想的。

❖❖❖

九月十六日星期一早晨，蘿根和她的團隊來到埃克勒斯大樓。一如既往，他們在三樓一處大會議室裡整理出了一個臨時辦公室。他們圍著會議桌，開始準備一系列複雜的簡報，那是明天要對公開市場委員會委員報告的內容。準備工作很費勁，很可能也很費時，但蘿根的團隊幾乎沒有時間開始動工。市場還沒開盤，混亂就爆發了，三樓會議室很快變成了戰情室，以及忙亂瘋狂的通訊中心。紐約的交易分析師報告說附買回利率節節高漲。

資金很緊的時候，附買回利率上漲個〇・三％不是什麼奇怪的事[1]，舉例來說，二〇一八年十二月，附買回利率在市場動盪期間上漲到了危險的地步，促使鮑爾逆轉正常化流程。當時，利率跳到讓人憂心的地步，從約二．五％來到超過三％。九月時，市場平靜，失業率低，經濟也正在成長，沒有人料到市場會有這麼大幅的波動。

紐約的交易室發出加急警訊給蘿根的團隊：星期一早上，附買回利率來到了五％。沒人知道究竟怎麼了。這個附買回利率的數值，指向了市場恐慌，但找不出任何可能會引起恐慌的理由。沒有任何銀行破產，沒有任何國家發生債務違約，沒有哪一國的央行發出任何重大訊息。紐約的分析師試圖找出利率上漲的原因。蘿根兩位最高階的副手派翠西亞．佐蓓爾（Patricia Zobel）和納特．伍爾菲爾（Nate Wuerffel）和她一起來到華府，現在也在會議室裡，他們很快想出一套計畫，萬一利率沒有下跌，要想辦法安撫市場。有一個顯而易見的選項：聯準會可以自己跳下來附買回市場做交易，提供廉價的附買回貸款，一如提供應急貸款給快要倒閉的銀行。這是很激進的作法。近十年來，聯準會不做附買回交易，至少不會明顯去做。

局勢很快明朗了，這場混亂並不是意外。市場正在惡化當中。蘿根很快把這次的危機上報給主管約翰．威廉斯（John Williams），他是新任的紐約分行總裁。威廉斯是經濟學家，之前是舊金山分行的總裁。他的背景是經濟研究，而非市場運作。他給人的感覺是友善和藹的教授，笑容

1　本段所說的利率是聯準會用的附買回擔保融資隔夜融資利率（SOFR repo rate），是市場裡常用的利率。

燦爛，並帶著大大的圓框眼鏡。他會接手紐約分行是因為鮑爾成為聯準會主席，他們兩人在工作上關係很密切。在那個星期一早晨，威廉斯在樓下，埃克勒斯大樓的二樓有一間長期保留給紐約分行總裁的辦公室。他也在為公開市場委員會的會議做準備。七月降息之後，全世界都預期聯準會將再降一次。這引發很多爭議，因為在經濟正在成長時降息非比尋常，因此這場會議關係重大。但威廉斯被打斷了。星期一下午，蘿根發了一個訊息給威廉斯、鮑爾和副主席理查・克拉理達（Richard Clarida）。她報告說附買回市場縮起來了，而且看不到盡頭，她的團隊同時間試著理解問題何在，並想出因應方案。

如果附買回利率沒有馬上從五％降下來、回到正常的二・二五％到二・五％的區間，很可能引發瀑布效應造成一系列的倒閉。所有利用附買回貸款支應日常營運的避險基金，會被迫另尋他途找現金，而且要快速找到錢，這表示，他們會開始拋售強勢資產，例如美國公債或不動產抵押貸款證券。如果一下子有太多人都這麼做，就會引發「去槓桿」事件，這是指每個人同時清算持有部位，導致價格崩盤。用鮑爾的話來說，去槓桿事件甚至有可能「大型且動盪」。

這項風險很嚴重，但只是一部分的問題而已。威廉斯和蘿根擔心更根本的事。如果附買回利率不降，很可能對其他短期利率造成壓力，包括最重要的、用來衡量隔夜貸款的聯邦基金利率。如果聯邦基金利率漲到高過公開市場委員會設定的目標，代表世界上最強力的央行也無法控制資金的價格了。

讓人痛苦的諷刺之處是，聯準會幾十年來都將附買回市場當成控制短期利率的主要方法。紐約分行的聯準會交易員有一套微調系統，他們幾乎用這套系統，利用買賣附買回合約注入與抽出資金，讓現金在銀行體系內進出，這也正是公開市場委員會全稱裡面的「公開市場」操作。交易員進出公開市場買賣附買回貸款，作為管理貨幣供給的方法。

當柏南克領導的聯準會決定展開多年的量化寬鬆與零利率政策時，這套系統就毀了。量化寬鬆的副作用之一是，聯準會把大量的現金丟進公開市場操作的精密生態系統裡。聯準會自家的附買回交易員精準買賣必要的附買回契約數量，就像鋼琴調音師把弦拉緊到剛好正確的張力度。交易員在目標很確定的交易中會僅買進六十億美元附買回貸款或是賣出這個額度，讓貨幣供給正好等於聯準會設定的水準。買進附買回貸款會多注入一些現金，賣出則會收回一些。關於這些現金，重點是會放在大銀行的準備帳戶裡。每一個準備帳戶就像是裝了水的玻璃杯，注水量剛好來到紅線時，代表了滿足最低的法定準備要求。銀行不希望持有任何高於紅線的準備金，因為他們可以把多出來的錢借出去賺取利潤；而他們也不希望現金低於紅線，不然的話，他們就會違反需保有最低準備金的規定。必須要把準備金控制在紅線處，說明了為何會有這麼大的銀行間隔夜貸款市場。一天的忙亂結束後，現金太多的銀行會借給剛好不太夠的銀行。聯準會的交易員會運用附買回交易，在更多玻璃杯裡裝進更多的水，降低對隔夜貸款的需求，從而拉低利率，他們也會利用附賣回（reverse repo）交易，慢慢地把玻璃杯裡的水拿掉，提高對貸款的需求，帶動利率上漲。

在銀行準備金向來稀缺的時代，這套久遠的系統運作得很順暢。

量化寬鬆不僅是用超額準備金裝滿玻璃杯，根本是把放置玻璃杯的房間都淹沒了；之後，聯準會用大桶子取代玻璃杯，好裝下幾兆美元的新現金準備。這表示，從事六十億美元的小型附買回交易，完全沒有意義，根本無法影響隔夜貸款的需求。

二〇〇七年底房貸市場崩盤進行紓困時，聯準會早就知道公開市場操作會成為這項行動的早期受害者。在二〇〇七年十二月六日公開市場委員會緊急視訊會議上，時任紐約分行總裁的杜德利便對此提出警告，他說：「如果我們繼續讓聯邦基金利率定在這個目標，就無法改變系統裡的準備金數量。」

聯準會沒有停止紓困，卻發明控制短期利率的新方法。國會幫忙解決了問題，在二〇〇八年十月的緊急紓困行動中藏著賦予聯準會的新權力，授權了七千億美元的問題資產紓困方案（T.A.R.P）。沒有人注意到，這項法律也更新了〈聯邦準備法〉（Federal Reserve Act），替量化寬鬆鋪了路。這是有史以來第一次，聯準會可以直接把銀行放在聯準會準備帳戶裡的現金生出的利息直接付給銀行[2]。聽起來是小事，但聯準會憑此已足以讓金融系統轉型。如今，聯準會不需要用附買回操作來掌控短期利率了，銀行的超額準備也不再有上限。如今聯準會可以藉由提高或降低超額準備的利率、也就是所謂的超額準備金利率（IOER）來控制短期利率，取代了附買回交易。

由於利率為零，這些作法多年來都相安無事。隔夜貸款的需求基本上為零，因為系統裡的錢根本太多了。真正要能測試這套系統的效能，要等到聯準會試著升息時。等到聯準會真的在二〇一五年底時升息，用的工具是提高超額準備金利率，這整件事是一場即時的實驗，承載著很大的風險。在蘿根之前負責紐約分行交易室的賽門．波特（Simon Potter），二〇二〇年時和他人共同撰寫了一份學術研究報告，評估當中的風險。波特試著去想如果聯準會真的要採行正常化、並抽取銀行的超額準備，可能會發生什麼狀況。在某個時間點，準備金會再度回到稀缺的的水準，這個時候，銀行對隔夜貸款利率收取的利率很可能快速飆高，後續的發展既不穩定也無可預測。當銀行十年來第一次發現準備金稀缺，將大為震驚。過去一切的平靜到這個時候都不見了，利率也會飆高。問題是，沒有人知道這個時刻何時到來，以及低到什麼地步才叫太低。

聯準會看來有答案。後來知道了這個數值：當準備金剩一．三九兆美元的時候就是資金稀缺時，而那個星期一早上就來到了這個水準。

在那個星期一，蘿根和團隊一直忙到晚上七點，才得出附買回市場的準確樣貌。當晚約八點時，蘿根和威廉斯在聯準會官員於華府下榻的飯店大廳會面，她對他說狀況很糟糕，附買回市場的恐慌沒有緩和的跡象，更讓人擔心的是，聯邦基金利率也將漲到公開市場委員會設定的水準之

2 聯準會第一次是在二〇〇六年時獲得本項授權，但原始的法律規定要到二〇一一年才生效。二〇〇八年通過的法律把時間提早，讓聯準會在對抗金融危機時有更大的自由度。

上。

威廉斯被說服了，他認為需要做點什麼。此時的情況有點像是迷你恐慌，是一種無法自行恢復的市場崩潰。威廉斯認為，華爾街的交易員根本不確定到底怎麼了，聯準會需要快速行動，好讓他們恢復信心。

星期二早上，威廉斯和蘿根很早就到埃克勒斯大樓，和鮑爾與克拉理達召開緊急會議。蘿根提出團隊想出來的計畫。假設真如數據預測，市況惡化，聯準會要做好準備有所行動。

當天早上，附買回貸款的利率已經漲破九．五％，到了這個地步，會導致金融市場崩潰。當天，聯準會啟動了前所未見的干預行動，把手伸進附買回市場，出手將七百五十億美元注入隔夜貸款市場。這只是一個開始，日後是一條漫長的紓困之路，甚至還包括幾輪大規模的新量化寬鬆。聯準會宣布推動這些措施時，用了很多技術性用語，把整件事講成好像是水電配管工程一樣。這麼做，模糊了一項很重要的現實。聯準會釋出的資金並非無利無害的的中性力量，而是會讓某些人受惠、某些人受罪。

❖　❖　❖

附買回利率漲破九％，這個數字看起來可怕，但也很抽象。事實上，這個值會說故事。附買回利率反映的是兩群有血有肉的人在角力：在競賽的一邊是摩根大通銀行這些債務人，他們提供附買回貸款；競賽的另一邊，是急需附買回貸款以支應業務需求的人。隨著附買回利率愈漲愈高，角力的激烈程度也就愈發明顯。當附買回利率漲到九%，代表有人資金需求孔急，資金成本約為二%或更低的時候，他們卻願意支付相當於高利貸利息的八%，只為取得有全額擔保的隔夜貸款。但比這一點更讓人訝異的是，角力另一邊的人不願意用八%的利率承作超安全的隔夜附買回貸款，債權人想要九%。

這表示，債權人用很緊張的角度來看待想要借附買回貸款的人。銀行準備金稀缺暴露出他們的緊張，但這不是造成緊張的源頭。

在零利率政策的時代，附買回的市場已經轉型。金融危機之前，這個市場的用戶多半是銀行，但如今因為銀行自己就有很多現金，他們已經不再像過去那樣常用附買回貸款。有一群新的金融市場參與者踏了進來，開始使用附買回貸款：避險基金。從二〇〇八年到二〇一九年，避險基金這類非銀行用戶使用的隔夜附買回貸款金額大致倍增，從一兆美元增為兩兆美元。兩兆美元這個數字，還低估了附買回市場對避險基金而言的重要性。

避險基金把附買回貸款當成基石，打造更大型的債務架構。他們利用附買回貸款取得現金，把這些現金付出去，在市場投下重注從事更大規模的投資。華爾街把這種技巧稱為槓桿操作（leverage up），這是說，你借了一塊錢來下注，但你賭的結果是十塊錢。避險基金使用兩兆美元的隔夜附買回基金在市場裡建立的部位，比這個金額要高很多、很多。

即便是聯準會，也並不完全清楚市場的狀況。顯然，避險基金申請的附買回貸款金額高於過去，但原因為何並不明顯。他們找錢是為了什麼？這些活動的風險有多高？這些都是謎，因為避險基金不像銀行那樣受到嚴密的規範，他們是影子銀行系統的一部分，不用面對太多聯邦存款保險公司的查核以及〈多德─法蘭克法案〉的規定。這背後的理論是，投資避險基金的是經驗老到的投資人，他們自負成敗。

二〇一九年附買回市場崩盤，過了好幾個月，美國財政部還是不確定避險基金要做什麼。但他們就像鑑識分析師一樣，在爆炸的碎屑中挖掘，找到了一些很有說服力的線索。

這些避險基金正搶著去做一種非常特別的「基差風險」（basis risk）交易。會出現這套戰略，都是由於聯準會這些年來調度量化寬鬆和零利率政策營造出來的市場平靜局面。基差交易只有在會有人出面維持平靜局面時才能操作；交易員知道，每當市場出現任何猛烈的動亂，聯準會必會出手阻止。滿足這個條件之後，避險基金覺得有理由借幾千億的資金來做這類交易，只要市場波動性會被扼殺，基本上這樣的交易就沒有風險。

這種交易在設計上很簡單。避險基金的交易人員去金融市場裡找個幾乎永遠都會自然而然存在的賺錢小點子，這裡的妙招是利用美國政府公債以及美國政府公債期貨契約之間的價格差異[3]。今天購買的公債價格與公債期貨合約上的價格差叫做基差，避險基金買進大量政府公債以及公債的期貨合約，利用非常小的基差來獲利。避險基金會持有公債，在到期日交割，收取基差獲利。

這裡就是附買回市場的用處。基差交易的利潤率基本上是確定的，但很微薄，這種交易要值得做，避險基金需要做幾千次，他們利用附買回市場來完成。避險基金拿出美國政府公債當做擔保，借到必要的資金大量買入公債期貨合約。避險基金可以把賭注的槓桿操作拉到五十比一，意思是，他們每拿一塊錢，就可以多借五十元用來從事交易。到最後，避險基金在美國政府公債、附買回貸款和政府公債期貨之間打造出一個互相強化債務和風險的三角形。這些是很容易就能取得的資金，就像在路邊撿起隨處散落的錢，但一撿是幾百萬美元。避險基金不用提報他們花多少錢做這類交易，但之後美國財政部做了調查，提出了很適當的估計數字，從二〇一四到二〇一九年，避險基金持有的美國公債期貨市場「空頭」（short）部位，從兩千億美元增至接近九千億美元[4]。空頭部位是基差交易能運作的關鍵。主導基差交易市場的，是一群名為「相對價值基金」（relative-value fund）的避險基金，裡面包括一些相對隱晦的公司，例如LMR合夥有限公司

3 期貨合約基本上是一種承諾，在未來某個日期以某個價格將美國政府公債交割給某個人。期貨通常以月為期間，三個月的期貨合約承諾在三個月後進行交割。除了單純的投機之外，還有很多好理由讓人們去做這類交易。很多期貨合約都被當成保險，用來規避未來某些事件的風險。

4 空頭部位是在賭標的價格會下跌。

（LMR Partners）和藍峰資本管理公司（BlueCrest Capital Management）。

只要附買回貸款的利率又低又穩定，基差交易就可以順暢運作。如果附買回貸款的利率上漲，基差交易馬上就無利可圖。避險基金發現自己必須支付期貨契約的款項，又必須支付更高的成本以延展附買回債務。九月中附買回利率高漲，華爾街的分析師開始聽到一些讓人心生警惕的傳聞。某些避險基金非常、非常需要籌得現金，而且要快。美國銀行（Bank of America）的分析師勞夫・艾瑟爾（Ralph Axe）在一份幾個月後才發表的報告裡捕捉到了這個時刻。他指出，避險基金對附買回貸款的依賴度十年內已經倍增，如果附買回市場將避險基金拒之於門外，他們就會被迫清算美國公債和不動產抵押貸款證券，而且金額要比二〇〇八年清算時高兩倍。

艾瑟爾寫道「衝擊可能會很嚴重」，此話一如往常低估了其中的干係。

金融世界要面對的是規模比二〇〇八年市場嚴重崩盤時大兩倍的強迫清算事件，而且事發之時的背景條件是經濟繁榮光景好，市場不僅穩定，更是節節上漲。

聯準會九月十七日進入附買回市場，拯救任何急需附買回貸款的避險基金。當天這種貸款的適用利率高於九%，聯準會以二・一%的利率提供這類貸款，用的是他們馬上變出來的錢。

避險基金得以喘息，他們又可以使用附買回市場了。這筆錢對避險基金而言的價值是多少，在金融上很難量化。他們省下了大筆本來應該花在附買回貸款上的錢，還有，當他們逃過一劫、避開基差高風險交易惡化要承擔的後果，省下的錢更是難以數計。聯準會確保了避險基金不需要清算手上持有的資產。

聯準會第一天拿出七百五十億美元承作隔夜附買回貸款，在接下來幾個星期步調愈來愈快，這套方案變成沒有盡期，整個秋天都在運作，而且規模愈來愈大。到了十月二十三日，聯準會說他們的附買回隔夜貸款至少有一千兩百億美元；他們提供方案中綜合了隔夜與長期的附買回貸款。十月二十九日，聯準會在一天內將長期附買回貸款金額從三百五十億美元增為四百五十億，另外還有短期的隔夜貸款。

顯然，某些避險基金在看到機會時至少出脫了部分基差交易。美國公債期貨的空頭部位在那年秋天逐步下跌，到了二〇〇〇年初，已經從將進九千億美元減為不到八千億，但仍比二〇一四年時高了約四倍。

❖　❖　❖

聯準會宣布要干預附買回市場時，沒有講到避險基金、基差交易，也沒講到他們事實上臨時湊合出一套系統用來控制隔夜貸款利率。附買回市場裡的紓困行動持續幾週、幾個月，鮑爾、蘿根和威廉斯等聯準會官員談起此事，講得好像就是系統日常維修保養一樣。

聯準會的焦點很狹隘，僅關注附買回市場崩盤將如何影響聯邦基金利率。當聯邦基金利率突破設定的範圍，就觸發了紐約分行的「長期指引」（standing directive），長期指引指的是上面命令要把短期利率維持在公開市場委員會期望的水準。九月那天，目標利率是二％到二．二五％，這個區間被突破了，因此紐約分行啟動了干預附買回市場的行動，以便把利率拉回來。整件事讓人想起一個在矽谷流傳的笑話。笑話說，有一部新的人工智慧機器被賦予無限的權力，為的是要執行一個很簡單的指令：減少垃圾郵件的數量。這套人工智慧程式分析問題，發現所有的垃圾郵件都是由人類創造出來的，於是機器發射一波的核彈攻擊，消滅人類，這樣就沒有垃圾郵件了。指令很簡單，但用上了橫掃千軍的力量落實。

附買回市場的紓困行動成功了，圓滿達成指令。聯邦基金利率也被推回區間內。但附買回隔夜貸款只是作戰行動的開始，當接下來幾個星期附買回貸款金額又大增，鮑爾卻已經在討論計畫的下一階段該怎麼做。聯準會將重回量化寬鬆的老路。在推動正常化期間，聯準會將銀行的準備金降到一．三九兆美元，看到了這個池子的底部在哪裡。就算聯準會長期提供廉價的附買回貸款（聯準會確實有考慮這麼做），仍需要因應銀行準備金稀缺的結構性問題。

十月四日，距離附買回市場危機已經過了兩個星期，公開市場委員會召開一場緊急視訊會議。會議一開始由聯準會的幕僚做簡報，指出干預附買回市場的行動確實奏效，但真正的問題並未消失。銀行每季都要繳一次稅，很可能又會再一次發現現金很緊，如果發生這種事，不確定市場會變成什麼樣子。為了對抗這樣的不確定性，聯準會需要再度把資金挹注到系統裡。最顯而易見的作法，是再推一輪量化寬鬆。根據這場會議的紀錄來看，公開市場委員會的每一位委員都同意這個構想。

當聯準會訂下方案時，鮑爾正前往丹佛（Denver），他要去一場大型的經濟學研討會上演說。演講時，他善用機會宣告了聯準會即將要做的事：「某個時間點，我們會開始提高持有的證券部位，以維持適當的準備金水準。這個時間點已經到了。我要強調，我們用於管理準備金而造成的資產負債表成長，絕對不應該和我們在金融危機之後採行的大規模資產購買方案混為一談。」

鮑爾的意思是，聯準會將要做的事跟量化寬鬆很像，但事實上並不是，兩者的關鍵差異看來是聯準會的意圖。這一次，聯準會把資金挹注到準備金帳戶不是為了刺激經濟，這麼做只是為了讓準備金維持在高水準，這是為了維持系統。大約一個星期之後，聯準會宣布每個月將會購買約六百億美元的美國公債。根據其資產負債表的膨脹幅度來判斷，從二〇一九年九月到二〇二〇年二月，聯準會在銀行體系裡大約創造了四千一百三十億美元的新貨幣。這是多年來這類金融干預手段中規模最大的一次。

華爾街的交易員把新方案暱稱為「NQE」，這是「non-QE」的簡稱，意即非量化寬鬆，但他們對於現實狀況沒有半點錯覺。「聯準會賣權」如今更加擴大，而且更深入市場。部署附買回隔夜貸款，顯示聯準會不容許這個市場爆發危機。避險基金看出這一點並據此行事，借更多錢然後用來買進股票。高盛銀行有一個指數顯示，在附買回貸款市場紓困之後以及展開非量化寬鬆方案之始，債務導向的避險基金交易大幅增加。光是二〇二〇年二月，避險基金的槓桿率（這是用他們的債務拿來和資產相比得出的比率）就提高了五％，是幾年來最大的漲幅。

二〇二〇年一月十三日，道瓊工業指數漲破兩萬九千點，創下歷史新高。

❖ ❖ ❖

到了二〇二〇年初，霍尼格已經遠離美國經濟權力與決策圈中心，他的銀行體系或市場架構政治哲學沒有火熱的市場。離開聯邦存款保險公司之後，霍尼格開始花更多時間待在堪薩斯市的家裡。他針對金融體系寫了一系列的學術演講內容，也定期發表意見，談銀行與貨幣政策。他在梅卡斯圖中心（Mercatus Center）找到一份資深研究員的工作，這個偏自由派的智庫總部設在喬治瑪森大學（George Mason University），就在華府市郊。

霍尼格在梅卡斯圖中心落腳，反映的是社會上談到聯準會時的態度分歧。批評聯準會的人仍多半偏保守派。很多知名的捍衛聯準會人士與前任官員，都轉往偏自由派的智庫布魯金斯研究院，柏南克、葉倫和多位聯準會前任官員都應聘成為這裡的研究員。柏南克開玩笑說，他在布魯金斯辦公室的那條走廊，同樣也是FOMC，差別在於全稱應該是「Former Open Market Committee」，意指「前任公開市場委員會」。布魯金斯研究院常以鮑爾和其他名人為號召，在華府市中心舉辦各項活動，相反的，霍尼格的觀點就很難得有人報導。

三月二日星期一，霍尼格從自家出發，前往幾分鐘路程外的本地購物商圈布魯克區（Brookside），這裡有一排雅致的一層樓高零售商店，沿著還算熱鬧繁忙的六十三街（63rd Street）排開。街上有一家十美分廉價商店（Dime Store）、一家冰淇淋店和一家藥局，雖然藥局幾年前已經被CVS連鎖藥妝店買走了，但當地人還是習慣稱呼它的舊名：麥丹尼爾藥局（McDaniel's）。霍尼格走進一家最近才入駐此區的星巴克咖啡店，他挑了一張靠窗的桌子，脫下外套。他來這裡是為了和一位記者碰頭，後者正在報導聯準會對附買回市場的干預行動。霍尼格當天可能有點趕，或許他有點忙，也可能那天有什麼私事讓他很焦慮，反正那天霍尼格就是不像平常那麼平靜從容。他看來很惱火，當他談起附買回市場的紓困時，怒氣更顯而易見。這次的紓困行動讓人生氣的不只是規模或涉及的範疇，也不是其中顯現的現代金融市場的脆弱，更在於根本沒有人知道到底發生了什麼事。非常態變成慣例，扭曲變成尋常，大規模紓困變成日常維護保養的工具。

「他們被困住了！」他說的是聯準會。他這話的意思是，聯準會被自己過去的行動困住了。聯準會承諾會執行一定程度的干預並創造一定數量的資金，這些在過去都是非常不可思議的事，而聯準會就是靠這些維持市場的基本運作。二〇一〇年時，當霍尼格投票反對量化寬鬆與零利率政策時，他被描繪成沒有彈性、甚至是考慮欠周詳的人。在他提出的幾項重要警告中，其中之一是量化寬鬆一旦開始，將很難收回。在幾乎過了十年之後，這項難題終於顯現出來了。

事態發展引發非常嚴重的扭曲，模糊了整個局面。二〇二〇年初，債務廉價、資產價格高漲以及尋求收益帶動垃圾級公司債等高風險投資上漲，種種因素創造出迷幻效應，從外部來看，美國經濟狀況很好。當時避險基金借錢然後投入股市，有線新聞網每天的頭條都很讓人振奮：「道瓊工業指數今日收盤再寫新高……」，又有誰會抱怨什麼？

回首過去，霍尼格這趟星巴克之行看起來是讓人非常痛心的一刻，這是美國經濟史上一段重要時期的終章，只是當時他並不知道。有一種新型的冠狀病毒很快就會蔓延全世界，之後每天的新聞報的會是愈演愈烈的疫情。三月四日，美國提報了一百五十八個遭新冠病毒感染的病例。這很嚇人，但和霍尼格一起待在星巴克的客人自由地來來去去，沒有人戴口罩。當時，大家都還覺得見面時握握手是理所當然的事，一切都很正常。沒有人知道，事實上，這些事情將會持續很久、很久。

第十四章　感染（二〇二〇）

二〇二〇年一月，第一波震盪衝擊美國，中國的工業城市武漢傳出怪事。最早出現的新聞報導帶著科幻小說的性質：中國出現一種有點像肺炎的神祕怪病，促使中共當局關閉這座有一千一百萬人口城市的火車與航班服務。有線電視新聞播出挖土機、吊車和營造工地的奇特畫面，指中國政府正在蓋新醫院，顯然是為了安置被感染的人。華爾街的金融從業人員試著消化這個消息，思考著這對經濟而言有何意義。一位在芝加哥的投資人吉姆．畢安可（Jim Bianco）一月初時就心生警覺，他非常擔心病毒很可能會導致中國龐大的製造業停工。中國可是全世界的工廠，如果中國的工廠停工幾個月，很可能打斷藥物、iPad、玩具和電視機的供應，甚至可能促成經濟衰退。畢安可更擔心的是，華爾街普遍不把病毒當一回事。看來大家都相信很快就能控制住病毒，就像二〇〇三年的SARS疫情一樣。

接著，義大利傳出非常糟糕的消息。新冠病毒在義大利北部現蹤，很快就傳播開來。二月二十四日，義大利政府下令北方的人民停止移動，留在家裡。他們把這種作法稱為封城

（lockdown），此舉在當時很讓人震驚。開始有更多人擔心病毒了，憂心這個問題影響的範圍可能遠遠超過中國之外。二月二十六日，一位美國醫療領域官員把憂慮變成了恐慌，她是美國疾病管制中心（U.S. Centers for Disease Control）任職的南西・梅索妮耶（Nancy Messonnier）。梅索妮耶和幾位記者開了一場視訊會議，她說病毒傳播速度很快，人類身上沒有天然的抗體，而且目前也沒有疫苗。美國可能必須關閉學校之類的，讓大家都待在家裡。梅索妮耶說：「我知道這整件事看來難以承受，也對日常生活造成嚴重干擾，但大家要從現在開始思考這些事。」

華爾街的交易員從那個時候真的開始思考這些事了。一位投資人史考特・米納德（Scott Minerd）加入了畢安可這一群憂心忡忡人士的行列。米納德是管理約兩千四百六十億美元資產的古根漢投資公司（Guggenheim Investments）投資長，他有很多資金正面臨風險，必須想出辦法，看看在面對疫情時如何配置部位。米納德和畢安可這些人在檢視歷經十年零利率政策與量化寬鬆之後的美國經濟時，看到了類似的景況：企業債務來到歷史高點，導致他們在面對經濟走跌時少有調度的空間。各種資產，從債券、股票到房地產，「價格都來到完全定價」（priced to perfection），意指交易價格都來到在最樂觀情境下合理價格的最上限。投資圈多年來都把資金推往風險性資產這個方向，在如履薄冰的殖利率曲線上，這是出路。

這套系統並沒有做好準備以面對接下來要發生的事。

米納德說：「美國企業界開始從槓桿率很高、流動性很低的地方撤出。」廉價債務大增，也讓系統更加脆弱，「在某個時間點，經濟體一遭受某些外部衝擊，面臨一些完全意料之外的事。這會導致大量的解除槓桿操作。」

二月二十七日，就在梅索尼耶提出警告之後的隔天，道瓊工業指數下跌近一千兩百點，跌幅達四%。這是美股自二〇〇八年以來表現最糟糕的一天。

那天，聯邦準備銀行紐約分行內部的氣氛卻意外地平靜。在蘿根手下工作的交易員下午如常開會，他們比對筆記，並和視訊螢幕上芝加哥分行的同事連線。沒有誰在恐慌。

浪頭一波一波愈來愈強，到了三月八號，水真的淹上來，災情出現了。當天下午，沙烏地阿拉伯政府宣布，就算油價正在跌，他們還是要增產。對於因為美國壓裂業者超額生產而供過於求的全球石油市場來說，不啻是一場大災難。油價崩盤。金融界的人當晚就睡不著了，因為他們知道接下來會發生什麼事。人在芝加哥的畢安可知道，二〇〇三年爆發的SARS疫情和二〇二〇年爆發的新冠病毒疫情大不相同，新的疫情不僅比較嚴重，而且還發生在市場極為脆弱之時。畢安可說：「這是一個等著針刺破的泡沫，而我們看到那根很粗的針了。」

星期一早上，股市一開盤就暴跌，觸動了自動熔斷機制，暫停交易十五分鐘。一九七七年以來，這是第一次啟動機制。在接下來兩個星期，又三度觸動熔斷機制。新聞媒體上的股市消息都很悲觀，但都沒有說盡這場星期一當天早上開始蓄積力量的金融危機特質。真正的危機在美國政府公債市場。

美國十年期政府公債是現代財務金融的基石。在三月九日星期一這天早晨，十年期美國公債的利率震盪到過去無法想像的地步。

前一週的星期五，十年期公債的殖利率為〇．七六％，星期一早上暴跌到〇．三一％，這一天當中又再度漲回〇．六％。外行人看起來會覺得這些數字都很小，小是小，但這好比是一條街在地震時扭曲，先是往上拉到了海平面上一．五公尺高的地方，在這一天內又往下掉到海平面以下三公尺深的深處，對於走在街上的人，絕對能明顯感受到這些變化。金融業的交易人員對政府公債殖利率波動的感受就是這樣。《金融時報》（*The Financial Times*）後來就說了：「分析師說，美國公債市場就是不應該出現這種混亂。」

大眾沒有注意到這場混亂，有幾個原因。美國公債市場的討論度不及股市，而且美國公債市場在美國社會停下來的時候也跟著不動了。那個星期美國職籃ＮＢＡ暫停賽季，NCAA美國大學男籃一級冠軍戰取消瘋狂三月（March Madness）巡迴賽事，最重要的是，各級學校開始關上大門，顧不了焦急的家長絞盡腦汁在想要怎樣安頓小孩。有史以來第一次，餐桌變成居家辦公與遠距教學的場所。

在聯準會內部，美國公債市場崩盤是很急迫的問題，相較之下，九月時附買回市場不動就顯得沒什麼大不了了。聯準會的分析師看的出來這場混亂代表了什麼：金融市場恐慌了，每個人都想持有最安全、最容易交易的資產，那就是現金。美國政府公債被視為全世界最安全的投資，但人們卻不想要。他們想要把一切都變現，包括美國政府公債，盡力把可以拿到的現金都拿回來。當人們相信整套系統正瀕臨崩潰時，就會發生這種事。想要變現的熱潮一天強過一天。星期二發生的事才真的讓人難以想像，某些美國公債甚至沒有價格，意味著根本沒有人想要買，沒人想拿現金換公債。這種變現行為的後果牽連甚廣，影響很大而且很直接。

大量從事基差交易的避險基金岌岌可危。他們需要放掉手中的資產以籌得現金，偏偏這個時候每個人都在這麼做。避險基金自九月以來已經減少了一些基差交易，但是投入當中的資金量仍處於歷史高點。有麻煩的避險基金不只投資基差交易。有一類避險基金叫「風險平價基金」（risk parity fund），他們會借錢去投資債券、股票和大宗商品的期貨合約。在配置資金時，他們本來應該以各個資產類別的相對風險為依據，但是，股市和政府公債同時走跌（這是過去難以想像的事），打亂了所有計算相對風險的公式。風險平價避險基金發現自己處於困境，被迫在整個市場都在囤現金時尋找現金。

鮑爾的危機處理之道，是授權給聯準會以幾乎史無前例的強大力量應變。

九月附買回市場崩盤時，聯準會提供了七百五十億美元的附買回貸款，震動了市場。三月十二日星期四，聯準會宣布要提供五千億美元的附買回貸款，而且隔天就會提供一兆美元的附買回貸款。聯準會馬上就拿出了一．五兆美元幫忙華爾街，但基本上什麼忙也沒幫上，道瓊工業指數繼續下跌，當天收盤跌了兩千三百點，跌幅一〇％。

星期五，聯準會一片忙亂。埃克勒斯大樓很快就要關起來了，聯準會的幕僚和理事都要回家遠距工作。在這之前，鮑爾同意舉行最後一場緊急會議。到了此時此刻，美國金融體系就像人的肌肉一樣，養成了某些記憶。市場的波動失控時，所有人都會把目光轉向聯準會。聯準會星期天下午要開會，商討該如何因應。

❖　❖　❖

公開市場委員會開會期間，聯準會會議室中央精緻的會議桌旁總是很擁擠。會議期間若在桌旁有一席之地、而不是被安排坐在沿著外牆放置的椅子，是一種地位的象徵。聯準會這些年來設立了很多新部門並新增了一些資深職位，會議桌旁的人愈來愈多，到後來他們得帶著文件夾、報告和咖啡擠在一起。相對之下，三月十五號星期日這場會議更顯突出。會議桌邊基本上空無一人，兩側各放了一臺大型螢幕，會議開始時，公開市場委員會成員的臉一個一個跳進螢幕。少數幾位幕僚仍來到埃克勒斯大樓，他們坐在大會議桌旁，彼此相隔好幾尺。有一位與會者說，感覺好像坐在鬼屋裡。

會議一開始，由一位紐約分行的幕僚人員提出一份經濟現況概覽報告，毫無意外的，這堪稱一場恐怖秀。美國公債市場、債券市場、石油市場和股市，全都如自由落體般下墜。這位幕僚人員把重點放在問題特別嚴重的三個市場上。首先是公司債市場，雖然情況不像二〇〇八年時那麼糟糕，但看來逐漸陷入停頓。商用不動產抵押貸款證券（CMBS）的市場壓力愈來愈大；分析師佛林在詳細檢視試算表之後，發現這種貸款投資組合都奠基於過度樂觀的假設之上。他們討論的第二個市場是美國公債市場，這裡的問題是交易量「銳減」。最後，他們討論短期企業貸款、也就是一般講的短期商業票據市場。這些貸款本來幾乎都被當成現金交易，但是這些市場現在也停下來了。

公開市場委員會的委員開始討論他們應該怎麼辦。面對疫情，聯準會能運用的工具極為有限。聯準會不能撥款給醫院，也不能發錢給被裁員或被告知要留在家裡的民眾。聯準會無法減緩病毒傳播的速度，也無法提供材料來生產極為短缺的口罩。思考這些問題時，聯準會可以參考過往的行動。聯準會從二〇〇八年危機中學到的教訓之一是，行動速度愈快、規模愈大，效果愈好。聯準會前資深經濟學家克勞蒂亞．莎姆（Claudia Sahm）參與內部一系列的「經驗傳承」（lessons learned）研究，檢驗二〇〇八年時的應變行動，她說：「二〇〇八年時他們太慢行動了。」聯準會曾經突破了零限，也用過量化寬鬆等工具，要再如法炮製就比較容易了。如今的聯準會有一套可用的工具組，而且之前也演練過了，理論也說，愈早用上這些工具，情勢就會愈好。莎姆說：「要阻斷經濟衰退並讓局面不要太嚴重，機會最好的時間點就是在一開始的時候。」這種想法在聯準會領導階層內部顯然也成為主流。在三月的那個星期天，鮑爾和團隊就提出一套全面性的行動方案。

鮑爾的聯準會要做的事，基本上就是集合了柏南克二〇〇八年和二〇〇九年所做的事，差別在於這次不是花好幾個月，而要在一個週末就完成。他們把利率降到接近零值，打開和外國央行之間的「換匯額度」，用滿滿的美元跟他們換當地貨幣（這很重要，因為全球有很多債務都是用美元計價）。他們推動新一輪的量化寬鬆，總金額達七千億美元，還用比過去更快的速度買進債券。聯準會在下一個星期二之前已經買進了八百億美元的債券，這表示他們在四十八個小時推入銀行系統裡的資金量，是過去幾輪的量化寬鬆時花了一個月才達到的規模。聯準會也提出前瞻性指引，承諾只要有必要，就會把利率訂在接近零值。他們在一天內就推出這一切。

公開市場委員會幾乎一致通過緊急應變行動，克里夫蘭分行的總裁蘿莉塔．梅絲特（Loretta Mester）投票反對本計畫，因為她認為利率應該僅降到〇．五％，而不是〇．一％。

會議結束後，鮑爾主持一場線上記者會，宣布這些緊急應變措施。他的聲音很小，聽起來像從國外打電話來，整件事會讓人覺得很脫序。聯準會的行動規模很大，意在安撫投資人，但顯然反而嚇壞了大家。星期天下午還聽到鮑爾講話讓人很不安，而公開市場委員會本來就排好下個星期二要開會，這一點更是火上澆油。如果聯準會連四十八小時都等不了就要動手做事，那麼情況一定很糟糕。星期天傍晚，金融業的交易員再度經歷了腎上腺素飆高，開始瘋狂也似的打電話，在壞消息之下重新安排持有部位。他們很清楚，下個星期開始交易時會是什麼場面。

隔天早上，市場一開盤就直直落，道瓊指數下跌一三％。在星期一這天，這場從一個星期前開始聚積能量的金融危機完全席捲了美國經濟。

❖ ❖ ❖

三月十六日這一週，華爾街的人看到他們認為不可能發生的事。古根漢投資公司的投資長米納德看到美國公債市場基本上完全凍結時，大表驚訝。回顧二〇〇八年，當時房貸債券市場也出現類似的崩盤，引發一場全球的恐慌與崩潰。但看到在這個超安全、規模達二十兆美元的美國公債市場發生這種事，不僅很可怕，根本是讓人難以理解。

米納德這些人在看債券市場時，他們看的是「價差」（spread）。價差是賣方欲賣出的價格與買方願意支付的價格之差。如果有一個人要用十美元賣掉一檔債券，但是買方僅願意支付九．九美元，那價差就有十美分，或者說一％。通常，美國公債的價差不到一美分，這是因為市場上買賣雙方很多，進行的交易也多，也因此要找到合意的價格也相對容易。美國公債的價差通常都是〇．〇三一％或〇．〇一六％。在三月這場危機期間，米納德看到某些美國公債的價差甚至擴大到四％。某個時候，本來應該顯示美國公債買價與賣價的螢幕會一片空白，這表示，找不到任何買賣雙方合意的價格。

這場混亂的崩盤流進每一種債務裡。風險高於美國公債的公司債，價差開始迅速擴大。米納德說：「最嚴重的時候，（公司債）買賣價差有時候會達三〇％，這真是不可思議。」

在芝加哥，身為交易員的畢安可基本上和家人以及狗兒一起被關在家裡。整座城像是鬼城，週間日的交通步調變慢了，像是通常只有在星期天一大早時才可能出現的稀疏。金融市場也感受到同樣的震撼與掏空。

畢安可很擔心大型銀行的健全度，他們是金融體系的核心。從二月的股市高峰到三月二十三日之間，大型銀行的股價跌了四八％。大型銀行中規模最大的摩根大通，這段期間股價下跌四三％。畢安可說：「真的，我們眼睜睜看著銀行業被摧毀，規模甚至比二〇〇八年更嚴重。」大銀行沒有倒，他們的準備帳戶裡還有很多現金，但畢安可和其他人可以看到倒閉也就在不遠處，這個不遠還真的並不太遠。

三月十六日星期一，八家最大型銀行發表聯合聲明，說他們全都會站出來，從聯準會的「貼現窗口」取用應急貸款。這些銀行多年來在討論生前遺囑和壓力測試時拖拖拉拉，但現在倒是行動迅速。過去，銀行會避免從聯準會的緊急貸款貼現窗口取得資金，因為取用這些貸款就透露出有問題了。這些銀行一起站出來，保護了彼此，免於因為借用應急資金而承受污名。銀行說，他們不會馬上就需要用到這些資金，但做出這樣的宣告是為了在他們有需要時可以保有這個選項。畢安可估計，如果大銀行的股票再跌一五%，很可能就開始有銀行倒閉。

這場混亂，暴露出創紀錄的債務已嵌入美國企業界的一項極嚴重弱點。大企業急尋現金，不只是為了在封城期間有錢打開門、擰開燈做生意，他們急著找錢，是因為必須定期支付過去十年因為聯準會一步一步鼓勵而借下的創紀錄槓桿貸款和公司債。鮑爾在狄龍瑞德和凱雷的經歷，應該有學到公司債的架構很無情，當一家公司用債券或槓桿貸款借了一百萬，在債務到期的最後一天前都只要付利息，但一到這天就必須清償所有債務，或者在市場裡出售並延展，進行再融資。當經濟停止運作，顧客會在家裡，現金也不再滾進來，但不管是西南航空（Southwest Airlines）、AT&T還是福特汽車，仍然必須支付所有債務負擔的全部利息，要不然就會違約。

這是公司債市場的脆弱之處，引發了一連串連鎖危機，就像一條鎖鏈一樣，每一個環節都和下一個有關，很可能拖垮整個銀行系統。一開始，負債的企業出現立即的危機，急著要找到現金。當這些企業恐慌，很快就會去借循環信貸（revolving credit facility），他們可透過這種應急債務快速借到一定上限的現金。市場在三月十六日崩盤之後，西南航空借了十億美元的循環信貸，旅宿業希爾頓（Hilton）借了十七．五億美元，隔一個星期，通用汽車（General Motors）借了一百六十億美元。這有助於解釋為何銀行類股在短短幾星期內就幾乎腰斬。當銀行拚命對付市場震盪時，還要出借可能會榨乾他們的循環信貸。以畢安可這些分析師來看，更麻煩的是，信貸額度可能還不足以拯救許多陷入麻煩的企業，這表示，企業從銀行裡借出現金，等到他們最後還是宣告破產時，這些錢也會跟著一起落入深淵。

倒閉鎖鏈裡的第二個環節，出現在企業開始付不出債務和貸款違約時。這會迫使標準普爾和穆迪等債務評等機構調降這些公司的評等（比方說福特汽車），讓很多公司陷入垃圾債券的等級。調降潮看來無法避免，對大型銀行來說後果極為慘重。以CLO的業務來說，調降評等就好比挨了記魚雷。銀行集合了很多槓桿貸款再打包成CLO，之後賣給退休基金，但銀行自己也會買進CLO。光是二〇一九年，大型銀行持有的CLO就大幅增加了一二％，金額達九百九十五億美元。摩根大通自有的持有部位當年提高了五七％。這些CLO投資大部分都在三家最大型銀行手中：摩根大通、富國銀行（Wells Fargo）和花旗集團，三家所佔比例在所有由銀行持有的CLO中佔了八一％。調降信用評等的浪潮愈來愈近，嚴重威脅到CLO的價值。多數CLO合約裡都有一條持有垃圾債券部位上限的規定，如果CLO裡有太多槓桿貸款遭到調降評等，這就會違反合約的標準，CLO就必須開始賣出垃圾債券並另覓替代品，要不然就要減計整個CLO的價值。

試著賣出垃圾債券的前景會讓人一懍：投資人都已經爭先恐後拋售資產了。一位金融市場交易人員在這段期間同意匿名接受訪問，上完一天班後的他，聽起來驚恐不已。他是那種典型的不耐煩、甚至很憤世嫉俗的華爾街人士，自豪於自己對於市場裡的混亂無動於衷，但在這個三月中，他的聲音透露出些許的真實恐懼。他說大型投資人都在拋售資產，那種絕望看起來很嚇人，他把這種情況比擬作看到有人想用一百美元賣掉一棟住宅大樓。能用一百美元買一棟大樓聽起來很讓人興奮，但由於其中代表的意義，同樣也讓人焦慮不安。大規模變現行動正在進行中，預告著未來情況將會更嚴重。

少有聯準會主席比鮑爾更有立場來理解發生了什麼事。他漫長的職涯之路，可以視為現代金融系統及其缺失的進階訓練課程。他自己曾經幫忙創造與出售大型的槓桿貸款與公司債架構，他曾經監督拍賣政府公債的財政部，他也有很多年都在警告聯準會正在促成系統的脆弱性。回顧過去，鮑爾的警告顯得別具意義。二〇一三年，他曾經預測當資產價格修正時，聯準會將難以控制損害。他說：「不管如何，我們不應該太有信心，不要認為可以規範或管理這種因為我們的政策而愈來愈有可能發生的大型、動盪市場事件。」

從任何標準來看，鮑爾三月十五日啟動的應變行動，是在展現一股無與倫比的力量。這些行動遠比聯準會過去採行的任何干預措施範圍更廣、規模更大、速度更快。但到了三月二十日星期五傍晚，歷時一個星期的金融大屠殺證明了聯準會的行動不足以消弭恐慌。

到了這個時候，鮑爾已經在設計聯準會紓困行動的下一步，促使聯準會跨入之前從未涉足的領域。有史以來第一次，這家美國央行要直接購買公司債、CLO，甚至垃圾級的公司債務。這會讓「聯準會賣權」擴大到經濟體中的全新領域，從此開始改變債務市場。公開市場委員會的正式會議都要有文字稿存參，他們沒有針對計畫的這個階段進行辯論。這是在鮑爾、紐約分行總裁威廉斯以及聯準會理事莉奧·布蘭娜德（Lael Brainard）等人忙著來來回回講電話當中討論出來的。

但鮑爾不只是和聯準會裡的人講電話，他也打了很多電話到美國財政部。如果聯準會要擴大範疇踏入必要之地，需要財政部核可。他剛好很走運。當時主管財政部的，是鮑爾在華府最強力的盟友之一：梅努欽。

第十五章　贏家與輸家（二〇二〇）

當川普總統在檢視有哪些聯準會下任主席人選時，梅努欽很快就指出他個人推薦鮑爾。這類建議在川普政府裡很有用。像梅努欽這樣的人說幾句好話，對川普的決策大有影響：梅努欽是少數幾位在川普政府內做滿任期的內閣部長之一。川普對葉倫印象很好，但梅努欽和鮑爾關係密切，他們兩人都在私募股權和槓桿貸款的世界裡待過很久，兩人都使用相同的銀行和交易辭彙，對這個世界的觀感也相同。鮑爾上任後，梅努欽和他至少一星期共進午餐一次。

梅努欽跟鮑爾一樣，對市場和交易瞭若指掌。他的專業生涯始於高盛，他的父親在高盛是一位很有影響力的合夥人。梅努欽在高盛待了九年，也成為合夥人。二〇〇二年他離開高盛，帶走的還有價值四千六百萬美元的公司股票。之後，梅努欽加入一家私募股權基金ＥＳＬ投資公司（ESL Investments），隨後又自行創辦避險基金杜恩資本公司（Dune Capital）。梅努欽在二〇〇八年房市崩盤時大賺一筆，當時他集結了一群投資人，包括知名電腦公司的創辦人麥可．戴爾（Michael Dell）和喬治．索羅斯（George Soros），他們買下加州一家倒閉的銀行印地麥克銀行

（IndyMac），這家銀行過去是一家大型的房貸機構，但很多房貸都違約了。他們將銀行重新命名為一西銀行（OneWest），大做法拍屋生意，最終在二〇一五年時以三十四億美元賣掉銀行。梅努欽知道如何管理敏感的情況，以及如何處理愛找麻煩的投資人和客戶。他也擁有一種不可思議的能力，能夠融入川普政府的環境裡但同時又能保有影響力。梅努欽能做到這一點，是因為他非常善於做川普最痛很的事：處理細節。

當新冠病毒疫情擊潰美國經濟，扮演領導者角色代表白宮和國會協商的人不是川普，而是梅努欽。這是一項要步步為營的任務，因為掌控眾議院的是民主黨，但掌控參議院的是共和黨。梅努欽經常和民主黨籍的眾議院議長南西・裴洛西（Nancy Pelosi）對話，在白宮和在野黨之間搭起橋梁。川普主政期間，國會已經變成埋葬想法、雄心和公共使命的墳場。通過減稅以及刑事司法改革法之後，國會就少有成績了。參議院多數黨領袖麥康諾的心力多半放在聯邦法官的任命案上，這些案子只要大約半數的共和黨人投票支持就夠了。等到要因應疫情時，沒有人對國會懷抱多大的希望。川普敦促國會通過一些救濟法案，但沒有提出太多指引或支持，他很多時間都花在電視機前面發表瘋狂長篇大論。到了三月十八日，國會確實也通過了兩項總金額兩千三百億美元的救濟法案，但完全不足以解決問題。這後來變成常見的節奏，任何行動計畫送到充滿惡意的參議院，麥康諾都會出手阻擋，本來看來很有希望的事，很快就無疾而終。

這麼一來，美國又得仰賴聯準會了。但就算聯準會想要去做鮑爾正考慮要做的事，也不能單獨行動。在三月這段期間，梅努欽和鮑爾每天通話將近二十次。鮑爾需要和財政部長對話，有法律面的理由在。二〇〇八年崩盤之後，聯準會很快速就撥付了貸款，也沒有善盡監督之責，國會因此限制了聯準會的緊急應變權力。國會二〇一〇年通過〈多德－法蘭克法案〉改革案，對聯準會設下新的限制，要求聯準會必須經由財政部核可，才能執行章程中沒有提到的緊急應變行動。國會一九一三年成立聯準會，國會議員在決定這家美國央行的權力範疇時十分謹慎，他們很小心地決定聯準會可以做什麼，也用同樣的謹慎設下嚴格限制規定聯準會**不能**做什麼。聯準會沒有權力直接貸款給企業，也不能承作槓桿貸款這類高風險債務。這樣的設計部分原因是聯準會不得決定經濟體中誰是輸家、誰是贏家，不可直接補貼某些產業、不管另外的產業。二〇〇八年聯準會替貝爾斯登（Bear Sterns）這些搖搖欲墜的投資公司安排貸款時，當然是超出了權限範圍，但〈多德－法蘭克法案〉明確賦予財政權力監管這類行動。

也就因為這樣，鮑爾這年三月開始在家工作時，也在書桌上放了一份〈多德－法蘭克法案〉副本。三月二十日這個週末，他敲定了一套複雜救援配套措施的細節，當中有好幾項互相牽連的紓困行動，每一項瞄準的都是金融系統的不同部分。這將是聯準會史上規模最大、範圍最廣而且影響最深的干預行動，至少會改變未來十年聯準會在美國經濟體中的角色，並大幅提高聯準會在金融面的參與度。這套方案是在鮑爾、梅努欽、聯準會理事與聯準會資深幕僚來來回回在電話討論當中研商出來的，他們的對話和正式的公開市場委員會會議不同，這些討論是私下的，沒有供大眾審閱的文字稿，也沒有完整的公開市場委員會投票來決定這套方案。這套方案是緊急貸款措施，只需要一些理事核可即可。

一位參與討論的人說，整個過程完全沒有創意可言，聯準會並不想做任何有創意、有新意的事，只是想要找出金融界哪個角落正在被火焰吞噬，然後把聯準會的新資金大水往那個方向澆過去。聯準會決定要重新動用一項二〇〇八年金融危機期間其率先開創的法律工具：特殊目的實體（Special Purpose Vehicle，簡稱SPV）。特殊目的實體基本上是一家空殼公司，合夥人是美國財政部，讓聯準會規避他們在從事貸款時要面對的授權限制。聯準會在華府的律師和紐約的聯準會金融團隊三月時頻頻通電話，就是為了成立新的特殊目的實體。每一家特殊目的實體基本上都是一家公司，由聯準會和財政部共同設立，公司的註冊地在德拉瓦州（Delaware），費用約為十美元。財政部用納稅人的錢投資每一家特殊目的實體，聯準會把這些錢當成種子基金開始放款，財政部投資每一美元，最多可以貸放十美元。透過這種手法使用納稅人的錢，讓聯準會能擺脫平常的限制，開始買進風險性債務，並貸放貸款給經濟體中某些新的部分。如果虧損，會先由納稅人買單填補虧損，這有助於聯準會在法律上主張事實上他們做的不是任何風險性貸款。鮑爾用這一點作為推動方案的理據之一。聯準會或許承擔了更高的風險並擴大了組織的使命，但有財政部照看整個過程，這表示還是有受到一定程度的民意監督。

那個週末過完，聯準會成立了三家重要的特殊目的實體。

前兩家特殊目的實體讓聯準會可以買公司債務；背後的動機顯而易見。聯準會看到了倒閉鏈上會發生的事：企業付不出貸款，銀行受傷，掏空CLO的價值。為了避開這場大災難，聯準會擴大「聯準會賣權」的範疇，跨入全新的財務金融領域。買賣股票的人現在都已經假設，如果股市崩盤的話，聯準會將帶著救市配套方案介入。現在，交易公司債和槓桿貸款的人也有同樣的信心，這樣的結果影響所及遠超過公司債務的交易室。公司債務的利率本來應該是衡量風險的指標，風險高的公司必須支付很高的利率，安全的公司則適用比較低的利率。現在聯準會介入了，變身成公司債務的大買家，替市場墊了底，改變了債務適用的利率本質。現在，利率不只是反映公司的風險，也反映了聯準會購買債券的胃納量。很重要的是，一旦聯準會動手買公司債，就沒有收手的一天了。華爾街急切的眼神會永遠記得他們看過什麼。聯準會每干預一次，就假設了未來還會再繼續干預。

聯準會成立的第三家特殊目的實體可能是最具突破性的一種，這家公司瞄準的是規模太小無法取得槓桿貸款或發行公司債的中小型公司，買進這些公司的債務。這套方案的實驗性質很濃厚。發布方案時，建構方案的聯準會律師手上只有粗略的概要，他們計畫日後才補上細節。方案的指導原則是，聯準會將以這套方案突破華爾街的桎梏。聯準會不透過主要交易商來執行，而是利用自家的地區分行當導管。這些銀行會貸款給小企業，聯準會將至少買進當中的九成貸款，地區分行只要持有剩下部分即可。聯準會的這套方案名為中小企業貸款方案（Main Street Lending

Program）。

救市計畫的最後一部分不是再來一家新的特殊目的實體，而是用大規模且近乎永久性的量化寬鬆方案挹注大量資金。聯準會刻意不說清楚新一輪量化寬鬆方案中會考慮哪些因素，他們會在判定有必要時盡量投注資金，而且維持的時間也會視需要而定，規模可說是前所未聞。一個星期內，聯準會買進六千兩百五十億的債券，比霍尼格投票反對的整套方案購買金額還大。

到了三月二十二日星期天晚上，已經大致拼湊好這套方案，但還有一個小問題。方案需要財政部投入約四千五百四十億美元到各家新的特殊目的實體，這樣聯準會才能貸放出約四兆美元的新債務。然而，國會還沒有通過救市法案，無法授權動用四千五百四十億納稅義務人的錢。

鮑爾和團隊決定不等國會了，他們會在三月二十三日星期一早晨開市前就發布訊息推出新的特殊目的實體。

❖ ❖ ❖

聯準會當天發布的訊息堪稱激進，足以止住恐慌。聯準會將用約九十天的時間創造出二・九兆美元，在二〇〇八年金融危機之前，以聯準會的正常速度來算，大約要三百年才能創造出這麼多錢。

基本上，一般人都不反對聯準會的行動，鮑爾又擴大聯準會的作為。從第一套救市配套方案算起，不到三個星期，聯準會便以之前的工作為基礎，又推出多項新行動。同樣的，這套計畫也並未交由整個公開市場委員會投票表決，沒有留下文字稿供人判斷新行動背後的思維；四月八號時，一次全體一致同意的閉門表決案中核准了其中某些行動。[1]

聯準會四月九日宣布不僅會買公司債，還會買風險更高、被評為垃圾等級的債券，買進的垃圾債券將不限量；疫情之前，聯準會僅買進評為投資級別的債務。華爾街將垃圾等級債券稱為墮落天使（fallen angel），其中包括像福特汽車這類公司的債務。聯準會買進墮落天使債券，也就等於出手幫忙已經存在於市場上的高風險垃圾等級公司債（像瑞斯諾德這類公司發行的債券），這些債務市場的資金池規模更大。一旦墮落天使等級的債務評等直直落，公司就無法取得其他貸款，債務吸引力也會更低，更沒有人買，聯準會要阻止這類潛在的瀑布效應。

在那一天，聯準會也更新了另一套方案：定期資產擔保證券貸款機制（Term Asset-Backed Securities Loan Facility，簡稱TALF），讓聯準會有史以來第一次可以直接購買大量CLO債務（CLO是由多個槓桿貸款構成的憑證）。聯準會把自己布建的安全網拉得更大，也發揮了重要的作用，平撫了市場對於幾十億美元CLO的價值產生的焦慮；這類憑證正面對貸款價值減計且快

1 參與表決的是鮑爾、副主席克拉理達與理事奎爾斯、布蘭娜德和蜜雪兒・波曼（Michelle Bowman）。

要突破標準上限，因此岌岌可危。這也幫了持有幾十億美元CLO的大型銀行一個大忙。

一般大眾或有線電視新聞臺都很少談到這些事，理由可想而知：這一切都包上了一層渾沌不明、難以理解的語言。舉例來說，聯準會是這樣說的：「我們修正並擴大了SMCCF[2]，並在TALF中加入了新的資產類別，以支持給家庭和企業信貸的金流。」這話聽起來不太振奮人心。當一天提報的新確診人數達三萬五千人（相較之下，一個月前的同一天僅有二〇一人確診）且各州紛紛關閉餐廳與商店之時，更沒什麼吸引人注意之處。

但對於實際上在交易債券以及打包後出售債券的人來說，這是很震撼的消息，是那種成為歷史分水嶺的事件之一：市場的運作方式在成立這些特殊目的實體之前是一套，之後則變成是另一套。

「基本上，我們現在把信貸風險社會化，永遠改變了經濟體運作的本質。」聯準會顧問兼古根漢投資公司資深交易員米納德說，「聯準會表現得很清楚：審慎投資將不再是可接受的行為。」

聯準會光是宣布要推出方案，就能夠安撫債券交易商和操作CLO的業者。聯準會僅買了一小部分他們可以買的公司債，並不足以拉抬整個市場，但這傳達出訊息，宣告萬一麻煩捲土重來，聯準會仍會堅守著，而且口袋深不見底。就創造出方案的人來看，這是成功的明證。財政部長梅努欽尤其開心。

梅努欽日後說：「我們聯合發表交易內容並承諾必會執行交易的當天，就讓整個公司債市場解脫了。」

這些行動很激烈，直接受益的僅有一小群人：擁有資產的人或是靠著交易資產為生的人。而聯準會對抗的金融危機，和影響範圍更大的新冠疫情是兩回事。病毒在全美造成的損害無可計數，聯準會面對這些受影響的領域無計可施。醫療體系撐不住了，急診室的護理人員穿的是用垃圾袋臨時拼湊而成的防護衣。病毒傳播速度加快，因為很多人被感染卻沒有支薪的病假可請，於是他們繼續留在工作崗位上，感染其他人。各州州長必須互相競爭，爭取必要的備品，比方說檢測試劑。馬里蘭州的州長賴瑞·霍根（Larry Hogan）從南韓走私裝滿一架飛機的試劑進來，飛抵後由武裝人員護衛。為了減緩感染速度，餐廳、電影院、商店、學校紛紛關門大吉。但在關掉這些地方的同時，聯邦政府完全無法執行任何統一的對抗病毒因應行動。政府失能，使得企業和學校在當年春末只剩一個很糟糕的選項：他們要不然就在疫情更加嚴峻的條件下重啟，要不然就繼續關起來。在這段期間，美國有近兩千兩百萬份工作消失，引發自大蕭條以後最嚴重的失業危機。聯準會無法處理這些事，多年來，聯準會的領導者一直在抱怨國會領袖的努力不夠，無法處理許多影響整體經濟的深沉問題。鮑爾應和了這些想法，他不等國會了，逕自推出三月救市方案中的幾個關鍵部分。

2 全稱為次級市場企業信貸（Second Market Corporate Credit Facility），這是聯準會買進公司債的方案之一。

然而，在聯準會宣布突破性的特殊目的實體方案之後，國會也挺身而出了，通過現代史上規模最大、金額最高的法案之一，名為〈新冠疫情援助、紓困和經濟安全法案〉(Coronavirus Aid, Relief, and Economic Security Act，簡稱CARES Act)。這是梅努欽、川普、裴洛西和麥康諾的好機會，藉以證明自己有能力解決重大問題，美國政府在人民有需要時會伸出援手。

❖　❖　❖

〈新冠疫情援助、紓困和經濟安全法案〉授權花費兩兆美元來對抗疫情，其中包括用四千五百四十億美元納稅人的錢作為聯準會特殊目的實體的經費。〈新冠疫情援助、紓困和經濟安全法案〉最受矚目的部分，是要把兩千九百二十億美元直接發給人民。這項支出大有理由獲得很多的關注。對於千百萬拿到錢的人民來說，影響很直接又大有好處。而且，美國政府過去從來沒有真正做過這種事，不管人民之前適用的稅率級距是多少或是目前有沒有需求，一視同仁直接發錢給人民。除了這些直接福利之外，因封城直接受到限制的人還可以領到更多的其他福利；由各州管理的失業保險福利，每個星期的補助金額再加了六百美元，一直到七月底。那年夏天有些地方延長了這項福利，差在增加的金額比較少。

直接發錢給人民，是〈新冠疫情援助、紓困和經濟安全法案〉最顯而易見的部分，但國會通過的整體疫情救濟（包括〈新冠疫情援助、紓困和經濟安全法案〉以及其他三項比較小的法案）支出來說，這還是相對小的部分。《華盛頓郵報》根據非營利機構負責任聯邦預算委員會（Committee for a Responsible Federal Budget）的資料做了一項分析，這些錢裡面一半以上都用於協助企業。其中僅有四兆美元用於因應疫情引發的公衛危機或阻止疫情傳播速度，少到幾乎看不見。

最大一筆錢是用於薪資保障方案（Paycheck Protection Program，簡稱PPP）緊急貸款的經費，總金額為六千七百億美元。方案背後的想法是，企業來申請薪資保障方案貸款，保住員工的飯碗，等到日後企業重啟、大家都返回工作單位，將可豁免貸款。這筆錢本來大有可能幫助人數眾多且各式各樣在漫長且痛苦的封城期間飽受折磨的企業主，但事實上並不然。以拿到薪資保障方案貸款的企業來說，其中一半以上的補助金被僅五％的公司分走了。但就連這個數字都還低估了影響範圍有多狹隘；一％的企業拿走了二五％的薪資保障方案貸款。大型的律師事務所和全國性的餐飲連鎖業，拿到最高金額一千萬美元的薪資保障方案貸款，受惠者包括連鎖的波士頓市場餐廳（Boston Market）和強勢的博伊斯、席勒和弗勒克斯納律師事務所（Boies Schiller &Flexner）。在川普總統宣稱這套方案拯救或撐住了五千萬份工作之後，聯準會以及其他人做了分析，發現薪資保障方案救了大約三百二十萬份工作，每一份工作的救援成本是二十八萬六千美元。

〈新冠疫情援助、紓困和經濟安全法案〉中約有六千五百一十億美元是企業的免稅額，要申請免稅通常很繁複，這表示，這些稅賦上的好處大部分都被大企業拿走，因為只有他們請得起最出色的稅務律師。舉例來說，連鎖的芝樂坊餐廳（Cheesecake Factory）有四萬一千名員工放無薪假，但是他們還是申請到五千萬美元的免稅額。約有兩千五百億美元的免稅額額度撥給任何產業裡的任何企業，完全不考慮它們受到疫情衝擊的嚴重性。企業主得到的免稅額達一千三百五十億，這表示，約有四萬三千人年收入超過一百萬美元、但得到的福利價值一百六十萬美元。這幾千億的錢，大致上都安安靜靜進到全美各地的公司金庫與個人的銀行帳戶。等到好幾個月之後，《華盛頓郵報》贏了一場紀錄可公開的訴訟，將資訊公開，大眾才得知資金的分配原來這麼不公平。

來自國會和聯準會的聯邦政府補助分配極不均等，暴露出二〇二〇年時美國經濟體系的基本架構。當這些錢流進國家的金融管線系統時，顯露出經濟體系哪些部分運作得很好，哪些部分則不然。舉例來說，聯準會過去把錢交給主要交易商，在超級現代化與維護得宜的網路系統內運作起來快速、平穩且效率高。要把錢發給一般大眾，要透過一個向來被忽略且多有疏漏的網絡，執行救濟方案時無法達到像政府宣傳的理想狀況。薪資保障方案的資金之所以無法送到最有需要的小企業手上，其中一個原因是處理這些貸款的是小企業管理局（Small Business Administration），照理說，他們要跟參與方案的銀行配合。小企業管理局是一個毫無生氣的冷門單位，從來沒有處理過規模這麼大的應變方案。最能駕馭複雜且難以招架官僚體系的企業，才會是在這套救援方案系統裡得到最多好處的企業，這一點都不讓人意外。

川普政府內部認為干預行動很成功。就梅努欽來說，他希望趕快把這些資金都發出去，就算有些錢會發給不太有需要的公司或個人也沒關係。他並不希望提出一套概念上完美無缺的方案，但到頭來阻礙了符合現實的方案。梅努欽知道有些錢一定會被導引到錯誤的地方去，他曾經公開譴責洛杉磯湖人隊（Los Angeles Lakers）拿走了四百六十萬美元的貸款，直言這「太超過了」。但梅努欽相信，唯有快速因應，讓財政支出與貨幣刺激政策兩相結合，才能免於更嚴重的災難。

「在聯準會歷史上，不曾看過財政部與聯準會像那年三、四月時這樣聯手行動。連在金融危機期間也沒有任何類似的措施。」梅努欽日後回憶道，「如果我們沒有聯合起來完成這些工作——有些事情是我們兩邊一起做，有些是聯準會獨立行動——我想我們應該會再遭遇一次大蕭條。」

❖　❖　❖

聯準會內對於自身的公眾形象愈來愈敏感。在鮑爾領軍之下，聯準會將自己描繪成幫助中產階級的工具。二〇一九年，在疫情爆發之前，鮑爾就規劃了一趟「傾聽之旅」，聽聽看勞動階級的顧慮與想法，並討論聯準會可以提供哪些協助。此舉背後有一項策略面上的理由。聯準會的資深領導者知道，當大家的狀況都不好時還去幫助非常富有的人，會很不得人心。聯準會二〇〇八年與二〇〇九年的紓困行動就產生了催化作用，帶動了右派的茶黨運動和左派的占領華爾街運動（Occupy Wall Street）。保守派的反動力道尤其強烈，使得後來有很多人大聲疾呼要稽核聯準會，要更嚴加規範，甚至說到要完全裁撤這個機構。參與聯準會內部「經驗傳承」研究的人也認知到這一點，其中包括前任資深經濟學家莎姆。莎姆說：「聯準會總是挨罵，因為開罵很容易，根本沒人知道聯準會到底是什麼東西。大家覺得聯準會在乎華爾街，所以他們會被攻擊。」聯準會三月底發布新方案之後，莎姆和其他人很擔心會出現反動力量。他說：「我是指，『終結聯準會』（End the Fed）運動已經有四年了，我根本不敢去想那會怎麼樣。」

你很難主張買進垃圾級債券和CLO能幫助丟了工作的星巴克咖啡師，但當聯準會要論述他們真的很認真在幫助華爾街以外的人民時，確實可以舉出一項方案當例證，那就是中小企業貸款方案。這套方案有點像是發支票給大家的〈新冠疫情援助、紓困和經濟安全法案〉。很多人關注此方案，這很新，對於熟悉聯準會歷史的人來說甚至會很訝異。這套方案把聯準會推進新領域，在全美直接撥信用額度給可以利用債券市場的公司。聯準會打破了藩籬，擴大了業務範疇，而他們做這些事全是為了幫助中小企業。

中小企業貸款方案讓聯準會得以證明他們不是只會救助資產主、避險基金和華爾街的銀行。四月，極具影響力的保守派經濟學家格倫．哈伯德（Glenn Hubbard）對《華爾街日報》說，中小企業貸款方案的成敗至關重要，這可以證明聯準會能以其充滿創意的精力來協助華爾街以外的人民。

哈伯德對記者說：「我很擔心方案無法收效。」

確實沒用。中小企業貸款方案窒礙難行、極為複雜而且很難運用。這套方案要靠地方與地區銀行先貸款給中小企業，然後由聯準會買回來。但聯準會也堅持地方銀行要留著五％的貸款，這表示，銀行要吸收部分風險。要貸款給這麼多很可能處於水深火熱、少有機會活下來的企業，當中會產生的費用與涉及的工作負擔，也讓銀行卻步。中小企業貸款方案設計上要買進多達六千億美元的貸款，但到了十二月時，買進的貸款金額僅有一百七十多億，當月這套方案就停了。

這不表示聯準會的紓困方案無效，而是只對某些人來說有效。聯準會真正的、成功的紓困，極為強力迅速，那是以擁有資產者為目標紓困方案。在疫情導致的崩盤之後九個月內，股民就毫髮無傷了。公司債的持有者也是一樣。隨著聯準會三月時開始介入，這期間的美國股市也成為其史上規模最大、上漲速度最快的大多頭之一，道瓊工業指數飆漲。美國公債市場三月中崩盤時，美國股市來到歷史低點。從那一天到六月中，短短三個月內，股市漲了三五％；再經過三個月，又再漲了七％。到了這個時候，股價已經回到之前餐廳、電影院、旅館和郵輪以全部產能營運時的價格了。早在四月，槓桿貸款的平均月報酬就已經回漲，到了八月，很多企業發行新的投資級別債券，打破二〇一七年創下的紀錄。

一如往常，媒體又將資產價格膨脹講成是繁榮好光景，而且這一次的多頭力道很強，幾乎是超自然的水準。千百萬人失業，另外還有千百萬人隨時可能被逐出居所，餐廳關門，成千上萬的人正在死亡邊緣，但股市和債市全都熱得很。

❖ ❖ ❖

二〇二〇年夏天，一個四十五、六歲酗咖啡的男人大衛・波特尼（David Portnoy）把股市比擬成一個人：波特尼坐在一個空空蕩蕩的大房間裡，對著電腦攝像頭大吼大叫，將他的想法直播出去。波特尼是名網路紅人，很清楚如何爭取與維持關注。二〇〇三年他在波士頓出版一份免費報紙《吧檯凳運動報》（*Barstool Sports*），多年下來演變成很多人看的網站。《吧檯凳運動報》裡用大量的誘餌來吸引關注，有很多肆無忌憚的內容。比方說，有一系列的文章是要替猥褻學生而遭到逮捕的女老師打分數（有一位老師被嚴苛地評為「C」，因為她沒有發布清楚的個人照）。這些內容全都讓大家不斷談論波特尼此人，而他又回過頭來不停拿出一些可供大家討論的話題。二〇二〇年的春天和初夏，波特尼開始討論股市，推出一個新節目《全球當沖交易員大衛》（*Davey Day Trader Global*）。他坐在網路攝影機前，用電臺主持人談棒球比賽分數的方式談股市。當時股價再漲，之後又續漲，因此想在股市賭一把賺點錢，變成一種上癮的流行。波特尼直播時也會接Call-in電話，其中包括一個顯然用的是假名的男士「波思」（Balls，也有「帶種」的意思），他叫波特尼買進連鎖速食餐廳昔客堡（Shake Shack）的股票。

波特尼在一部影片裡大喊：「波思說：『做多。』我要做多！再花五十萬美元買昔客堡。」波特尼誇張了自己的獲利，大肆宣傳股票有多好賺。

也想要同樂的觀眾，可以在二〇一三年架設的股票交易平臺羅賓漢系統（Robinhood）上開帳號。羅賓漢系統交易股票不收手續費，到了二〇一九年底，已經吸引到一千萬人在系統上開了帳戶。有很多人用信用卡或房屋淨值貸款（home equity loan）當資金交易股票，讓羅賓漢平臺看起來像是高度民主化的金融系統，把有錢人家的股票交易從華爾街搬到尋常人家的客廳裡。但主導羅賓漢系統業務模式的，其實還是那一批早就金融大權在握的重要人士。在羅賓漢系統上交易的人並非這家公司的真正顧客，真正的顧客是大型避險基金與西塔德證券公司（Citadel Securities）這類交易公司。羅賓漢系統或許是透過應用程式安排交易，但實際上真正負責執行的是西塔德證券這些公司。這些公司支付羅賓漢系統幾百萬美元，買進系統讓他們看到大家買什麼股票的權利，然後，當他們在下單時，他們會根據看到的資訊做交易。這叫做訂單流佣金（paying for order flow）。一個散戶投資人每在系統帳戶裡交易一美元，羅賓漢系統就能從交易公司手上賺得一萬九千美元。從二〇二〇年初到二〇二一年同一期間，一年內羅賓漢系統賺得的訂單流佣金增加了三倍。羅賓漢系統根據這樣的安排從西塔德公司賺了多少錢，並不確定，因為後者是一家私有公司，無須揭露資訊。

市場波動難以預測，但西塔德公司可以好好看清楚聯準會如何運作。二〇一五年，這家公司聘請柏南克擔任公司的資深顧問。柏南克說，他一年裡通常只替西塔德公司工作幾天，分享他對經濟的看法，偶爾也在為客戶舉辦的活動上現身，接受訪問。根據財務揭露申報表，這家公司在二〇一九年與二〇二〇年支付給葉倫的演講費分別為七十一萬美元與七十六萬美元。

在波特尼這些媒體名人的協助之下，交易熱絡對西塔德這類公司來說可是時機大好，比方說二〇二〇年夏天。在一部影片中，波特尼顯然大發雷霆，他很氣有些人居然聲稱應謹慎看待把錢投入股市這件事。

他大叫：「酸民躲哪去了？現在我兩手握好方向盤，我要把股市帶到他媽的**月球**上去。我們要從酸民頭上開過去。大家都瘋了，你為何發瘋？上車，**買**！大家都在賺錢，大家都在賺錢。買，買，買。我們都在賺錢。幹嘛要當酸民。你幹嘛要放空市場？因為你錯了、你過時了？因為我兩個月內就能證明你是個笨蛋？打開你的機器。」

他們確實打開了機器，二〇二〇年，羅賓漢系統又多了三百萬個帳戶。

❖　❖　❖

這些瘋狂行徑看來離鮑爾的世界很遠，他繼續演講，繼續他的傾聽之旅，差別在於現在形式改為線上虛擬了。他在國會聽證會上發言，展現出堅定不移領導者的形象。大致上來說，鮑爾備受讚譽，是位英雄。

二〇二〇年的危機應變，代表了鮑爾事業上的高峰。過去他安靜地在財政部、凱雷集團和聯準會這類呼風喚雨的機構背後默默付出，但如今，他是世上最強權央行裡的重心人物。出現危機困境時在聯準會裡積極行事，在政治上有好無壞。聯準會的資產負債表規模達到四．五兆美元時已經引發憂慮，但此時已經來到七．四兆美元，而且沒有休止的跡象。柏南克實施引發爭議的負利率政策，現在已經是系統運作的背景條件了，變成標準作業程序。真正的注意力現在都放在新的實驗性行動，以及日後可能會有的新發明，基本上，沒有人相信聯準會將就此停手。

鮑爾的前輩（以及基本上任何其他在銀行、貨幣政策或治理世界裡握有大權的人）都讚賞他所做的事，他們也承認，要鬆綁聯準會這幾個月內所做的事，就算不需用到幾十年，幾年時間總是跑不掉的。但這是以後的問題了。

二〇二〇年四月，柏南克在接受訪談時自動用以下這段話開場，他說：「鮑爾在困境之下表現得很好。」葉倫被問到對聯準會最近的行動有何看法時，她加碼說：「我認為他們很英勇，我也大力支持。他們的作為讓我深感佩服。」

葉倫支持鮑爾的行動，提出以擴大的觀點來看聯準會的權力，以及聯準會在美國的角色。聯準會不只要維持穩定的貨幣供應，也要在有麻煩時成為銀行的最後放款人，她指出，這種觀點已經過時了，部分理由是因為避險基金、私募股權公司或其他有時被稱為「影子」銀行體系的實體把持著金融體系。危機時，聯準會必須撐住他們。「正因如此，聯準會被改造了，而也正是他們現在的行事作風。」她把新冠病毒疫情描繪成超越銀行的銀行恐慌，影響了美國整體經濟。如今，聯準會是所有人的最後放款人。

葉倫說：「當（新冠病毒）來襲、人們明白情況有多嚴重時，大家就開始大幅且廣泛地出脫每一種類型的風險性資產，這就像是現代的擠兌。你知道，還好的是，身為銀行系統核心的銀行，能再度維持還不錯的狀況。同樣的，影子銀行系統的中心也是如此。大家都害怕虧損，不想再把錢貸放出來，想要把現金放在安全的地方。央行的角色，就是在大家都不願意的時候承擔風險，避免傷害銀行。」

二〇二〇年的紓困行動，是美國自二戰以來規模最大的公共資源支出，穩住且深化了一套過去十年來大致上由聯準會低調穩定創造出來的體系。紓困行動提供的資源，幾乎全部都流入了因為零利率與量化寬鬆而更強大的實體，流進了借錢買進競爭對手的大公司，流進了擁有大部分資產的最富有美國人手裡，流進了華爾街風險最高、用借來的錢在全球市場建立了脆弱部位的金融投機客，也流進了美國最大型的銀行，如今大家都相信這些銀行很大，而且不能倒。

發生這些事的時候，是美國人民在現代史上最心煩意亂、飽受重重困擾且財務上最吃力的時候，而且，連想要搞懂這些事情造成了什麼影響，都很困難。然而，在之後的幾個月、幾年，或者很可能是幾十年，其效果自然會顯現出來。

第十六章 長期崩盤（二〇二〇～二〇二一）

費特納被瑞斯諾德裁員之後，他決心要把人生拉回正軌。他和妮娜計畫了很久，存夠錢要在他們於銀匙道租屋處附近買房子。這對夫妻不願放棄此一目標。在他丟掉工廠的飯碗之後，有幾個月的時間，費特納都在臨時的工作當中來來去去。他找到一份雜貨店的維修工作，之後找到一份同樣也是從事維修的外包工作。他很懷疑自己再也不能像在瑞斯諾德時那樣，以工會會員身分找到享有高薪的工作。他是對的。但是他不斷努力，最後在一家大型醫院的維修部門找到一份全職工作。這份工作的薪水比瑞斯諾德低，但很穩定。妮娜在一家提供居家心理健康照護公司的人力資源部門工作。存錢要花點時間，但他們終於存夠了，並且買下自己的房子。還有，他們運氣好，他們在醫療保健產業工作，這是少數幾個在疫情期間沒有關門或中斷的產業之一。

二〇二〇年底，費特納改為傍晚才開始上班。他會在下午兩點過後沒多久就準備好，從車道把車子開出來，開始漫長的通勤之路。上班這條路最快也要四十分鐘，前半段要走七十號州際公路（Interstate 70）往印第安納波里斯，會經過單調的農地，在漫長的冬季非常開闊，一片荒涼。

從這裡，他要往北走，開上城市外環的大型高速公路，開到北方社區醫院（Community North Hospital），這一大片院區看起來像是一個自給自足的辦公室園區。費特納上的晚班從下午三點半開始，上到晚上約十一點半，到那時候，院區多半很安靜。印第安納州第一位確診者於三月六日在北方社區醫院確診，到了十一月，州裡已經約有二十萬名確診者與五千人病故。在接下來幾個月，州內還會有五千人死亡。對像費納特這樣的人來說，人生因為疫情變得很不真實。醫院最後在停車場設置了暫時的帳篷區，執行得來速病毒檢測，有點像野戰醫院的感覺。費特納上班時都戴著口罩，他的社交生活被迫暫停，妮娜在家裡樓上的房間安排了一間居家辦公室。這對夫妻的女兒還住家裡，但由於她從事醫療保健的工作，讓她根本不在家。費特納一家人不再和朋友碰面，在鄰居也得病時聽到了謠言滿天飛。費特納在工作時盡量忙著，有事忙本身就是福氣了。餐飲業和旅宿業的從業人員已經好幾個月沒工作了。費特納屬於一群被視為「必要」的工作人員，這代表他們不能選擇在家工作，不能和他人保持安全距離。

二〇二〇年時，美國的各種必要工作人員工時很長，他們有的負責外送食物，有的在雜貨店櫃臺負責收銀，有的利用自家車幫忙的，有在醫院工作以及幫忙維持工廠和倉儲持續運作的人，這些人交錯出一個基本上的化外之境。他們工作時要冒著極大的個人風險，染疫的比率遠遠高過在家工作的員工。費特納和妮娜都是幸運的人，他們從未染疫，或者說，就算他們曾經染疫，也未出現症狀。他們的女兒也一樣，就算她的工作必須去家中訪視染疫的病患，她也沒事。聯邦政府的紓困案對於這些必要工作人員影響很大，政府規定暫時不得將人們趕出居所，也發放應急金幫助他們支付帳單，但政府的慷慨大部分都跳過了像費特納家附近的這類地方。二〇二〇年經濟復甦是一種有柵門式的復甦（gated recovery），錢會根據特定的條件流到特定的地區。狀況好的人很好，但是其他人就不行了。聯準會針對員工低於五百人的企業做調查，發現其中有九成到年底之前營業額還在下滑，約有三〇%的企業說，如果得不到聯邦政府的協助，他們很可能會歇業。

對費特納來說，紓困是不重要的邊緣議題，和他的日常生活沒有太大的干係。寄給每個人的一次性紓困金，無法止住決定了費特納幾十年工作生涯的更長期走跌趨勢。金融危機之前，費特納在汽車零件製造廠納威斯達工作，連加班費算進來，他的年薪是八萬美元；在瑞斯諾德時他大概可賺六萬美元；換到醫院後，他的薪資約為四萬六千美元。而且，每換一次工作，他的福利就少一點，醫療保健的成本卻增加。並不是只有他這樣，美國的中產階級都經歷了漫長且嚴重的賺錢能力、議價能力以及薪資下滑。基本上，在二〇一〇到二〇二〇這十年間，這番走向沒有任何改變。美國經濟在成長，但是成長的好處落在愈來愈小群人手裡。費特納和他的鄰居分不到二〇二〇紓困方案中的大部分資源，也分不到零利率與量化寬鬆政策以及這些政策引發的資產價格上漲帶來的好處。美國後面一半的人口擁有的資產占全國總額的二%，前面一%的人則擁有三一%，這個統計數據，有助於解釋為何美國所得中位數的家庭（這是指中間的二〇%）的淨財富從一九八九年到二〇一六年間只增加了四%。同段期間，最前面一〇%的人財富淨值翻倍以上，最富有的一%甚至成長接近三倍，幾百萬的中產階級卻不斷落後。面對這樣的現實，為了彌補，他們借了大量廉價債務，讓他們覺得自己至少可以穩住中產階級的位置。二〇一九年底時消費性的負債來到十四兆美元，即便根據通貨膨脹做調整之後，也仍是歷史高點。看來，債務調降利率是唯一的好消息。二〇一九年，美國家庭有一成的可支配所得要拿來還債，低於全球金融危機前的一三%。

費特納天性樂觀，他講到二〇二〇年時本地的營造業似乎要熱了起來，而這個產業對技術性勞工需求很高。他的女兒找到居家醫療照護協助的工作，兩個兒子也有全職工作，負責維修保養當地學區的校車。到頭來，一切都很不錯。費特納有一個兒子在疫情期間迎來新生兒，讓大家的心情能脫離當下愁苦的現實。但費特納對於孩子的未來也有著不安的恐懼。他們都很年輕就開始工作，也都很清楚什麼才叫努力與讓人覺得可靠，但是，現在已經不知道努力工作是否仍是通向可靠生活或穩定人生的路了。費特納不知道孩子們能否期待像他之前一樣賺這麼多錢。費特納說：「這真的嚇死我了，真的。這就好像我們都變成商品了。你懂我在說什麼嗎？」

勞工的價值下降，但其他大宗商品的價值上漲，這是聯準會一手創造出來的。

❖　❖　❖

到了二〇二〇年十二月，鮑爾變成童話故事裡奧茲國巫師（Wizard of Oz）那樣的角色。對多數人來說，鮑爾就是一張在大螢幕上閃動的不帶情緒臉孔，發布訊息時彷彿從天上下達命令。如今，聯準會的記者會改在每次公開市場委員會會後以視訊方式召開，這些精心安排的活動一開始就主打鮑爾的形象，由他站在大型的藍色簾幕之前念著寫好的稿子。等他念完，鮑爾會接受忽然出現在螢幕上的記者提問，每一個人的臉都小小的，被框在方格裡面排在螢幕上的大網格當中。記者坐在各式各樣的居家辦公室和公寓裡，對著擺放角度很奇怪的攝影機說話。

十二月十六日，鮑爾發布訊息，聯準會春天時採取了一些非常重要的應變措施，其中一些作法如今已經成為半長期性的程序了。中小企業貸款方案喧騰一時之後安靜告終，但其他紓困措施仍在繼續。聯準會將會維持零利率，而且在可預見的未來，每個月都要投注一千兩百億美元的資金執行量化寬鬆方案。每三十天，就會以創造出以歷史平均值來算約十年的貨幣。鮑爾說，行動將持續下去，直到修補經濟的目標「出現實質進展」為止。至於這是什麼時候，就讓大家去猜想了。

鮑爾說，只要通貨膨脹不會長期漲到二%以上，聯準會就會持續干預行動，他說這項條件近期不太可能達到門檻。某些商品的物價確實因為供應中斷而大漲，不過經濟成長疲弱加上需求也弱，平穩了整體的物價。但資產價格上漲正在加速，而且不受限制。

十二月美國股市表現很好，連從股市賺到錢的人都不明白為何會這樣。衝進門（DoorDash）是一家以網路為基礎的食物外送公司，十二月時上市，股價馬上漲了快一倍。線上租賃公司愛彼迎（Airbnb）也上市，股價漲了一倍不止。對這些公司來說或許是好事，但股價漲這麼快，代表公司的原始業主把股價定得太低了，因此虧了很多。電玩業的洛柏洛斯公司（Roblox）十二月暫停首次公開發行，根據《華爾街日報》指出，這家公司「試著理解股市」。自網路熱潮以來，與公司的實際營收相比之下，股價已經來到了最高點。如果大家不懂這是怎麼一回事，有很長一段時間還有很多讓人不懂的事，幾個月內，股市屢破紀錄。

公司債市場同樣強勁。到了二〇二〇年年底，公司債的新發行量超過一．九兆美元，打破二〇一七年時創下的歷史紀錄。槓桿貸款和CLO的相關業務一片欣欣向榮。美國企業要背這些債務很多年，因為架構原本就是設計成這樣。當貸款到期，企業要不就把債務再賣出去藉以展延，要不然就全部還清。企業債務的熱潮在美國企業界用語中催生出一個讓人很討厭的新詞，叫「殭屍公司」（zombie company）。殭屍公司債臺高築，利潤根本無法支應貸款成本，殭屍公司若不想走到破產這個地步，唯一的辦法就是要有能力長期延展債務。根據彭博新聞社的分析指出，二〇二〇年間，有將近兩百家大型上市公司加入殭屍大軍。這些可不是沒沒無聞或風險很高的小公司，裡面也有很多知名企業，比方說波音（Boeing）、埃克森美孚（Exxon Mobil）、梅西百貨（Macy's）和達美航空（Delta Airlines）。彭博社分析了三千家大型上市公司，發現有二〇%都是殭屍企業。這些公司造成的風險不僅危及本身的財務穩定，這些公司的存在抑制了經濟產能，因為他們消耗了本來可以讓其他的公司或企業家使用的投資和資源。

鮑爾在華府的政治地位已經來到最高點。十一月川普輸了選舉無法連任，敗在民主黨籍的前副總統拜登（Joe Biden）手下，鮑爾的運勢又更加高漲。消息很快傳出來，指拜登將任命鮑爾的前同事兼主管葉倫擔任財政部長。華府專家預期，聯準會和白宮如今將會建構出近期大家記憶所及最密切合作的關係。川普政府臨去之前，還和聯準會發生了最後一次摩擦。和鮑爾密切合作的梅努欽，宣布財政部不再支持財政部偕同聯準會一起成立的特殊目的實體（連同買進垃圾等級公司債的方案），這些實體年底前就會收起來。聯準會反對這項行動，也發出一篇聲明表達立場。但梅努欽說他這麼做的理由很簡單，〈新冠疫情援助、紓困和經濟安全法案〉裡明確規定，聯準會的緊急特殊目的實體應在二〇二〇年底收起來。如今，股市和公司債市場都很活絡，沒有什麼理由延長方案。梅努欽日後說：「這是很明確的法律解讀，我非常認真要說到做到。」

聯準會向梅努欽施壓，要他不要收掉貸款，以防市場逆轉，但他覺得這麼做要付出代價：「不收掉的缺點是，未來一百年的某個時候，政府公債市場會跑來國會要求這些（應急方案），我認為，事實上我是管理人，必須如法律規定返回資本，替未來的財政部長立下典範。」

梅努欽發布要結束這些方案時，並未干擾公司債或股票熱絡的市場，投資人認為，聯準會將替他們出頭動手干預，光是這樣想就足以讓他們樂觀以待了。

❖　❖　❖

二〇二一年一月六日，成千上萬激烈的極端主義者包圍美國國會山莊。大樓裡，國會議員正在執行一項過去很制式的流程：計算各州送來的選票。拜登輕輕鬆鬆贏得選舉，但川普不肯讓步。川普宣稱有一樁大規模而且不斷流竄的共謀罪行害他敗選。川普的支持者打破窗戶，闖進了開著的大門，用驅熊噴霧噴警察，一路擠進眾議院和參議院，強力阻斷了權力轉移的流程。美國的政治體系大約有六個小時都處於暫時停止運作的狀態。當晚警方想盡辦法重新奪回大樓的控制權，允許暴徒走路回他們住的旅館，之後才繼續執行權力移轉流程。這是南北戰爭（Civil War）之後對美國民主最有戰鬥力的攻擊，也代表了美國社會的動盪來到了一個全新的層次。

隔天，道瓊工業指數上漲一．四％，收盤創下歷史新高。

❖ ❖ ❖

在那個月，散戶平臺羅賓漢系統上的千百萬股民幫忙帶高一家電玩租賃公司遊戲驛站（GameStop）的股價。如果用股價和公司基本的財務健全度來比，股價為何會漲到這麼高是一個謎；疫情封城期間實體店面因為顧客大減而受傷嚴重，與網路串流相對之下，技術上更顯得過時，但該公司股價漲幅達兩位數。

一月底的一場記者會上，一直有人問鮑爾聯準會是否有可能助長的資產泡沫。在公開市場委員會的內部會議上，聯準會自家的專家不斷提到量化寬鬆拉抬了連同股市在內的所有資產價格。鮑爾說，聯準會有在監督資產價值，但對此並未太過憂心。當他被迫談這個議題時，顯然快要發脾氣了。

他說：「我認為，低利率與資產價值之間的關係，可能不像大家想的這麼密切，任何時間點都有很多、很多不同的因素會影響到資產價格。」

❖ ❖ ❖

霍尼格在二〇二〇年漫漫冬日和很多人一樣，都在避開人群。他不再去探視孫兒，改成透過視訊聊天。等堪薩斯市的天氣轉冷了之後，他和辛西亞很多時候都待在家裡，極少和朋友碰面。他們找到一些在新世界裡生存的小技巧，比方說，判定採購雜物的最佳時段是星期三下午，大約三點鐘左右，這個時候店裡幾乎沒人。他們戴上兩層口罩後才會在如今標上「單行道」標誌的貨道上穿梭，他們在收銀檯前也會站開，離收銀員遠遠的，收銀的人則配戴透明面罩。

讓霍尼格能堅持下去的是，他覺得自己可以做一些有用的事。他早上很早就起床，用iPad讀一下新聞。他透過《金融時報》、《華爾街日報》和《華盛頓郵報》等等刊物跟上聯準會的脈動，了解他們在做什麼。他花很多時間待在居家辦公室裡，撰寫文章與發表意見，針對聯準會以及銀行監理單位未來應該怎麼做提出最犀利的觀點。他在梅卡斯圖中心的線上出版品《揭露》（*Discourse*）上發表其中一些文章；他是這裡的資深研究員。二〇二〇年五月，霍尼格發表一篇文章，敦促人們思考聯準會在危機期間的所作所為從長期來看有何意義。他寫道，應急支出對於對抗疫情來說很重要。「這些政策，以國家未來的所得當作抵押來承作大規模的貸款，雖然短期有其必要，但延長到危機期間過後很可能會有意想不到的嚴重後果。」

二〇一〇年時霍尼格也提出類似的主張，他說美國要好好想一想，眼下的危機過後要做什麼。美國要訴請民選機構來因應國家的問題，還是要再度仰賴聯準會？二〇一〇年時霍尼格連著幾次投下反對票，當時聯準會的資產負債表規模為二・三兆美元，從歷史的標準來看，金額非常之高，規模是二〇〇八年金融風暴之前的兩倍有餘。二〇二〇年五月，聯準會的資產負債表規模為七兆美元，並在近乎長期的量化寬鬆金流之下持續壯大。

霍尼格二〇二〇年提出的警告，和十年前講的內容有一大不同之處。現在，他可以引用歷史紀錄了。在文章裡，霍尼格把二〇一〇年到二〇一八年的經濟成長拿來和十年前、也就是從一九九二年到二〇〇〇年時相比。他主張，這兩段期間可相提並論，因為都是經濟衰退後的經濟長期穩定期。一九九〇年代，美國的勞動生產年平均成長率為二・三%，在零利率政策的十年間，成長率僅一・一%。勞工賺得的實質週薪所得中位數，一九九〇年代平均年成長率為〇・七%，但在二〇一〇年代僅有〇・二六%。用來衡量整體經濟的實質國內生產毛額成長率，一九九〇年代的平均年成長率為三．八％，但近十年期間僅有二．三％。經濟體中唯一因為零利率政策而受惠的，僅有資產市場。股市二〇一〇年代漲了兩倍以上。二〇二〇年崩盤之後，市場仍繼續快速飆漲，創造亮眼報酬。

美國在經歷另一個十年的經濟成長疲弱、薪資停滯不前與主要嘉惠富人的資產價格高漲之後會怎麼樣，霍尼格不敢樂觀。這是他在公開與私下常常在談的主題。在他心裡，經濟學和銀行體系與美國社會緊密交織在一起，一件事會影響到另一件事。當金融體系僅有利於一小撮人，一般人就會開始對整體社會失去信心。當他們看到大銀行紓困得救，中產階級的薪資卻不斷下滑，他們會覺得系統被玩弄了。霍尼格公開演講時主張，這是推動銀行改革的好理由。二〇一九年在華盛頓市中心的烘焙坊喝咖啡時，霍尼格講到零利率政策下的資源配置錯誤很可能會引發洶湧暗潮，撕裂美國社會。「你認為，如果我們沒有造成這麼嚴重的分裂，如果沒有零利率政策引發的效果讓某些人享受到比較多的好處，那二〇一六年時還會有這場政治上的……應該說騷動還是革命嗎？」霍尼格問，「我不知道，因為事實上是這些都發生了，但這是一個我很願意拋出來的問題。」

二〇二一年，霍尼格安坐堪薩斯市家中，他很樂於談一談一個最重要的議題：從長期觀點來思考的必要性。他提到一位瑞士央行的銀行家提出的建議，他一直記住對方說的話。這位央行人員說了：「我們要對長期負責，所以短期應該自己對自己負責。」聯準會應該是很理想的以長期觀點思考的機構，因為不受選民和選舉影響。但霍尼格不認為主導二〇一〇年以及之後相關決策的是長期思維。他說：「焦點是短期。」這個問題不僅影響央行人員，而且也愈來愈主導企業、政府機構以及一般人在想事情時的思維。霍尼格說：「每一個人都有短期需求，導致根本不可能去看長期。」

這很重要，因為二〇二一年要因應美國所面對的問題時，長期思維不可少。二〇二〇年春天發生的金融崩盤，由於聯準會挹注了很多新資金，因此快速緩和下來，大多數人根本就不知道有這麼一回事，但這場崩盤的後果很嚴重。

二〇二一年三月十一日早上，霍尼格正讀著《華爾街日報》，他看到一篇特別讓人憂心的報導。就像很多和美國貨幣與債務相關的重要訊息一樣，這篇文章下的標題也很溫和：「新債務潮測試美國公債市場」(Wave of New Debt to Test Treasury Market)。報導說，在看來順利成長的金融體系表面之下，深處有一股脆弱正在蠢蠢欲動，這股脆弱不是新鮮事，而且和金融風險蹺蹺板的極微妙平衡息息相關。蹺蹺板上代表安全的這一邊是持有可靠的資產，比方說美國政府公債；另一邊則是持有風險性資產，比方說股票和公司債。聯準會在蹺蹺板上安全的這一邊每個月花八百億美元[1]買進美國政府公債，壓制了這些公債的利率、或者說殖利率。這種情況已經十年了，

1 聯準會每個月花一千兩百億美元推行量化寬鬆，八百億美元用來買政府公債，四百億美元用來買不動產抵押貸款證券。

迫使投資人把他們的資金推往風險高的那一邊，尋求收益。三月時開始出現一些讓人擔心的事。不管聯準會如何干預，美國政府公債的利率都開始攀高。有很多原因都會帶動公債殖利率上漲，比方說，投資人預期經濟會成長，從而推高利率。但《華爾街日報》這篇報導強調的是另一個很可能更危險的理由：美國政府正在發行極大量的公債。川普總統和國會的共和黨人二〇一七年時通過減稅法案，強迫政府每年要借一兆美元才能維持政府運作，就連二〇一九年美國經濟處於頂峰時也是如此。當疫情來襲，光是〈新冠疫情援助、紓困和經濟安全法案〉，國會通過逾兩兆美元的支出，所有的資金都靠預算赤字支應。三月，拜登總統簽署另一項金額達一．九兆美元的救助方案，被宣傳成幾十年來第一套將大部分支出花在窮人與勞動階級身上的大型援助方案。這一切代表美國財政部二〇二一年要售出約二．八兆美元的政府公債。《華爾街日報》這篇文章點出了一個問題點，那就是市場上對這些公債的需求不夠高，很可能無法讓公債的利率維持在聯準會強力壓下去的低點。那個月拍賣過幾次美國政府公債，需求疲弱到讓人憂心。分析師相信，某些政府公債很可能出現的「買方罷工」（buyer's strike）的問題，政府要支付更高的利息才能吸引買家。如果公債殖利率上漲，就會引來華爾街的投資現金轉向蹺蹺板比較安全的這一邊，他們如今找到了避風港，很久不見的比較高且比較安全殖利率又現身了。這會吸走其他市場裡的現金，包括槓桿貸款、股票、CLO以及其他華爾街多年來忙著打造的所有風險性結構。鮑爾和團隊又要面對熟悉的選擇了，他們可以放手讓風險性的結構下挫，也可以用更多的量化干預和緊急方案出手干預。二〇一八年底資金快速撤離風險性資產，當時鮑爾面對的也是類似選項，而他選擇創造更多資金以安撫市場。此舉鼓勵了更多投機行為並讓資產價格膨脹。霍尼格相信，如果債務價格上漲、市場動盪，聯準會幾乎必會再選擇走上創造新資金的老路。霍尼格說：「你會看到我們替自己製造的複雜局面往前推進了。」

霍尼格繼續寫文章和白皮書。他七十四歲了，在他事業生涯的尾聲，他的想法也不比從前受到多少歡迎。沒有太多人讀他的報告，他也很少受邀出現在有線電視新聞節目裡，但霍尼格的主張在二〇二一年時仍然中肯切題，一如十年前。這反映出了他的觀點一以貫之，更反映出了美國長期問題的棘手。

從很多重要面向來說，二〇〇八年的金融崩盤並未結束，這是一場長期的崩盤，讓美國經濟跛行多年。引發崩盤的問題，幾乎完全未解，而美國民意機構力量長期崩潰，也讓金融崩盤更雪上加霜。當美國仰賴聯準會處理經濟問題，就是仰賴一套錯得離譜的工具，聯準會挹注的資金只會加大美國贏家與輸家之間的差距，奠下基礎醞釀出更嚴重的動盪不安。疫情損害了這套脆弱的金融系統，聯準會以創造更多新資金來應變，更加劇了之前的扭曲。

二〇〇八年的長期崩盤已經演變成二〇二〇年的長期崩盤，這些帳我們都還沒付清。

致謝

我特別感謝一個人，是他激勵我寫出這本書。我二〇一六年時見到他，他是我之前一項報導專案的消息來源，他提供資訊的條件是要求我隱去其名，因此我不能在這裡提到他的姓名。這位消息來源人出色又迷人，和他一起合作的人都認同他根本就是天才。我們第一次會談持續了十一個小時，在前四、五個小時，我們談的是我之前專案的主題，但隨著時間過去，他希望談一談另外他認為更加重要的事情。他希望談一談資產價格。這位先生，有時候人們用他的名字縮寫Z.C.來稱呼他，在之後幾年，他很慷慨地撥出時間並提供洞見。先生，我很感激有你助我一臂之力。

這幾年我在追蹤湯瑪斯．霍尼格的事，他非常大方地撥冗指教。我相信，這些年應該很少見霍尼格應對記者的態度了。他不尋求關注，而且他會回答我對他提出的任何問題，就算問題有對抗的意味、有辯論的成分，也都一樣。我感覺，霍尼格覺得有義務回答記者的提問，因為他認為這是身為公僕的職責之一。我很感謝他的坦率。

我也非常感謝每一位同意為了這本書，願意公開或私下與我聊聊的聯準會現任與前任官員與員工。沒有這樣的資料來源，任何記者都得不到任何資訊，我誠摯地希望我整合了所有會談，根據可得的事實綜合出一個最佳版本。

如果沒有我的經紀人蘿倫・夏普（Lauren Sharp），就沒有這本書，她的工作難度很高，要把每一本書背後的想法推銷出去。當我說我對量化寬鬆著了魔，想要以此為題寫一本書時，她沒有被嚇到。她聽我說完，而且從一開始就鼓勵我不斷挖下去。等到要把構想轉化成更具體的形式時，蘿倫加班幫我建構與編修本書提案。這一路走來，她一直都是堅定的支持者，我對此感激萬分。

一如往常，我至為感激我在賽門與舒斯特出版社（Simon & Schuster）的編輯普瑞希拉・珮頓（Priscilla Painton），她形塑並指導了我寫的每一本書。普瑞希拉是一位穩定從容的領導者，具備無懈可擊的道德感與判斷力。她代表了美國新聞界最出色的一派，我每一天都很感謝能從她身上學到很多。我也深深感謝賽門與舒斯特的執行長強納森・卡普（Jonathan Karp）

《時代》雜誌的資深編輯盧卡斯・魏特曼（Lucas Wittmann），編輯了我第一篇、也是唯一一篇為雜誌撰寫的聯準會報導。盧卡斯展現出大力支持、周密思慮與聰明機敏，導引整篇報導歷經混亂喧騰的起伏跌宕。報導一開始側寫二〇一九年聯準會對附買回市場的干預，寫作當時還是二〇二〇年一月時的太平歲月。當我去紐約拜訪此地的聯邦準備銀行分行時，人們已經開始戴口罩，股市也開始崩盤了。盧卡斯先擱下這篇報導，幫忙擴充成一篇關於鮑爾、以及聯準會在新冠疫情危機期間推行前所未見干預行動的側寫。我很榮幸有機會和盧卡斯以及《時代》雜誌團隊這樣的專業人士合作，感謝各位給我這個機緣。

在撰寫與報告本書時，我隸屬於看門狗作家團體（Watchdog Writers Group），這是一個非營利性的新聞研究機構，總部位在密蘇里大學新聞學院（University of Missouri School of Journalism）。每一天，我都很感謝施密特家族基金會（Schmidt Family Foundation）的第十一個小時專案（11th Hour Project）給予看門狗作家團體的慷慨協助。我特別要感謝溫蒂・施密特（Wendy Schmidt）、莎拉・貝爾（Sarah Bell）、喬・西歐提諾（Joe Sciortino）、艾美・勞歐（Amy Rao）、艾琳・皮波蒂（Ellyn Peabody）以及第十一個小時專案的整個團隊，感謝他們的努力與支持。我也要感謝堪薩斯市威廉肯普基金會（William T. Kemper Foundation）給予看門狗作家團體的支持，以及強納森・肯普（Jonathan Kemper）、夏綠蒂・肯普（Charlotte Kemper）和莎拉・佛克斯（Sarah Fox）的協助。看門狗作家團體在編輯工作上完全獨立，贊助本團體資金的相關人士完全不涉入形塑、導引或提供任何參考資料給本書或我任何新聞作品。我非常感謝看門狗作家團體能在雷諾茲新聞研究院（Reynolds Journalism Institute）的藍迪・皮克特（Randy Picht）指引下運作，他是出色的良師，也是本寫作計畫的領導者。大衛・克皮爾斯院長（Dean David Kurpius）、馬克・赫維克（Mark Horvit）、藍道爾・史密斯（Randall Smith）、凱蒂・絲萬（Katie Swon）、艾莉森・楊（Alison Young）、朗恩・斯托吉爾（Ron Stodghill）以及新聞學院的其他人士都至為重要，有他們本書的寫作計畫才能成功。

凱莉．德芮克（Kelly Dereuck）二〇二〇年夏天加入看門狗作家團體，協助我研究霍尼格在聯邦存款保險公司任職的情況，以利寫作本書的第十一章。凱莉每個星期的備忘錄和報告，是理解聯邦存款保險公司本身以及霍尼格在公司內相關作為時不可或缺的資訊。凱莉也幫忙闡述一九八〇年代的銀行危機，沒有她，我就做不下去了。

二〇二〇年初，亞歷山大．霍特（Alexander Holt）幫了我一個大忙，在我努力寫作本書時把他出色的心智借給我用。我開始挖掘二〇一九年的附買回市場紓困內部消息，針對聯準會做報導，亞歷山大在非常早期的階段就出手幫我。從學術文章到金融分析師報告，再到新聞報導，亞歷山大機敏的調查了所有和附買回市場與聯準會相關的資訊。少了他，我絕對無法理解這個領域。他在銀泉市（Silver Spring）的潘娜拉烘焙坊（Panera）花了很多時間，幫助我理解附買回、附賣回等機制，還有，很可能是最重要的，是銀行準備金需求曲線上出現的可怕轉折。我無法算清楚我們到底花了多少時間談這些，我只能說，我很高興有這個機會和他合作。

我也很感激能和研究人員蘇珊．班秋雅（Susan Bencuya）共事，她負責替本書查核事實。蘇珊能以雷射般的精準找出錯誤和不精確之處，提升了整本書的品質。無須多說，若還有任何錯誤，都是我的錯，而且是我一個人的錯。

如果無法取得《華爾街日報》、《紐約時報》和《華盛頓郵報》等本國一流報社對聯準會所做的傑出報導，就不可能寫出這本書。我很感謝這些記者所做的努力，尤其是《華爾街日報》的約翰・西爾森拉斯（Jon Hilsenrath）、尼克・皮米勞斯（Nick Timiraos）和葉偉平（Greg Ip）；《華盛頓郵報》的海瑟・隆恩（Heather Long）；《紐約時報》的麥特・菲利浦斯（Matt Phillips ）、尼爾・厄文（Neil Irwin）、珍娜・絲蜜亞勒克（Jeanna Smialek）和彼得・古德曼（Peter S. Goodman）。這些記者每一天都在做英雄在做的事，記下我們這個國家的金融機構和市場發生了什麼事，當我試著理解聯準會過去十年到底做了什麼事，我很高興能仰賴他們的作品。我工作的任何辦公室，都慢慢淹沒在一堆堆的報紙以及上面草草書寫的筆記裡，我很感激能享受報紙送到我家門口的奢侈。

一如往常，我非常感激賽門與舒斯特出版社的全體同仁。朴哈娜（Hana Park）從頭到尾都是大指揮家，協助整個計畫在逆境中順利進行。莎曼珊・荷芭克（Samantha Hoback）與她的團隊所做的編輯工作相當傑出，強化了初稿品質。羅伯・梅森傑（Robert Messenger）慷慨貢獻他的時間、洞見和編輯能力，在他的照料之下，這本書更上一層樓。賴瑞・修斯（Larry Hughes）如同以往，仍是不可或缺的一員，負責宣傳本書，在媒體環境一天比一天更充斥著噪音的時代，這是相當困難的工作。

我要在疫情的動盪之下寫完本書，是穆瑞爾・赫斯勒（Muriel Hesler ）和麥可・惠特尼（Michael Whitney）給了我一個地方工作，真的給了我一個躲避風暴的避風港。感謝兩位的大方，也謝謝金柏莉和艾瑞克・斯普林格（Kimbley and Eric Springer）促成此事。珍和保羅・莫洛伊

（Jane and Paul Molloy）很好心，讓我的家人能在疫情最熱時有機會躲開，我們很感激能有這些回憶。

封城期間，公車站的夥伴是我和理智之間的橋梁，隨著一切戛然而止，他們也變成了烤火相談的夥伴。非常感謝凱文與凱特・岡瑟特（Kevin and Kate Gunthert）、達米安與瑞秋・林特曼（Damian and Rachel Rintelmann）、安迪與艾蜜莉・普魯嘉（Andy and Emily Prugar）、安迪・梭沙（Andy Sousa）和卡洛琳・布洛德（Caroline Broder），感謝各位讓社區團結在一起。傑瑞・何維茲（Jerry Hovis）、克莉斯緹・瓦莫（Kristy Walmo）、羅伯與黛博・李維（Rob and Deb Levy）、拉斯與露西・瓦爾茲（Lars and Lucy Volz）、戴夫與卡莉・法蘭尼根（Dave and Carly Flangin），讓銀泉市變成了一個大家庭，感謝各位多年來的支持。傑瑞和克莉絲緹，請代我們問候「像威爾一樣大步走慈善組織」（Walk like Will）裡的各位。

大衛・吉文斯（David Givens）和史黛西・芮希（Stacey Ricci）是很棒的朋友，在我住在銀泉市這幾年，也回應了我在政治上的想法。大衛很好心，審閱我所寫的關於聯準會的作品，並在深思熟慮之後給我回饋意見，幫助我把事情看得更清楚。感謝你花這麼時間，也感謝你敏銳的見解。

史蒂夫・拉維（Steve LeVine）和努里・紐爾利貝雅瓦（Nuri Nurlybayeva）一直以來都是我的好朋友也是大力支持我的人，謝謝。一如以往，我永遠都要感謝安德列斯・馬丁尼茲（Andrés

Martinze）和史蒂夫・柯爾（Steve Coll），感謝你們二〇一二年時給了我千載難逢的好機會，鋪成這一條路，讓我能寫出這些作品。

我希望本書能反映出一些我在堪薩斯市成長時老一輩灌輸在我身上的價值觀，二〇二〇年我們痛失了太多至親。我摯愛的叔叔大衛・勞德（David Launder）是我很重要的角色模範，我很感激他以身作則。我也感謝約翰與琳達・羅伯森（John and Linda Robertson）為我們其他人展現的典範，讓我們知道如何過著充實美滿的人生。感謝你們。媽媽、大衛叔叔和布萊絲（Blythe）嬸嬸都是我在需要指引時能尋求協助的人，一直以來，我都謝謝你們總是在我身邊。

最先讀我寫的書的人，是我生命中最重要的人：我的妻子潔西・倫納德（Josie Lenoard），這一次，我的新編輯、也是我的女兒蘇菲亞・倫納德（Sophia Lenoard）和她一起。她們兩人讓這本書更好、更犀利、更俐落。聽到女兒在家裡走來走去大喊著和伏克爾有關的事，真是讓人愉悅。喬治（George）和瑪格（Margot）很寬容，接受我在密集寫作本書期間長期不在家以及心不在焉。最重要的是，你們提醒了為何一開始我要寫這本書，也是你們讓我一直走在正道上，謝謝。

本書重要詞彙釋義

資產負債表（balance sheet）：資產負債表是分為兩部分的會計總帳：一部分顯示銀行或公司擁有什麼，另一部分則顯示欠別人什麼。以銀行來說，資產負債表顯示銀行的資產（銀行擁有的）以及其負債（銀行欠別人的）。聯準會的資產負債表也顯現出聯準會對經濟體的干預程度。當聯準會的資產負債表規模很大，就表示干預很多，創造了很多資金。當資產負債表規模很小（至少以歷史水準來說是如此），代表聯準會在創造資金這件事上縮了手。理由很簡單：聯準會可以靠著無中生有創造出來的資金購買資產，把資金挹注到經濟體裡，然後把買進的資產放入其資產負債表上。如果用華爾街的行話來說，聯準會的資產負債表在二〇〇八年市場崩盤之前約為九千億美元，到了零利率政策時代增為四．五兆美元。二〇二〇年推動紓困措施之後來到八兆美元，並持續增加當中。

擔保債權憑證（Collateralized Debt Obligation，簡稱 CDO）：基本上是把多個房貸綁在一起的產品。擔保債權憑證是一種華爾街在銷售的金融產品，最為人熟知的是，這是二〇〇八年市場崩盤時的風暴中心。CDO把多個貸款組合起來，包裝而成。投資人可以買下部分的CDO，然後收取支付給標的貸款的款項。如果債務人付不出貸款，投資人就會虧錢。CDO常被用來代稱二〇〇〇年代房市泡沫期間被組合在一起的房貸。

擔保貸款憑證（Collateralized Loan Obligation，簡稱CLO）：基本上是把多個槓桿貸款綁在一起的產品。CLO和其在華爾街的近親CDO很像，就是把多個槓桿貸款組合起來。投資人可以買下部分的CDO，然後收取支付給標的貸款的款項。如果債務人付不出貸款，投資人就會虧錢。二〇〇八年市場崩盤時，CDO的表現優於其他產品，也因此在二〇一〇年代成為熱門的投資。

壓縮殖利率曲線（compress the yield curve）：這是聯準會透過量化寬鬆所做的是，殖利率曲線指的是美國政府公債的殖利率曲線（基本上這會影響其他所有殖利率曲線）。在正常時候，美國政府公債的殖利率曲線會往後上揚，十年期的政府公債，支付的利率（或說殖利率）過高於三個月期的公債。聯準會「壓縮」的是長期與短期政府公債之間的利差。聯準會這麼做，是迫使人們把錢借出去。聯準會壓縮殖利率，就降低了儲蓄的誘因，把所有未來的錢擠到現在，就像把牙膏擠出來那樣。

公司債（Corporate bond）：這是一種在華爾街金融界銷售的常見債務形式。公司發行公司債並同意支付一定的利息，藉此借錢，然後透過金融機構把公司債賣給投資人。公司債有嚴謹的架構，這表示大致上來說是標準化商品，比較容易買賣。公司債的財務架構和房貸或信用卡有一個很重要的不同之處：到期前公司不會償付債務，只支付債券的利息，然後在債券到期時的那一天清償所有債務。實務上，公司根本不會償付公司債，他們支付利息，然後「展延」債務，這是指，他們會出售新的公司債，用這筆錢來清償現有的債券。公司可以永遠延展債務，但要面對利率風險。如果利率大漲，借新債務的成本就非常高昂。高利率很可能會導致某些公司基本上無法支付公司債務，走向破產。

成本推升（cost push）：這是一套用來解釋為何出現通貨膨脹的理論，聚焦在推升財貨成本、從而帶動價格的各種力道上。舉例來說，回顧一九七〇年代初期，石油輸出組織（OPEC）實施石油禁運令推高油價，同時間，工會也協商出更高的薪資水準，推高勞動成本。另有一套不同的通貨膨脹理論叫需求拉動，這比較強調央行的行動。

需求拉動（demand pull）：這是一套用來解釋為何出現通貨膨脹的理論，認為當央行挹注更多資金、人們更能輕鬆取得低利貸款時，央行就會拉動財貨的需求。這個詞最能捕捉到太多資金追逐太少財貨、從而拉高價格的情況。另一套通貨膨脹理論叫成本推升理論。

衍生性商品（derivative）：從核心上來說，衍生性商品是指任何以其他商品的價值為根據的金融商品。舉例來說，期貨契約中的價格，就是以大宗商品（例如石油）未來的價值為根據，在這種情況下，石油是資產，期貨合約是衍生性商品。多年來，衍生性商品一詞已經成為一個籠統的統稱，用來講各式各樣奇特的金融工具，包括CDO和利率避險合約。

貼現窗口（disount window）：這講的是聯準會提供給銀行的緊急借款方案。這是聯準會的核心工作之一，也是聯準會存在的主要理由。金融恐慌期間，因為很多人會不分青紅皂白趕著把銀行裡的錢提領出來，因此，連體質健全的銀行都可能破產。折現窗口就是為了阻止這樣的恐慌而設計的。恐慌期間，本來體質健全的銀行可以用低於市場通行的利率從聯準會的折現窗口借到錢，低利率便是「貼現」率，指利率低於因為恐慌在市場上引發的高利率。還有，沒有真的窗口在處理這項業務。

歐洲央行（European Central Bank，簡稱ECB）：這是歐洲中央銀行，成立於一九九八年，是歐盟會員國的中央銀行。歐洲央行就如同美國的聯準會，管理會員國的貨幣政策並從事相關的監督銀行業務。

聯邦存款保險公司（Federal Deposit Insurance Company，簡稱FDIC）：聯邦存款保險公司是一個在大蕭條之後隨即成立的監理機構，最為人所知的是保障一般人放在一般商業銀行的存款，保險金額最高為二十五萬美元。聯邦存款保險公司也是整個銀行體系的重要監管單位，檢視銀行手邊持有的現金與他們貸放出去的金額相較之下的比率，以監督銀行系統的財務健全度。大家都知道，聯邦存款保險公司可以解散倒閉的銀行。

聯邦基金利率（Federal Fund rate）：本質上，這是由聯準會的公開市場委員會控制的短期利率。當公開市場委員會「設定」利率時，委員會實際上做的事情是設定聯邦基金利率的目標直。這個利率是銀行借出隔夜貸款時向同行收取的利率，因此，這是會一波一波影響到所有利率的核心利率。調高聯邦資金利率時，基本上就等於調高了資金成本；調低這個利率，就是調低資金成本。

聯準會賣權（Fed put）：這是金融界的慣用說法，用來指稱市場相信聯準會一定會出手干預，將資產價格維持在某個不特定的水準之上。這個用詞裡講到「賣權」合約，在賣權合約中，有一方同意即便市場價格比較低，還是會以之前約定的較高價格買進資產。基本上，對持有合約的人來說，賣權基本上是替資產價格墊了底。投資人觀察到，當市場崩盤時聯準會都會介入，創造更多資金以平抑市場的波動，因此相信有「聯準會賣權」這回事。也稱為葛林斯潘賣權、柏南克賣權、葉倫賣權和鮑爾賣權。

財政政策（fiscal policy）：這是指任何和稅收以及花費公帑（包括借來的公帑）有關的政府政策。就本書的目的而言，財政政策幾乎是代表所有由民意機關控制的政府單位（例如各州或聯邦立法機構）通過的經濟政策，與其對比的是貨幣政策，貨幣政策由聯準會掌控。

聯邦公開市場委員會（Federal Open Market Committee，簡稱 FOMC）：這是聯準會的政策委員會，負責設定短期利率目標。公開市場委員會每六個月開一次會，討論要把短期利率設定在哪個水準，以及聯準會可以實行哪些其他政策，比方說量化寬鬆。公開市場委員會有十二位成員，當中一定有七位聯準會理事，並有一席常任委員保留給最重要的官員：聯準會主席。另一位常任委員是聯邦準備銀行紐約分行總裁。（紐約分行總裁有特別待遇，是因為該行是聯準會十二家地區銀行中最重要的分行。紐約分行執行控制利率的公開市場操作，而且距離華爾街最重要的銀行很近。）委員會裡有四席由聯準會地區分行總裁輪替，這些高階主管輪流擔任有投票權的公開市場委員會委員一年。地區分行總裁是委員會裡最沒有權力的委員，就算他們投票時聯合陣線，七位理事永遠都可以用投票反制他們的意見。

期貨市場（futures market）：買賣期貨合約的市場。期貨合約是衍生性商品，約定在未來某個日期要支付特定價格買賣各種商品，包括玉米、石油，甚至股票。

鷹派和鴿派（hawk and dove）：這兩個詞用來界定公開市場委員會中有投票權成員的基本政治傾向。鷹派會設法抑制聯準會的干預程度並限制其寬鬆的貨幣政策，鴿派則比較能接受大型的干預行動與長期把利率壓在比較低的水準。鷹派和美國的保守派政治行動關係密切，鴿派則和自由派的政治行動關係密切。

利率（interest rate）：基本上，利率是貸款的成本。這是貸款定期要支付款項，通常以貸款金額的百分比表示。這是衡量貸款根本風險的重要方法。如果貸款很安全，適用的利率就比較低。如果貸款的風險很高，就要適用比較高的利率。你可以把這想成一個人要借錢時要支付的手續費。如果我是非常不安全的債務人，我可能需要支付到一九％的利息才能說服對方借我錢。如果我是美國政府，我很可能只要支付一・一%的利息就能說服別人掏錢。

反轉的殖利率曲線（**inverted yiel curve**）：在這種時候，債務市場裡出現罕見的情況：長期債務支付的利率（或是一般常說的殖利率）低於短期債務支付的利率。多數人將反轉的殖利率曲線解讀成就要出現經濟衰退的徵兆。

垃圾級債券（**junk bond debt**）：這是一種風險很高的公司債，被人當成「垃圾」。垃圾債券的利率很高，以彌補放款的高風險。穆迪等評等機構會給某些債務很低的評等，基本上就是把它們當成垃圾債券。

凱因斯學派（**Keynesian**）：這是以著名經濟學家凱因斯命名的經濟政策思維門派。以本書的目的而言，書裡用「凱因斯學派」來概稱非常簡化的凱因斯觀點。這個觀點指政府在經濟陷入困境時應該介入並撒錢，以取代民間消失的需求，目標是減緩無可避免的經濟下滑造成的衝擊，並確保不會不必要地延長經濟走跌的時間或加深下滑的幅度。以聯準會來說，這家美國的央行成為凱因斯學派的工具，在經濟下跌期間刺激銀行體系，提供廉價的信貸或高額現金以刺激借貸或投資。

槓桿貸款（**leveraged loan**）：這是一種和公司債很類似的企業債務，關鍵差異在於槓桿貸款並未標準化，也不像公司債那樣在公開交易所交易。槓桿貸款的「客製化」程度比較高，某種程度上來說，每一樁槓桿貸款都是債權人和債務人之間的單獨合約，或說是貸款協議。雖然槓桿貸款不像債券是標準化產品，但金融交易員仍可買賣。

貨幣政策（monetary policy）：這是指由聯邦準備銀行所執行、會影響到貨幣供給的政策。貨幣政策不同於由民選政治人物掌控、和稅收與政府支出有關的財政政策，貨幣政策包括控制利率，基本上，控制利率也就控制了資金的成本和供給。

負利率債券（negative interest rate debt）：這個詞應該算是矛盾修辭。發行負利率債務時，債權人實際上是要付錢給向他們借錢的人。很難想像是一個什麼樣的世界，人要付錢請別人向他們借錢，但，自二〇一二年之後，我們就活在這樣的世界裡。當時，歐洲幾家央行開始做實驗，發行負利率債券。其背後的想法是要執行一套激進的政策，懲罰把錢存起來的人。驚人的是，很多債權人不介意他們要受罰，甚至還直奔這樣的機會，付錢給政府或其他向他們借錢的實體，有點像是付錢請別人幫忙把錢藏好。到了二〇一九年，全球債券中有二九％都是負利率債券。

新政（New Deal）：這個詞指的是在大蕭條之後通過的一整套互相牽連的法律和監理機構，決定了一九三〇年到近一九七〇年代末期的美國經濟；一九七〇年代晚期，美國政府開始撤除新政裡的重要部分。新政做了三件大事：加緊對華爾街的限制、賦予勞工和工會權力並削減了獨佔企業的力量。新政有很大一部分目標都瞄準了華爾街和大型銀行。新政之下成立了聯邦存款保險公司與證券交易委員會（規範股票交易），也納入了最重要的〈格拉斯—斯蒂格爾法案〉，將美國銀行業劃分為持有存款的一般商業銀行以及從事風險性投資的投資銀行。

公開市場操作（open market operation）：聯準會透過這項交易操作以實際控制利率，或達成如量化寬鬆等其他政策目標。負責執行交易的是駐守在聯邦準備銀行紐約分行的交易人員，他們在公開市場裡買賣如美國政府公債等資產。這裡的重點是，交易員利用無中生有創造出來的資金買資產，進而提高了貨幣供給。當聯準會想要壓低資金價格時，就會用新創造出來的資金買資產，讓經濟體系裡滿是現金。當聯準會希望資金貴一點（這是聯準會想要升息的另一種說法），就可以出售資產，把現金回收到資產負債表上，讓現金不再流通。

扭轉操作（operation twist）：這是一套聯準會的方案，基本上是「輕量版」的量化寬鬆。扭轉操作意在壓低長期利率，其理由請參見「壓縮殖利率曲線」條目的說明，但，執行扭轉操作時不會挹注大量新資金到金融體系裡，聯準會在操作時會買進長期債券，以壓制該種債券的殖利率。但，很重要的是，聯準會將同步出售等量的短期債券。這表示，當聯準會買進長期債券時會挹注現金到市場裡，但之後又透過買進短期債務收回現金。其目標，是要壓低殖利率、但又不要增加系統裡的新資金總量。

主要交易商（primary dealer）：指一群二十四家特別指定可和聯準會直接業務往來的金融機構。當聯準會從事公開市場操作時，就會和一家或多家主要交易商往來。主要交易商包括幾家知名大型銀行，例如摩根大通證券公司，以及幾家比較不知名的公司，例如瑞穗證券（Mizuho Securities）。聯準會決定哪一家公司有資格列入名單，會定期移除或納入交易商。

QE：量化寬鬆的慣用說法。

量化寬鬆（quantitative easing）：一套實驗性的方案，聯準會第一次推動此方案是在二〇〇八年市場崩盤期間。量化寬鬆的目標，是一下子用大量的新資金灌入華爾街，壓低利率以刺激新的資金貸放並帶高資產價格，希望這樣會刺激經濟成長。要執行量化寬鬆，聯邦準備銀行紐約分行的交易員要向主要交易商買進美國公債或不動產抵押貸款證券之類的資產。聯準會用新創造出來的資金買進資產，然後把資產放進自家的資產負債表上。這樣一來，新資金就會放進主要交易商在聯準會的準備帳戶裡。目前已推動過四次大型的量化寬鬆，第一次是二〇〇八年全球金融危機期間的緊急應變措施，之後，在二〇一〇年時，聯準會又啟動了另一輪量化寬鬆，也就是一般所說的QE2，注入六千億美元到華爾街，目標是要在經濟復甦欲振乏力支時刺激成長。二〇一二年，聯準會啟動第三輪量化寬鬆，也稱為QE3，是到當時規模最大的一次，金額為一．六兆美元。從二〇一九年開始，聯準會在附買回市場急凍之後投注了四千億美元從事量化寬鬆。二〇二〇年三月，聯準會啟動一套近乎長期的量化寬鬆方案，一開始挹注近兩兆美元到華爾街，之後，二〇二一年時，又決定每個月要提供約一千兩百億美元的資金流。從二〇一〇年開始的QE2算起，量化寬鬆方案在聯準會資產負債表上的規模從二．三兆美元增為八．二兆，而且，在二〇二一年年中時還繼續增加當中。

量化緊縮（quantitative tighting）：唯有量化緊縮才能收回量化寬鬆造成的衝擊。在量化緊縮方案下，聯準會出售資產，把現金吸回到其資產負債表上，讓現金不再流通。聯準會僅試過一次量化緊縮，並以失敗告終。二〇一七年底時聯準會開始慢慢出售資產，二〇一八年時則加快腳步。聯準會將縮減資產負債表上的資產（透過量化寬鬆方案買進的）規模，從幾乎達四．五兆美元減至稍低於三．八兆美元。之後，金融體系出現問題運作失靈，聯準會停止緊縮腳步，最後又回復到量化寬鬆，讓資產負債表的規模超過八兆美元。

準備帳戶（reserve account）：這是指銀行持有在聯準會內的帳戶。本書談到的準備帳戶，多半指主要交易商的準備帳戶，這些交易商把資產賣給聯準會後，用他們的準備帳戶收取新資金。

準備貨幣（reserve currency）：美元自二次大戰結束受就成為全球準備貨幣，這表示，美元是各國與各國央行用來和彼此進行國際交易時使用的貨幣。也因此，美元在全球經濟體中占有優勢地位。出現困境時，大家都想要美元，因為很多的債務和貿易都是以美元計價。成為準備貨幣，有助於幫該種貨幣擋下他國貨幣要面對的市場壓力，如果其他國家或央行決定他們再也不想持有準備貨幣時，價值就會大跌。

追尋收益（search for yield）：當聯準會將利率定在幾乎為零的水準、同時透過量化寬鬆將數以兆計的新資金挹注到華爾街時，就會在整個經濟體中引發這種現象。這些政策的淨效果，是讓十年期美國公債等投資的殖利率大跌，這些都是銀行或其他公司過去拿來安心存放資金的工具。也因此，大型的機構投資人會到市場裡去尋找，看看有沒有任何能產生收益的標的。換言之，這是一種促使投資人貸放風險更高貸款與買進風險更高資產的方法。

影子銀行（shadow bank）：這是一個很廣義的用詞，指稱可執行「類銀行」功能的金融機構，比方說為大型機構提供信貸。舉例來說，影子銀行可以是避險基金，以曖昧難懂的金融工具當作抵押，承作高額現金貸款。影子銀行在美國國會通過對銀行管制更加嚴格的〈多德－法蘭克法案〉之後大行其道，成為重大產業。影子銀行可以在比較不受監管的條件下從事相同的業務。

特殊目的實體（special purpose vehicle，簡稱SPV）：特殊目的實體是一套由聯準會推動的應變方案，用意是要把資金挹注到經濟體中的不同部分。這些實體有各種複雜的名稱，但是基本上架構都相同。方案之下會成立企業，讓聯準會可以買賣如市政債券或公司債等證券。

換匯額度（swap line）：這是聯準會下的方案，在換匯額度之下，各國央行同意，聯準會和他國央行以固定匯率用美元換該國貨幣。這套方案基本上是在經濟恐慌期間讓他國手上有滿滿的美元。這很重要，因為全球債務有很多都是以美元計價，危機期間美元需求殷切。換匯額度確保他國央行可以用比市場便宜的換率換得美元。

T-Bill：美國政府公債的俗稱。

美國政府公債（treasury bill）：美國政府發行的債券。美國政府公債是全球金融體系的基礎，大致上被視為世界上最安全的投資。美國政府公債根據償付期間的不同分成幾種。有些很短期的公債，一個月內就會付清。也有兩個月期、三個月期、一年期、五年期和十年期的政府公債，這還可以一路列下去，其中也包括三十年期的公債。長期公債通常支付較高的利率，以補償你要長期把錢放在債券中的不便。美國政府公債的運作方式和公司債很像。美國政府發行政府公債（或者有人也稱為債券），先收走所有現金。之後，政府定期支付債券利息，直到債券最後到期為止，等到那個時候，政府可以全額清償，或是再發行新債「展延」舊債，用銷售新債券的錢償付舊債。正因如此，一旦利率上漲，美國政府的債務負擔就會加重，因為財政部要把現有的債券延展為利率更高的債券。

殖利率（yield）：以本書的目的而言，殖利率指支付給任何債務或投資的利息。舉例來說，如果一張美國政府公債支付一%的利率，就可說其殖利率為一%。交易員一向用殖利率來講他們從買進某些債券或資產可以賺得多少錢。

殖利率曲線（yield curve）：這是一種圖表，用來比較不同類型債券的殖利率。比方說，以公司債為例，殖利率曲線會從左方往右方上揚，非常安全的公司債殖利率很低，風險很高的垃圾債券殖利率極高。

零限（zero bound）：這個詞曾經代表了理論上聯準會權力的限制。零限指零利率，過去認為這是聯準會能設定的最低利率。量化寬鬆被視為推動貨幣政策穿破零限的方法，在利率來到零限之後，聯準會挹注大量新資金到金融體系裡。另一種穿破零限的方法是發行負利率債券，但聯準會仍自制，並未這麼做。

零利率政策（**zero interest rate policy，簡稱 ZIRP**）**：**這特別指稱聯準會的零利率政策。更廣泛的用法是，金融從業人員用這個詞來指稱聯準會從二〇〇八年到近二〇一七年時採行的政策，在這段期間，聯準會將利率定在零值或接近零值的水準，同時透過量化寬鬆挹注更多資金到金融體系裡。這些是聯準會史上最極端的寬鬆貨幣政策。

注釋

本書中的一些資訊，來自我十多年來撰寫美國經濟相關議題報導所取得的知識。一些背景事實，比如對二〇〇八年全球金融危機的一般描述，來自我多年來的個人報導。這些注釋並沒有全部列出我為證實報導所寫的每一篇文章。

第一章　來到零以下

1. *Thomas Hoenig woke up early on November 3*: Thomas Hoenig, interviews by author, 2016–21; Transcript of the Meeting of the Federal Open Market Committee November 2–3, 2010.
2. *For a year now, Hoenig had been voting "no"*: Transcripts of the Meetings of the Federal Open Market Committee, January, March, April, May, June, August, September, October, November, 2010; Hoenig interviews by author, 2016–21; Ben Bernanke, interview with author, 2020; Sewell Chan, "Fed's Contrarian Has a Wary Eye on the Past," *New York Times*, Dec. 13, 2010; Ben Bernanke, *The Courage to Act: A Memoir of a Crisis and its Aftermath* (New York: Norton, 2015).
3. *Between 1913 and 2008, the Fed gradually increased the money supply*: Figures of Money supply, or "M1 Money Stock," taken from Economic Research Federal Reserve Bank of St. Louis Database, https://fred.stlouisfed.org/series/M1NS
4. *Only about 24 special banks*: List of Primary Dealers, Federal Reserve Bank of New York, accessed June 10, 2021.
5. *The amount of excess money in the banking system swelled*: Figures of excess reserves, or "Excess Reserves of Depository Institutions," taken from Economic Research Federal Reserve Bank of St. Louis Database, https://fred.stlouisfed.org/series/EXCSRESNS.
6. *The politics of money used to be a charged political issue*: Roger Lowenstein, *Aerica's Bank: The Epic Struggle to Create the Federal Reserve*, 23 (New York: Penguin Press, 2016).

7. *The things that bothered Hoenig*: Hoenig, interviews with author, 2016–2020.
8. *When the Fed's regional bank presidents came to town*: Hoenig, interviews by author, 2016–21. All descriptions of Hotel Fairmont are taken from author's notes, video and photographs taken at the hotel in 2020, and from the Hotel's marketing photos at https://www.fairmont.com/washington/
9. *There was a deep feeling of collegiality among the bank presidents*: Impressions and understanding of regional bank president and FOMC culture taken from author interviews with Janet Yellen, Richard Fisher, Jeffrey Lacker, Jerome Powell, Ben Bernanke, Thomas Hoenig, Betsy Duke, Sarah Bloom Raskin, interviews with author, 2020–21; Select Transcripts of the Meetings of the Federal Open Market Committee, 1991–2015.
10. *The previous day had been election day across America*: Peter Baker, "In Republican Victories, Tide Turns Starkly," New York Times, Nov. 2, 2010; Kate Zernike, "Tea Party Comes to Power on an Unclear Mandate," New York Times, Nov. 2, 2010.
11. *A columnist at The Wall Street Journal wrote a regular column*: Sudeep Reddy, "The Lone Dissenter: Kansas City's Hoenig Stands Firm," Wall Street Journal, March 16, 2010; Sudeep Reddy, "The Lone Dissenter: Kansas City's Hoenig Goes Four for Four," *Wall Street Journal*, June 23, 2010; Sudeep Reddy, "The Lone Dissenter: Thomas Hoenig Hits Seven," *Wall Street Journal*, Nov. 3, 2010; Sudeep Reddy, "The Lone Dissenter: Kansas City's Hoenig Goes Out With A Record," *Wall Street Journal*, Dec. 14, 2010.
12. *They asked if he was sure*: Hoenig, interviews by author, 2016–2021.
13. *When the cars arrived*: Hoenig, interviews by author, 2016–2021; All descriptions of the driving route between the Hotel Fairmont and the Eccles Building are taken from author's notes, video, and photographs, 2020.
14. *Even the basic politics of the Federal Reserve are confusing*: Observations of Federal Reserve politics taken from interviews with current and former Federal Reserve officials and economists; Christopher Leonard, "How Jay Powell's Coronavirus Response Is Changing the Fed Forever," *Time*, June 11, 2020.
15. *The historical record shows that this narrative is entirely wrong*: Transcripts of the Meetings of the Federal Open Market Committee, January, March, April, May, June, August, September, October, November, 2010; Mary Anastasia O'Grady, "The Fed's Monetary Dissident," *Wall Street Journal*, May 15, 2010; Thomas Hoenig lecture, Anderson Chandler Lecture Series, University of Kansas School of Business, October 26, 2010, https://kansaspublicradio.org/kpr-news/thomas-hoenig; Thomas Hoenig speech, "Hard Choices," Town Hall Meeting, Lincoln, Nebraska, August 13, 2010.
16. *When Hoenig talked about allocative effects*: Hoenig, interviews by author, 2016–2021.

17. *Hoenig's ride continued south toward the Fed headquarters*: Descriptions of the driving route between the Hotel Fairmont and the Eccles Building are taken from author's notes, video, and photographs, 2020.
18. *When Ben Bernanke published a memoir*: Ben Bernanke, interview with author, 2020. Ben Bernanke, *The Courage to Act*.
19. *Bernanke published papers on this concept*: Laurence M. Ball, "Ben Bernanke and the Zero Bound," *National Bureau of Economic Research Working Paper 17836* (February 2012).
20. *Members of the FOMC were worried about this*: Transcripts of the Meetings of the Federal Open Market Committee, January, March, April, May, June, August, September, October, November, 2010.
21. *He explained his heightened worries*: Transcript of the Meeting of the Federal Open Market Committee on August 10, 2010, 119–20.
22. *In August, Bernanke began a public campaign*: Sewell Chan, "Fed Ready to Dig Deeper to Aid Growth, Chief Says," *New York Times*, Aug. 27, 2010; The Economic Outlook and Monetary Policy, Remarks by Ben S. Bernanke Chairman Board of Governors of the Federal Reserve System at the Federal Reserve Bank of Kansas City Economic Symposium Jackson Hole, Wyoming August 27, 2010.
23. *The basic mechanics and goals of quantitative easing*: This description of quantitative easing is based on interviews with current and former Federal Reserve officials, financial traders, financial analysts and senior members of the New York Federal Reserve Bank who designed and implemented the program, interviews with author 2016–2020; Brett W. Fawley and Christopher J. Neely, "Four Stories of Quantitative Easing," Federal Reserve Bank of St. Louis *Review* January/February 2013; Stephen Williamson, "Quantitative Easing: Does This Tool Work?," St. Louis Federal Reserve Bank *The Regional Economist*, Third Quarter 2017; *Quantitative Easing Explained*, Economic Information Newsletter, Research Library of the Federal Reserve Bank of St. Louis, April 2011; *QE and Ultra-Low Interest Rates: Distributional Effects and Risks*, McKinsey Global Institute discussion paper, Nov. 2013.
24. *During the FOMC meeting in September*: Transcript of the Meeting of the Federal Open Market Committee on September 21, 2010, 105–107.
25. *These comments irritated Ben Bernanke*: Bernanke, *The Courage to Act* (Norton paperback edition, 2017), 485–92.
26. *When the Fed gathered to vote on the quantitative easing plan in November*: Transcript of the Meeting of the Federal Open Market Committee November 2–3, 2010.

27. *"Good morning everybody,"* Bernanke said: ibid.

第二章 重要的數字

1. *When Thomas Hoenig was nine years old*: Hoenig, interviews by author, 2020; Kathleen Kelley interview by author, 2020; Arlene M. Hoenig Obituary, January, 2011; Scott Lanman, "Thomas Hoenig is Fed Up," *Bloomberg Businessweek*, Sept. 23, 2010; Sewell Chan, "Fed's Contrarian Has a Wary Eye on the Past," *New York Times*, Dec. 13, 2010.
2. *Tom decided to go to college*: Hoenig, interviews by author, 2020; Kathleen Kelley interview by author, 2020.
3. *Hoenig and McKeon worked together in a small bunker*: Jon McKeon, interview with author, 2020. Images of Vietnam-era fire control bases and Fadac computers taken from online diaries and blogs of Vietnam veterans and military historians.
4. *As fire control specialists, Hoenig and McKeon sat on a committee*: Hoenig, McKeon, interviews by author, 2020.
5. *When he got back home to Fort Madison*: Hoenig, interviews by author, 2020.
6. *It helped that Hoenig had a new life to move toward*: Cynthia Hoenig, interview by author, 2020.
7. *When Tom Hoenig studied economics at Iowa State*: Hoenig, interviews with author, 2020; Thomas M. Hoenig, "Anticipating state revenue for Iowa through regression on personal income," Iowa State University Capstones, Theses and Dissertations, 1972; Thomas M. Hoenig, "Commercial banking: competition and the personal loan market," Iowa State University Capstones, Theses and Dissertations, 1974.
8. *There is nothing in the U.S. Constitution that demands… a central bank*: Roger Lowenstein, America's Bank: *The Epic Struggle to Create the Federal Reserve* (New York: Penguin Press, Paperback, 2016); William Greider, *Secrets of the Temple: How the Federal Reserve Runs the Country* (New York: Simon & Schuster, 1987).
9. *The tension was also encoded into the Fed's structure*: Peter Conti-Brown, *The Power and Independence of the Federal Reserve* (Princeton, N.J.: Princeton University Press, 2016).
10. *Hoenig's job involved a lot of arguments*: Hoenig, interviews with author, 2020–2021.

第三章 大通膨

1. *Hoenig was 33 years old when the banking*: Hoenig, interviews with author 2016–2021.
2. *An asset is anything a person can buy*: Financial traders, speaking on background, 2016–2021; John Kenneth Galbraith, *The Great*

Crash, 1929 (New York: Mariner Books paperback edition, 1997), 1–23.

3. *Tom Hoenig watched*: Hoenig, interviews with author 2020.
4. *Volcker recognized that when he was fighting*: Paul Volker, *Keeping at It: The Quest for Sound Money and Good Government* (New York: Public Affairs, 2018) 220–240; Greider, *Secrets of the Temple*, 75–123; Tim Barker, "Other People's Blood," n+1, Spring 2019; Bill Medley, "Volcker's Announcement of Anti-Inflation Measures October 1979," *Federal Reserve History*, November 22, 2013.
5. *The reporters pressed Volcker*: Transcript of Press Conference with Paul A. Volcker, Chairman Board of Governors of the Federal Reserve System held in Board Room Federal Reserve Building Washington, D. C, October 6, 1979.
6. *The price of farmland fell 27 percent*: Alex J. Pollock, "A Bubble to Remember–And Anticipate?," American Enterprise Institute for Public Policy Research, November 2012.
7. *Hoenig's team spent most of the early 1980s doing one thing*: John Yorke, Hoenig, interviews by author, 2020.
8. *A true bank panic broke out in 1982*: "History of the Eighties: Lessons for the Future. Vol. 1, An Examination of the Banking Crises of the 1980s and Early 1990s," report by Federal Deposit Insurance Corporation, 1997, 14–15; York, Hoenig, interviews with author, 2020.
9. *Perhaps the most detailed account of how the Federal Reserve*: Allan H. Meltzer, *A History of the Federal Reserve, Volume 2, Book 2, 1970–1986* (Chicago: University of Chicago Press, 2014), 843–1007.
10. *It was monetary policy, set by the Fed, that primarily created the problem*: ibid, 864.
11. *But the problem was more fundamental*: Edward Nelson, "The Great Inflation of the Seventies: What Really Happened?," Federal Reserve Bank of Saint Louis Research Division, Working Paper 2004-001, January 2004.
12. *This lesson of the banking crisis stuck with Tom Hoenig*: Hoenig, interviews with author 2016–2021.
13. *Penn Square bank was run by a guy named Bill*: Phillip L. Zweig, *Belly Up: The Collapse of the Penn Square Bank* (New York: Crown, 1985); Robert A. Bennett, "Penn Square's Failed Concept," *New York Times*, Aug. 16, 1982; Yorke and Hoenig, interviews by author 2020.
14. *But the really important thing about the failure*: Sebastian Mallaby, *The Man Who Knew: The Life and Times of Alan Greenspan* (New York: Penguin Press, 2016) 297–301; Renee Haltom, "Failure of Continental Illinois," *Federal Reserve History*, November 22, 2013.

15. *Paul Volcker's career as Chairman did not end pleasantly*: Volker, *Keeping at It*: The Quest for Sound Money and Good Government (New York: Public Affairs, 2018); Hoenig, interviews with author, 2020; Associated Press, "President of Federal Reserve Bank of Kansas City to Retire," March 18, 1991.

第四章　聯準會說

1. *On October 1, 1991, Tom Hoenig walked*: Hoenig, Interviews with author, 2016–2021; Transcript of Meeting of the Federal Open Market Committee October 1, 1991; descriptions of FOMC board room and headquarters building taken from archival news photos and video.
2. *Hoenig joined the FOMC at a very strange inflection point*: Stephen K. McNees, "The 1990–91 Recession in Historical Perspective," *New England Economic Review*, January/February 1992; Jennifer M. Gardner, "The 1990–91 Recession: How Bad was the Labor Market?," *Monthly Labor Review*, June 1994; Carl E. Walsh, "What Caused the 1990–91 Recession?" *Economic Review, Federal Reserve Bank of San Francisco*, 1993, Number 2; Natalia Kolesnikova and Yang Liu, "Jobless Recoveries: Causes and Consequences," *The Regional Economist*, 2011; Mallaby, *The Man Who Knew*, 391–445.
3. *This was the puzzle faced by Greenspan*: Transcript of Meeting of the Federal Open Market Committee, October 1, 1991.
4. *In 1993, a young Princeton economist*: Ben S. Bernanke, "Credit in the Macroeconomy," *Federal Reserve Bank of New York Quarterly Review*, Spring 1992–93.
5. *Even Greenspan was perplexed*: James Sterngold, "Fed Chief Says Economy Is Resisting Remedies," *New York Times*, Oct. 15, 1992.
6. *If the economy had broken with past patterns*: Hoenig, Interviews with Author, Mallaby, *The Man Who Knew*, 391–445; Select transcripts of Meeting of the Federal Open Market Committee, 1991–94.
7. *A typical hearing occurred on June 10*: Testimony of Chairman Alan Greenspan: An update on economic conditions in the United States Before the Joint Economic Committee, U.S. Congress June 10, 1998; Images of event taken from archived C-SPAN coverage, https://www.cspan.org/video/?107135-1/monetary-policy-economic-outlook.
8. *The largest burst of fiscal action*: David M. Kennedy, *The American People in Depression and War, 1929-1945* (Oxford University Press, 1999).
9. *The Federal Reserve presented elected politicians*: Nicholas Lemann, *Transaction Man: The Rise of the Deal and the Decline of*

the American Dream (New York: Farrar, Straus and Giroux, 2019), 57–64.

10. *In 1989, interest rates had been close to 10 percent*: Figures of interest rates, or "Effective Federal Funds Rate," taken from Economic Research Federal Reserve Bank of St. Louis Database, https://fred.stlouisfed.org/series/FEDFUNDS; Hoenig interviews with author 2016–2020; vote tallies taken from Select transcripts of Meeting of the Federal Open Market Committee, 1991–2006.
11. *Behind the cloud of Fedspeak, there were…disputes*: Mallaby, *The Man Who Knew*; Select transcripts of Meeting of the Federal Open Market Committee 1991–2000, Hoenig, interviews by author 2016–2020. Transcript of the Meeting of the Federal Open Market Committee, July 5–6, 1995.
12. *Greenspan had a solid rationale*: Mallaby, *The Man Who Knew*, 432; Hoenig, interviews by author 2016–2020; Select transcripts of Meeting of the Federal Open Market Committee, 1991–2000.
13. *This is why Hoenig was worried*: Transcript of the Meeting of the Federal Open Market Committee, November 17, 1998.
14. *In 1999, shares of stock*: Floyd Norris, "The Year in the Markets; 1999: Extraordinary Winners and More Losers," *New York Times*, Jan. 3, 2000; Chris Gaither and Dawn C. Chmielewski, "Fears of Dot-Com Crash, Version 2.0," *Los Angeles Times*, July 16, 2006; David Kleinbard, "The $1.7 trillion dot.com lesson," CNNMoney, Nov. 9, 2000; Alex Berenson, "Market Paying Price for Valuing New- Economy Hope Over Profits," *New York Times*, Dec. 21, 2000; Elizabeth Douglass, "Qualcomm Stock May Need Reality Check," *Los Angeles Times*, Nov. 18, 1999.
15. *The FOMC increased rates sharply*: Gretchen Morgenson, "The Markets: Market Place; Shift in Stance by Federal Reserve Deals Blow to Wall Street," *New York Times*, Dec. 21, 2000; "Effective Federal Funds Rate," taken from Economic Research Federal Reserve Bank of St. Louis Database, https://fred.stlouisfed.org/series/FEDFUNDS.
16. *The cleanup job in 2000*: Transcripts of the Meeting of the Federal Open Market Committee May 15 and Dec. 11, 2001; Mallaby, *The Man Who Knew*, 569–614; Hoenig, interviews by author 2016–2020.

第五章　過於強勢的公民

1. *It started in 2001*: "World markets shatter; Terrorist attack near Wall Street spreads consequences around world," CNNMoney, Sept. 11, 2001; Transcript of the Meeting of the Federal Open Market Committee, March 20, 2001.
2. *Over the next few years*: Mallaby, *The Man Who Knew*, 569–671; Paul Krugman, "Running Out of Bubbles," *New York Times*, May 27, 2005; Hoenig, interviews with author, 2020.

3. *In 2006, Alan Greenspan retired:* Bernanke, Hoenig, interviews with author, 2020; Bernanke, *The Courage to Act*; transcript of the Meeting of the Federal Open Market Committee, June 28–29, 2006.
4. *By 2006, Hoenig had a coherent view*: Hoenig, interviews with author 2016–2020.
5. *In late October, Hoenig was invited*: Hoenig, interviews with author, 2020; Meeting agenda, 2006 Western States Director Education Foundation Symposium, Oct. 29–31, 2006; Images of Tuscon Starr Pass hotel taken from the resort's Web site; transcript of Tom Hoenig's speech, "This Time It's Different (Or Is It?)," retrieved from Kansas City Federal Reserve Bank.
6. *A few months later…Bernanke was invited*: Transcript of testimony from Chairman Ben S. Bernanke, "The economic outlook," before the Joint Economic Committee, U.S. Congress, March 28, 2007.
7. *The problems were not contained*: Alan S. Blinder, *After the Music Stopped: The Financial Crisis, the Response, and the Work Ahead* (New York: Penguin Press, 2013); Andrew Ross Sorkin, *Too Big to Fail: The Inside Story of How Wall Street and Washington Fought to Save the Financial System–and Themselves* (New York: Viking, 2009); Sheryl Gay Stolberg, "Obama and Republicans Clash Over Stimulus Bill, One Year Later," *New York Times*, Feb. 17, 2010; Renae Merle, "A Guide to the Financial Crisis-10 Years Later," *Washington Post*, September 10, 2018.
8. *These fiscal programs were dwarfed*: Adam Tooze, *Crashed: How a Decade of Financial Crises Changed the World* (New York: Viking, 2018), 153–219. Bernanke, *The Courage to Act*.
9. *It is easiest to grasp the scale of the Fed's*: Figures of Money supply, or "M1 Money Stock," taken from Economic Research Federal Reserve Bank of St. Louis Database, https://fred.stlouisfed.org/series/M1NS; Hoenig's voting tally taken from transcripts of FOMC meetings in 2008–09.
10. *When the crash of 2008 ended*: "UCLA Anderson Forecast: National Recovery Linked to Global Solutions," States News Service, March 25, 2009; Transcript, House Committee Hearing on Economic Budget Challenges, Jan. 27, 2009; Sheryl Gay Stolberg, "Obama and Republicans Clash Over Stimulus Bill, One Year Later," *New York Times*, Feb. 17, 2010.
11. *All of this put even more pressure on central banks*: Paul Tucker, *Unelected Power: The Quest for Legitimacy in Central Banking and the Regulatory State* (Princeton, N.J.: Princeton University Press, 2018).
12. *In nearly twenty years as an FOMC member*: Daniel L. Thornton and David C. Wheelock, "Making Sense of Dissents: A History of FOMC Dissents," *Federal Reserve Bank of St. Louis Review*, Third Quarter 2014; Sudeep Reddy, "The Lone Dissenter: Kansas City's Hoenig Goes Out with a Record," *Wall Street Journal*, December 14, 2010; transcripts of FOMC meetings when Thomas

Hoenig dissented: July 1995, May 2001, December 2001, and October 2007.

13. *Hoenig could sense the uneasiness in the room*: Hoenig, interviews with author, 2020.

第六章　資金彈

1. *After he had cast his vote*: Thomas and Cynthia Hoenig, interviews with author, 2020.
2. *The Fed's policies were an obsession*: Carola Binder, "Federal Reserve Communication and the Media," *Journal of Media Economics*, October 2017; Carola Binder, interview with author, 2020.
3. *On the night that Hoenig cast his dissent*: "Americans Spending More Time Following the News," Pew Research Center, September 12, 2010; "Political Polarization & Media Habits," Pew Research Center, October 21, 2014. Glenn Beck monologue, "Devaluing the Dollar," 2010, uploaded to YouTube: https://www.youtube.com/watch?v=-QmPJAIbTwI; survey of Drudge Report and Huffington Post coverage taken from the Internet Archive at archive.org.
4. *The Fed was, in fact, trying to devalue*: Transcript of meeting of the Federal Open Market Committee, November 2-3, 2010.
5. *Ben Bernanke helped entrench*: Video and transcript of Ben Bernanke's appearance on 60 Minutes. Bernanke's 2009 appearance: https://www.youtube.com/watch?v=QWJC____mz1Pc; Bernanke's 2010 appearance: https://www.youtube.com/watch?v=CMeB9sqWZqc; Bernanke, *The Courage to Act*.
6. *Beginning on November 4, 2010, the American financial system*: Notes from author's tour of New York Federal Reserve Bank trading floor, February 2020; author interviews with six current and former senior officials at the New York Federal Reserve Bank, 2020-2021, speaking on background. Three of these officials directly implemented the quantitative easing program.
7. *To understand the effects of ZIRP*: Author interviews with financial traders, on background, 2016-2020. The author is particularly indebted to one trader who prefers to remain anonymous, and who has a keen grasp of how markets work. Among many, many sources documenting the search for yield is *QE and Ultra-Low Interest Rates: Distributional Effects and Risks*, McKinsey Global Institute discussion paper, November 2013. Céline Choulet, "QE and Bank Balance Sheets: The American Experience," *Conjoncture*, July-August 2015.
8. *In early 2011, Hoenig retired*: Frank Morris, "Fed Dissenter Thomas Hoenig Retires," *All Things Considered*, September 28, 2011; transcript of Thomas Hoenig speech, "Monetary Policy and the Role of Dissent," delivered at the Central Exchange, January 5, 2011.

9. *Between November 2010 and June 2011*: Figures of money supply, or "M1 Money Stock," taken from Economic Research Federal Reserve Bank of St. Louis database, https://fred.stlouisfed.org/series/M1NS; fig- ures of excess reserves, or "Excess Reserves of Depository Institutions," taken from Economic Research Federal Reserve Bank of St. Louis database, https://fred.stlouisfed.org/series/EXCSRESNS.
10. *Bernanke's strongest opposition*: Jerome H. Powell and Betsy Duke, interviews with author, 2020; Bernanke, *The Courage to Act*, 531-63; selected transcripts of meetings of the Federal Open Market Committee, 2012-2014.

第七章　量化泥淖

1. *When Jerome Powell joined the Fed board*: Jerome H. Powell, Elizabeth "Betsy" Ashburn Duke, interviews with author, 2020. Former Fed official, background interviews with author, 2020. Bernanke, *The Courage to Act*, 502–533; transcripts of meetings of the Federal Open Market Committee in January, March, April, June, July, September, 2012.
2. *The Fed had already employed two*: "Large-Scale Asset Purchases" timeline, Federal Reserve Bank of New York, accessed 2020; "Review of Monetary Policy Strategy, Tools, and Communications; Timelines of Policy Actions and Communications: Balance Sheet Policies," Federal Reserve Board, accessed 2020; Nick Timiraos, "Fed Releases Transcripts of 2012 Policy Meetings," *Wall Street Journal*, Jan. 5, 2018.
3. *Powell began to work closely*: Duke, interviews with author, 2020; Jon Hilsenrath, "How Bernanke Pulled the Fed His Way," *Wall Street Journal*, Sept. 28, 2012; Transcripts of meetings of the Federal Open Market Committee in January, March, April, June, July, September, 2012; Bernanke, *The Courage to Act*, 502–533.
4. *When Bernanke lobbied the Fed governors*: Duke, interviews with author, 2020; Two former FOMC members, interviewed on background by author, 2020; Richard Fisher, interviews with author, 2020; Jon Hilsenrath, "How Bernanke Pulled the Fed His Way," *Wall Street Journal*, Sept. 28, 2012.
5. *In his very first meeting at the FOMC, Powell*: Duke, interviews with author, 2020; Two former FOMC members, interviewed on background by author, 2020; Transcript of the Federal Open Market Committee June 19–20, 2012 Christopher Leonard, "How Jay Powell's Coronavirus Response Is Changing the Fed Forever," *Time*, June 11, 2020.
6. *One of Bernanke's secret weapons*: Duke, Yellen, interviews by author, 2020; Transcripts of meetings of the Federal Open Market Committee, January, March, April, June, July, and September, 2012.

7. *Fisher said that he had*: Transcript of the Federal Open Market Committee meeting July 31–Aug.1, 2012; Fisher, interviews with author, 2020. Peter Conti-Brown, *The Power and the Independence of the Federal Reserve* (Princeton, N.J.: Princeton University Press, 2017), 91.
8. *During the July meeting*: Powell, Duke, interviews by author, 2020; transcript of the Federal Open Market Committee, July 31–Aug.1, 2012.
9. *The weather was beautiful*: Archived television and photographic coverage of Jackson Hole symposium; Jon Hilsenrath, "Fed Sets Stage for Stimulus," *Wall Street Journal*, Aug. 31, 2012; Martin Feldstein, August 2012 interview with FoxBusiness, uploaded to YouTube, https://video.foxbusiness.com/v/1816772227001#sp=show-clips
10. *Bernanke's speech that year*: "Monetary Policy since the Onset of the Crisis," transcript of remarks by Ben S. Bernanke Chairman Board of Governors of the Federal Reserve System at the Federal Reserve Bank of Kansas City Economic Symposium Jackson Hole, Wyoming, August 31, 2012; Jon Hilsenrath, "Fed Sets Stage for Stimulus," *Wall Street Journal*, Aug. 31, 2012; Bernanke, *The Courage to Act*, 531–533.
11. *In Europe, the financial crisis of 2008*: Tooze, Crashed, 396–421, 91–117; Jackie Calmes, "Next on the Agenda for Washington: Fight Over Debt," *New York Times*, April 9, 2011; Binyamin Appelbaum, "Debt Ceiling Has Some Give, Until Roof Falls In," *New York Times*, May 4, 2011; Jackie Calmes, "Demystifying the Fiscal Impasse That Is Vexing Washington," *New York Times*, Nov. 15, 2012.
12. *On September 12*: Duke, Bernanke, Fisher, Powell, interviews with author, 2020; Two former FOMC officials, background interviews with author, 2020; Transcript of the Meeting of the Federal Open Market Committee on September 12–13, 2012.
13. *The presentation was written by Seth Carpenter*: Seth Carpenter, interview with author, 2020; Seth B. Carpenter and Michelle Ezer, "Material for Briefing on Potential Effects of a Large-Scale Asset-Purchase Program," September 12, 2012; Figures on interest rates, or "Effective Federal Funds Rate," taken from Economic Research Federal Reserve Bank of St. Louis database, https://fred.stlouisfed.org/series/FEDFUNDS; Figures on 30-year home loan rates, or "30-Year Fixed Rate Mortgage Average in the United States," taken from Economic Research Federal Reserve Bank of St. Louis Database, https://fred.stlouisfed.org/series/MORTGAGE30US; Figures on value of Fed bonds in the New York trading account, taken from "System Open Market Account Portfolio," https://www.newyorkfed.org/data-and-statistics/data-visualization/system-open-market-account-portfolio; Figures on price inflation taken from "Median PCE Inflation," Federal Reserve Bank of Cleveland, https://www.clevelandfed.org/our-

research/indicators-and-data/median-pceinflation.aspx; all data accessed in 2020.

14. *These forecasting errors were not an isolated incident*: Brian Fabo, Martina Jancokova, Elisabeth Kempf, Lubos Pastor, "Fifty Shades of QE: Conflicts of Interest in Economic Research," National Bureau of Economic Research Working Paper No. w27849, September 28, 2020.
15. *These arguments were tame*: Transcript of the Meeting of the Federal Open Market Committee on September 12–13, 2012.
16. *When the Fed announced that its QE*: Duke, Fisher, Powell, Bernanke, interviews with author, 2020; FOMC "Monetary Policy Alternatives," Tealbook presentation to FOMC members, September 6, 2012; "Options for an Additional LSAP Program," staff report from Federal Reserve Board of Governors and Federal Reserve Bank of New York, August 28, 2012; Bernanke, *The Courage to Act*, 502–563; Transcript of the Meeting of the Federal Open Market Committee on March 19–20, 2013.
17. *After the June meeting*: Transcript of Chairman Bernanke's Press Conference June 19, 2013; Archived news footage of press conference. Bernanke, *The Courage to Act*, 498.
18. *What happened next was…a kind of market shock*: Duke, Bernanke, Powell, interviews with author, 2020; Two former FOMC officials, background interviews by author, 2020; Financial trader speaking on background to author, 2016–2021; Nick Summers, "Market's 'Taper' Tantrum Extends to Fourth Day," Bloomberg News, June 24, 2013; Anusha Chari, Karlye Dilts Stedman, Christian Lundblad, "Taper Tantrums: QE, its aftermath and emerging market capital flows," National Bureau of Economic Research Working Paper 23474, June 2017.
19. *Even within hours of the press conference*: Duke, interviews with author, 2020; FOMC "Monetary Policy Alternatives," Tealbook presentation to FOMC members, Sept. 6, 2012; "Options for an Additional LSAP Program," staff report from Federal Reserve Board of Governors and Federal Reserve Bank of New York, August 28, 2012.
20. *One of the Fed's own economists*: Transcript of Meeting of the Federal Open Market Committee on September 12–13, 2012, 16; Transcript of Meeting of the Federal Open Market Committee on March 19–20, 2013, 22–24; Transcript of Meeting of the Federal Open Market Committee, January 29–30, 2013.

第八章　會打點好一切的人

1. *When Jay Powell was a senior*: Powell, interview with author, 2020; "Notable Alumni," Georgetown Preparatory School; Descriptions of Georgetown Prep taken from notes taken by author, 20202 and campus map from the school's Website; Patricia H.

Powell obituary, 2010; Jerome Powell (senior) obituary, 2007; "Elissa Leonard to Wed Jerome H. Powell," *New York Times*, September 15, 1985.

2. *As an adult, Jay Powell knew*: Josh Boak and Christopher Rugaber, "As Fed chief, Powell would bring a knack for forging consensus," The Associated Press, November 5 20117; Gary Siegel, "Market sees Powell nomination as continuation of policy," Bondbuyer.com, November 2, 2017; "Jerome Powell, Trump's multi-millionaire pick for Fed chief," Agence France Presse, November 2, 2017; "Jay Powell: From Warren Buffett to Fed chair," AFR Online, November 3, 2017; "Jerome Powell's nomination as Fed Chair means 'more of the same,' and markets love it," *Washington Post*, November 2, 2017; "Trump's Fed chair choice largely down to Powell or Taylor," *Washington Post*, October 26, 2017; Neil Irwin, "Experts Rate the Odds on Trump's Choice to Lead the Fed," *New York Times*, September 2017; Zachary A. Goldfarb, "Obama makes bipartisan Fed picks," *Washington Post*, December 28, 2011; "GEF Adds to Investment Team," Business Wire, July 8, 2008.

3. *When journalists describe Dillon Read*: "Banker Joins Dillon Read," *New York Times*, February 17, 1995; Anthony Bianco, "The Wonder Woman of Muni Bonds," *Bloomberg Businessweek*, February 23, 1987; Catherine Austin Fitts, "Dillon Read & Co. Inc. and the Aristocracy of Prison Profits," 2006, http://www.jamlab.us/downloads/Documents /DillonRead_1.112506as.pdf.

4. *It might seem odd that a lawyer*: Catherine Austin Fitts, interview by author, 2020.

5. *There are two basic kinds of corporate debt*: Greg Nini, Vicki Bryan and Austin Fitts, interviews with author, 2020; Testimony of Dr. Greg Nini Assistant Professor, Drexel University before the U.S. House Committee on Financial Services Subcommittee, June 4, 2019.

6. *In 1988, the company's chairman*: Austin Fitts, interview with author, 2020; David E. Rosenbaum, "The Treasury's 'Mr. Diffident,'" *New York Times*, Nov. 19, 1989.

7. *The problem started inside the large bureaucracy*: Kurt Eichenwald, "Salomon Is Punished by Treasury, Which Partly Relents Hours Later," *New York Times*, August 19, 1991; Stephen Labaton, "Salomon Inquiry Widened," *New York Times*, September 4, 1991; Robert A. Rosenblatt, "Salomon Cornered Market," Los Angeles Times, September 5, 1991; Diana B. Henriques, "Treasury's Troubled Auctions," *New York Times*, September 15, 1991; "Former Salomon Chief Fined in Bond Scandal," *Chicago Tribune*, December 4, 1992; Keith Bradsher, "Former Salomon Trader To Pay $1.1 Million Fine," New York Times, July 15, 1994; Mike Dorning, 8. Powell's boss: Steve Bell, interview with author, 2020.

8. *Leveraging the connections and influence of Washington*: Senior Carlyle Group executive, background interview with author, 2020;

Transcript of David Rubenstein interview with CNBC's "*Power Lunch*," July 18, 2018; Thomas Heath, "Now in Their Own Orbits, Carlyle's Stars Keep Rising," Washington Post, July 24, 2007; "The Carlyle Group Alumni," *Washington Post*, July 24, 2007; Dan Freed, "Carlyle Tightens Its Focus on Consumer Products," *Corporate Financing Week*, March 21, 2004; Christa Fanelli, "Carlyle Picks Up Trio of Heavy Hitters," *Private Equity Week*, May 7, 2001; Irene Cherkassky, "Adventures in venture capitalism," Beverage World, September 15, 2000; Dan Briody, *The Iron Triangle: Inside the Secret World of the Carlyle Group* (Hoboken, N.J.: John Wiley & Sons, 2003).

9. *Our offices were so boring*: Christopher Ullman, interview with author, 2020.
10. *Rexnord's headquarters were located*: Images of Rexnord headquarters retrieved from Google Maps and Google Street View, 2020.
11. *Tom Jansen started working*: Tom Jansen, interviews with author, 2020; "REG–Invensys PLC Strategy Review," Feb. 19, 2002; Thomas Content, "Rexnord Corp. again up for sale," *Milwaukee Journal Sentinel*, Feb. 23, 2002; "Carlyle to Buy Rexnord," *Washington Post*, September 30, 2002; "The Carlyle Group Completes Rexnord Acquisition," *Business Wire*, November 25, 2002; Nicola Hobday, "Carlyle buys Invensys power unit for $880M," *Daily Deal*, September 30, 2002; Thomas Content, "Rexnord is Acquired by Carlyle Group," *Milwaukee Journal Sentinel*, November 27, 2002; "Rexnord Corp. Reports Fourth Quarter and Full Year Results," *Business Wire*, June 15, 2005; Paul Sharke, "Big Hold From Small Screws," *Mechanical Engineering*, Nov. 1, 2001.
12. *The debt put pressure on Rexnord*: Jansen, interview with author, 2020; Rick Romell, "Rexnord to close plant in West Milwaukee for week; Union agrees to shutdown to help save money, jobs," *Milwaukee Journal Sentinel*, July 27, 2006.
13. *After Powell joined Rexnord's board*: Jansen, interview with author, 2020; One current and one former senior employee at Carlyle Group interviewed on background by author, 2020; Images of Doral Country Club taken from hotel's Web site.
14. *In early 2005, Rexnord still carried*: Rexnord financial figures take Rexnord Form 10-K filings with U.S. Securities and Exchange Commission, 2003–2009; select Moody's Debt Ratings reports on Rexnord.
15. *First, Rexnord toyed with the idea of going public*: Jansen, interview by author, 2020; "Apollo Management to Buy Rexnord in $1.83 Billion Deal," *Wall Street Journal*, May 25, 2006; "Carlyle Flips Parts Maker to Apollo for $1.8 Billion," *New York Times*, May 25, 2006; "Rexnord to be acquired from Carlyle by Apollo Management for $1.8 billion," Machinery and Equipment MRO, June 1, 2006.
16. *The payoff to Jay Powell and his team was immense*: Former senior Carlyle Group employee, interview on background with author, 2020; "Jerome Powell, Trump's multimillionaire pick for Fed chief," Agence France Presse, November 2, 2017; Financial figures

on Rexnord sale taken from sources in endnote above; Rexnord Form 10-K Filings, 2003–2012; Select Moody's debt ratings reports on Rexnord.

17. *One person who helped underwrite*: Rexnord Incremental Assumption and Debt Agreement, August 21, 2013.

第九章　風險機器

1. *Some of the most profitable products*: Robert Hetu, interviews with author, 2020; Various Rexnord debt financing and debt rating documents including: Rexnord Incremental Assumption and Debt Agreement, August 21, 2013; RBS Global, Inc. and Rexnord LLC Form 8-K, filed with U.S. Securities and Exchange Commission, April 17, 2012; Rexnord Corp., Form 8-K filing, Nov. 2, 2016; Rexnord Form 10-K filings with S.E.C., 2010–2020; Moody's Investors Service Credit Opinion on Rexnord Corp. December 10, 2003; Moody's Investors Service Credit Opinion on Rexnord Corp. August 5, 2016; Moody's Investors Service Credit Opinion on Rexnord Corp. August 18, 2020.
2. *Hetu's office overlooked*: Hetu, interviews with author, 2020; Descriptions of Credit Suisse office taken from Google Maps and Street View and Hetu's descriptions of office interior.
3. *This name, CLO, might sound familiar*: Hetu, Greg Nini, interviews with author 2020; The author is deeply indebted to Alexander Holt, an independent researcher who developed a detailed portfolio on the history, structure and financing of CLOs during the winter of 2020, also proving hours of invaluable discussion the topic; Sally Bakewell, "CLOs: Corporate Loans Sliced, Diced and Worrisome, *Bloomberg Businessweek*, March 29, 2019; Tom Metcalf, Tom Maloney, Sally Bakewell and Christopher Cannon, "Wall Street's Billionaire Machine, Where Almost Everyone Gets Rich," Bloomberg News, December 20, 2018; Lisa Lee, "Battered CLO Investors Are About to Get a Look at Their Losses," Bloomberg News, April 20, 2020; Sunny Oh, "Here's why the Fed and global regulators are ringing the alarm over leveraged loans and CLOs," *MarketWatch*, March 12, 2019; Kelsey Butler, "Shadow Bank Lending Vehicles on Pace for Worst Quarter on Record," Bloomberg News, March 25, 2020; Jane Baird, "CDO market seen shrinking by half in long term," Reuters, October 1, 2007.
4. *Credit Suisse was a leading producer of CLOs*: Hetu, interviews with author, 2020; Glen Fest, "Banks' Warehouse Loans Play Big Role in CLO Resurgence," *American Banker*, August 11, 2014; Matthew Toole, "Records broken in global capital markets during Q3," *Refinitiv Deals Intelligence*, Nov. 2, 2020; "CLO Asset Manager Handbook," *Fitch Ratings*, April 2017.
5. *Popp looks like a trustworthy guy*: John Popp, "Beyond the Core: Preparing Portfolios for a Post-Treasury-Rally World," Credit

Suisse Asset Management report, May 2012; Descriptions of Popp's appearance taken from his portrait included in report and other Credit Suisse marketing material.

6. *The key innovation of CLOs*: Nini, Hetu, Holt, interviews with author, 2003, ibid sources in Note 3.
7. *Credit Suisse helped Rexnord roll its debt*: Hetu, interviews with author; notes on Rexnord debt offerings ibid Note 1.
8. *It was around this time*: Vicky Bryan, interview with author 2020.
9. *All that money*: CLO Yearbook 2018, Credit Flux, accessed 2020 at: https://www.creditflux.com/CLOYearbook2018; Sally Bakewell, "CLOs: Corporate Loans Sliced, Diced and Worrisome, *Bloomberg Businessweek*, March 29, 2019.
10. *Hetu described this situation*: Hetu, interviews with author, 2020.
11. *The Cov-lite loan, once an exotic debt instrument*: Jim Edwards, "The risky 'leveraged loan' market just sunk to a whole new low" *BusinessInsider*, February 17, 2019: Sean Collins, "A Quick Look at the Future for Business Development Companies," Deloite *Perspectives*, March 20, 2019.
12. *It would be easy, years later, to point fingers*: Transcript of the Meeting of the Federal Open Market Committee on September 12–13, 2012.

第十章　零利率政策世界

1. *When Jay Powell sat on Rexnord's board*: Tom Jansen, interview with author, 2020; Tom Daykin, "Rexnord moving into city; Executives will work at Global Water Center," *Milwaukee Journal Sentinel*, April 1, 2014; Description of Rexnord's headquarters taken from Google Maps and Street View, 2020.
2. *These factories were seen as assets*: Jansen, interview with author, 2020; Debt ratings analyst, background interview with author, 2020; Rexnord Corp., 10-K Filings with U.S. Securities and Exchange Commission, 2013–2020; Moody's Investors Service Credit Opinion on Rexnord Corp. Aug. 18, 2020; "Rexnord Announces President & Chief Executive Officer's Appointment," Businesswire news release, Sept. 14, 2009; Rexnord Corp. 14A Proxy filings with S.E.C., 2012–2020.
3. *When Todd Adams talked publicly*: Todd Adams, Rexnord marketing video, "A Message from CEO Todd Adams," accessed at company's Web site: https://rexnordcorporation.com/en-US/Rexnord-Business-System; Compensation figures taken from Rexnord 10-K and 14A Proxy filings.
4. *When John Feltner got the chance to interview*: John Feltner, interviews with author, 2020–21; Rick Barrett, "Rexnord workers

stuck in middle," *Milwaukee Journal Sentinel*, December 9, 2016; Robert King, "Rexnord worker feels pain of coming closure; Indiana plant shifts positions to Mexico," *Milwaukee Journal Sentinel*, March 1, 2017; Farah Stockman, "Becoming a Steelworker Liberated Her. Then Her Job Moved to Mexico," *New York Times*, October 14, 2017.

5. *From the view of Rexnord's headquarters office*: Debt figures taken from Rexnord Corp. 10-K Filings with U.S. Securities and Exchange Commission, 2013–2020; Ownership stakes taken from Rexnord 14A filing, 2014; Rick Barrett, "Rexnord stock gains 11% in debut; Shares close at $20 a day after IPO priced at $18," *Milwaukee Journal Sentinel*, March 30, 2012.
6. *Stock buybacks were made legal in 1982*: William Lazonick, "Profits Without Prosperity," Harvard Business Review, Sept. 2014; Liyu Zeng and Priscilla Luk, "Examining Share Repurchasing and the S&P Buyback Indices in the U.S. Market," *S&P Dow Jones Indices*, March 2020; Sirio Aramonte, "Mind the buybacks, beware of the leverage," BIS Quarterly Review, September 2020.
7. *The most boring-seeming companies in America*: Antoine Gara and Nathan Vardi, "Inside the $2.5 Trillion Debt Binge that has Taken S&P 500 Titans Including Boeing and AT&T from Blue Chips to Junk," Forbes, July 2020.
8. *Rexnord was considering a stock buyback in 2015*: Rexnord 10-K and 14A Proxy Filings, 2013–2020.
9. *Feltner was a longtime union guy*: Feltner, interviews with author, 2020–21; James Briggs, "Manufacturer Rexnord plans to move 300 high-paying jobs to Mexico.," *Indianapolis Star*, Oct.14, 2016. Robert King, "Rexnord worker feels pain of coming closure; Indiana plant shifts positions to Mexico," *Indianapolis Star*, March 1, 2017; Robert King, "Laid off from Rexnord, once-bitter worker settles into a 'new norm'" Indianapolis Star, Feb. 9, 2018. All Rexnord debt figures taken from Rexnord Corp. 10-K filings with S.E.C., 2015–20; Moody's Investors Service Credit Opinions on Rexnord Corp., 2015–20.
10. *In May of 2016, Rexnord made*: Brooke Sutherland, "Toilet Maker May Suit Buyer Flush With Cash; With industrials desperate for deals, a Rexnord sale makes sense," Bloomberg News, May 25.
11. *Looking back, Rexnord employees would say*: Feltner, interviews with au- thor, 2020-2021; Stockman, "Becoming a Steelworker Liberated Her" ; Briggs, "Manufacturer Rexnord Plans to Move 300 High-Paying Jobs to Mexico" ; King, "Rexnord Worker Feels Pain of Coming Closure" ; King, "Laid Off from Rexnord, Once-Bitter Worker Settles into a 'New Norm.'
12. *They convened at the Mount Olive Ministries church*: "Carrier and Rexnord workers pray to save their jobs in Indianapolis," WRATV Indianapolis, uploaded to YouTube, https://www.youtube.com/watch?v=7bk1QNTXqpA.
13. *Todd Adams never managed to find a buyer*: All Rexnord debt, income, and compensation figures come from Rexnord Corp. 10-K and 14A Proxy filings with S.E.C.

14. *John Feltner did his "play dough" routine*: Feltner, interviews with author, 2020–21.
15. *Jay Powell had earned his personal fortune*: Figures on corporate debt, or "Nonfinancial Corporate Business; Debt Securities and Loans; Liability, Level," taken from Economic Research Federal Reserve Bank of St. Louis database, https://fred.stlouisfed.org/series/BCNSDODNS.
16. *Hoenig also had other things on his mind*: Hoenig, interview with author, 2020.

第十一章　霍尼格法則

1. *After Thomas Hoenig left*: Hoenig, interviews with author, 2016–2021. The author is deeply indebted to Kelly Kullman, a 2020 student reporter at the Watchdog Writers Group, a nonprofit journalism institute at the University of Missouri School of Journalism. Kullman spent months researching Tom Hoenig's tenure at the Federal Deposit Insurance Corporation, along with the history of that institution going back to the Great Depression. Kullman's reporting and insights were invaluable in writing this chapter.
2. *Everybody knew where Tom Hoenig stood*: Transcript of Tom Hoenig Speech "Back to Basics: A Better Alternative to Basel Capital Rules," delivered to the American Banker Regulatory Symposium, September 14, 2012; Transcript of Tom Hoenig Speech, "Financial Stability Through Properly Aligned Incentives, delivered to the Exchequer Club, September 19, 2012; Barbara A. Rehm, "For Megabanks, It's Time to Shape Up or Break Up," *American Banker*, July 26, 2012.
3. *But very early on, the warning signs*: Transcript, U.S. Senate Committee on Banking, Housing and Urban Affairs Hearing on Pending Nominations, November 17, 2011.
4. *Hoenig was called before a Senate hearing*: Hoenig, interviews with author, 2020; Transcript, U.S. Senate Hearing on Limiting Federal Support for Financial Institutions, Panel 2–Committee Hearing, May, 9, 2012; Allan Sloan, "Taking stock five years after the meltdown," *Washington Post*, June 17, 2012.
5. *With this support, Hoenig kept pushing*: Transcript of Tom Hoenig Speech, "Financial Stability Through Properly Aligned Incentives, delivered to the Exchequer Club, Sept. 19, 2012; Scott Lanman, "Thomas Hoenig Is Fed Up," *Bloomberg Businessweek*, September 23, 2010.
6. *Hoenig made the rounds on Capitol Hill*: Hoenig, interviews with author, 2020; Ryan Tracy, "FDIC's Hoenig Keeps Wall Street on Edge," Dow Jones Newswires, September 25, 2014.
7. *The very complexity of Dodd-Frank*: Haley Sweetland Edwards, "He Who Makes the Rules," *Washington Monthly*, March/April

2013; Gina Chon, "FDIC is last defense against Dodd-Frank rollbacks," Reuters News, September 22, 2017.

8. *In 2013, the big banks submitted their living wills*: Tom Hoenig, Interviews with author, 2020; Alan Zibel, "FDIC to Offer Guidance to Banks, Online Lenders," Dow Jones Newswires, September 26, 2013; Ronald Orol, "Hoenig: Banks get one year to fix wills or face divestitures," *The Deal*, September 23, 2014; Barney Jopson, "Regulators reject 'living wills' of 5 big US banks," *Financial Times*, April 13, 2016; Ronald Orol, "FDIC's Hoenig urges more public disclosure of big bank 'living wills,'" *The Deal*, March 2, 2015; Ronald Orol, "Republicans take issue with big bank living wills," *The Deal*, July 16, 2014; Gina Chon and Tom Braithwaite, "Living wills raise liquidity fears," *Financial Times*, November 3, 2014.

9. *One group of people who seemed to have zero*: Rob Blackwell and Donna Borak, "Gruenberg Confronts Doubts That FDIC Will End TBTF," *American Banker*, May 11, 2012.

10. *There was a reason that the banks*: Hoenig, interviews with author, 2106–20; FDIC's Global Capital Index, fourth quarter, 2013; Simon Johnson, "The Fed in Denial," *Project Syndicate*, July 22, 2014; "FDIC Vice Chairman Hoenig Issues Statement on Global Capital Index," Targeted News Service, April 13, 2017.

11. *Between 2007 and 2017, the Fed's balance sheet*: Figures on Fed's Balance Sheet, or "Total Assets," taken from Economic Research Federal Reserve Bank of St. Louis Database, https://fred.stlouisfed.org/series/WALCL; *QE and Ultra-Low Interest Rates: Distributional Effects and Risks*, McKinsey Global Institute discussion paper, November 2013.

12. *The search for yield ...corporate debt and stocks*: "Who Owns U.S. CLO Securities?" FEDS Notes, July 19, 2019; Paul J. Davies, "Tense Time for Buyers of Riskier Corporate Loans," *Wall Street Journal*, January 6, 2020; Olen Honeyman, Hanna Zhang, Tejaswini Tungare and Ramki Muthukrishnan, "When the Cycle Turns: The Continued Attack Of The EBITDA Add-Back," S&P Global Ratings, September 19, 2019; Frank Partnoy, "The Looming Bank Collapse," *The Atlantic*, July/August 2020.

13. *The search for yield ...oil industry*: Bethany McLean, "The Next Financial Crisis Lurks Underground," *New York Times*, September 1, 2018; Bradley Olson, Rebecca Elliott and Christopher M. Matthews, "Fracking's Secret Problem–Oil Wells Aren't Producing as Much as Forecast," *Wall Street Journal*, January 2, 2019; Rebecca Elliott and Christopher M. Matthews, "As Shale Wells Age, Gap Between Forecasts and Performance Grows," *Wall Street Journal*, December 29, 2019; Ryan Dezember, "Energy Industry Faces Reckoning After Oil Prices Crash," *Wall Street Journal*, March 10, 2020; Sam Goldfarb and Matt Wirz, "Borrowing Binge Reaches Riskiest Companies," *Wall Street Journal*, February 15, 2021; Lukas Ross, Alan Zibel, Dan Wagner, and Chris Kuveke, "Big Oil's $100 Billion Bender," Joint report by Bailout Watch, Friends of the Earth and Public Citizen, September 1 2020; Ares Capital 10-K

Filing with Securities and Exchange Commission, December 31, 2017.

14. *The search for yield ... into commercial real estate*: John Flynn, interview with author, 2020; Heather Vogell, "Whistleblower: Wall Street Has Engaged in Widespread Manipulation of Mortgage Funds," *ProPublica*, May 15; Cezary Podkul, "Commercial Properties' Ability to Repay Mortgages Was Overstated, Study Finds," *Wall Street Journal*, August 11, 2020; David Dayen, "Look at That, Fraud in Mortgage Markets!," *American Prospect*, May 19, 2020.
15. *The search for yield ... government debt of developing nations*: David J. Lynch, "Turkey's woes could be just the start as record global debt bills come due," *Washington Post*, September 3, 2018; David J. Lynch, "Turkey went on a building spree as its economy boomed. Now the frenzy is crashing to a halt," *Washington Post*, September 25, 2018; Matt Phillips and Karl Russell, "The Next Financial Calamity Is Coming. Here's What to Watch," *New York Times*, September 12, 2018; Peter S. Goodman, "For Erdogan, the Bill for Turkey's Debt-Fueled Growth Comes Due," *New York Times*, June 24, 2019; Anusha Chari, Karlye Dilts Stedman and Christian Lundblad, "Taper Tantrums: QE, its Aftermath and Emerging Market Capital Flows, National Bureau of Economic Research, working Paper 23474, June 2017; *QE and Ultra-Low Interest Rates: Distributional Effects and Risks*, McKinsey Global Institute discussion paper, November 2013.
16. *Finally, the world's central banks ...yield upside down*: Financial trader, background interviews by author, 2016–20; Daniel Kruger, "Negative Yields Mount Along With Europe's Problems," *Wall Street Journal,* February 18, 2019; Jeff Sommer, "In the Bizarro World of Negative Interest Rates, Saving Will Cost You," *New York Times*, March 5, 2016; Brian Blackstone, "Negative Rates, Designed as a Short-Term Jolt, Have Become an Addiction," *Wall Street Journal*, May 20, 2019
17. *This is what was happening as Tom Hoenig*: Tom Hoeing, interview at FDIC headquarters with author, 2016.

第十二章　完全正常

1. *During most of Jay Powell's career*: Jay Powell, interview with author, 2020; Transcript of the Meeting of the Federal Open Market Committee on Jan. 28–29, 2014; Christopher Leonard, "How Jay Powell's Coronavirus Response Is Changing the Fed Forever," *Time*, June 11, 2020.
2. *During Yellen's first year on the job*: Janet Yellen, interview with author, 2020; Transcripts of the Meeting of the Federal Open Market Committee on January, March, April, June, July, September, October, December, 2014; "Timelines of Policy Actions and Communications: Policy Normalization Principles and Plans," Federal Reserve Board, February 22, 2019; Jon Hilsenrath, "Fed

Sets Stage for Rate Hikes in 2015," *Wall Street Journal*, December 17, 2014; "Policy Normalization Principles and Plans," Federal Reserve press release, September 17, 2014; Neil Irwin, "Quantitative Easing Is Ending. Here's What It Did, in Charts," *New York Times*, October 29, 2014; "Michael S. Derby and Jon Hilsenrath," Fed's Dudley: Still Likely on Track for 2015 Rate Rise," *Wall Street Journal*, September 28, 2015.

3. *Experts grappled with this puzzle*: Brookings Institution event accessed 2020 at: https://www.brookings.edu/events/whats-not-up-with-inflation/.
4. *Jay Powell, in 2014, was determined*: Transcript of Meeting of the Federal Open Market Committee on June 17–18, 2014.
5. *Roughly seven months after delivering*: Richard Fisher, interview with author, 2020; Former FOMC member, background interview with author, 2020; Transcript of Jerome H. Powell speech "'Audit the Fed' and Other Proposals," delivered at Catholic University of America, Columbus School of Law, February 9, 2015.
6. *In closed-door meetings*: Transcript of Meeting of the Federal Open Market Committee on September 16–17, 2015.
7. *In December 2015, the Fed raised rates*: Transcript of Meeting of the Federal Open Market Committee on December 15–16, 2015; Jon Hilsenrath and Ben Leubsdorf, "Fed Raises Rates After Seven Years Near Zero, Expects 'Gradual' Tightening Path," *Wall Street Journal*, December 16, 2015; Nick Timiraos, "Fed Raised Interest Rates in 2015 Despite Concerns Over Growth," *Wall Street Journal*, January 8, 2021.
8. *The Fed was normalizing slowly*: Figures of excess reserves, or "Excess Reserves of Depository Institutions," taken from Economic Research Federal Reserve Bank of St. Louis Database, https://fred.stlouisfed.org/series/EXCSRESNS; Figures on Fed's Balance Sheet, or "Total Assets," taken from Economic Research Federal Reserve Bank of St. Louis Database, https://fred.stlouisfed.org/series/WALCL.
9. *Trump's animosity toward most government*: Trump's debate comments on "bubble" during debate accessed in 2020 via YouTube at: https://www.youtube.com/watch?v=4xn9jLy_TB4.
10. *Jay Powell was hardly considered a front runner*: Steven Mnuchin, interview with author, 2020; "Jerome Powell's nomination as Fed Chair means 'more of the same,' and markets love it," *Washington Post*, November 2, 2017; "Trump's Fed chair choice largely down to Powell or Taylor," *Washington Post*, October 26, 2017; "US Federal Reserve calls historic end to quantitative easing," *Financial Times*, September 20, 2017.
11. *It was unclear, at first, what Trump's victory*: Tom Hoenig, interviews with author, 2020–21; Ryan Tracy, "FDIC's Thomas Hoenig

Said to Be Interested in Job in Trump Administration," *Wall Street Journal*, November 14, 2016; Robert Schmidt and Jesse Hamilton, "Ten Years After the Crisis, Banks Win Big in Trump's Washington," *Bloomberg Businessweek*, February 9, 2018.

12. *In April 2018, Hoenig left the FDIC*: Jesse Hamilton, "Wall Street's Least Favorite Regulator Is Calling It Quits," Bloomberg News, April 27, 2018.
13. *Becoming Fed chairman presented Jay Powell*: "Timelines of Policy Actions and Communications: Policy Normalization Principles and Plans," Federal Reserve Board, February 22, 2019; "US Federal Reserve Calls Historic End to Quantitative Easing," *Financial Times*, September 20, 2017; Jeff Cox, "Janet Yellen calls stock market, real estate 'high' in last interview before exit as Fed Chief," CNBC.com, February 4, 2018; Ben Casselman and Jim Tankersley, "More Jobs, Faster Growth and Now, the Threat of a Trade War," *New York Times*, April 6, 2018; Figures of interest rates, or "Effective Federal Funds Rate," taken from Economic Research Federal Reserve Bank of St. Louis Database, https://fred.stlouisfed.org/series/FEDFUNDS.
14. *On Monday, February 5, 2018*: Akane Otani, "Dow Drops More Than 1,100 Points in Stock-Market Route," *Wall Street Journal*, February 5, 2018; Corrie Driebusch, Riva Gold and Daniel Kruger, "Dow Drops More Than 650 Points on Worries About Inflation," *Wall Street Journal*, February 2, 2018; Ben Leubsdorf, "U.S. Gained 200,000 Jobs in January as Wages Picked Up," *Wall Street Journal*, February 2, 2018; Nick Timiraos, "Market Turmoil Greets New Federal Reserve Chairman," *Wall Street Journal*, February 5, 2018; Gunjan Banerji and Alexander Osipovich, "Market Rout Shatters Lull in Volatility," February 5, 2018. Matt Phillips, "Dow Jones and S.&P. Slide Again, Dropping by More Than 4%," *New York Times*, February 5 2018' James Mackintosh, "What Should We Make of the Stock-Price Drop?," Wall Street Journal, February 5, 2018; Akane Otani, Riva Gold and Michael Wursthorn, "U.S. Stocks End Worst Week in Years," *Wall Street Journal*, March 23, 2018.
15. *The market turbulence was not a sideshow*: Mohamed A. El-Erian, "*The Only Game in Town: Central Banks, Instability, and Avoiding the Next Collapse* (New York: Random House, 2016).
16. *Powell's leadership on this front was steady*: ibid Note 13. Nick Timiraos, "President Trump Bashes the Fed. This Is How the Fed Chief Responds," *Wall Street Journal*, November 30, 2018; Christopher Condon, "Key Trump Quotes on Powell as Fed Remains in the Firing Line," Bloomberg News, December 17, 2019.
17. *As Powell built support*: Jim Tankersley and Neil Irwin, "Fed Raises Interest Rates and Signals 2 More Increases Are Coming," *New York Times*, June 13, 2018. Nick Timiraos, "Fed Raises Interest Rates, Signals One More Increase This Year," *Wall Street Journal*, September 26, 2018; Matt Phillips, "The Hot Topic in Markets Right Now: 'Quantitative Tightening,'" *New York Times*,

January 30, 2019; Amrith Ramkumar and Nick Timiraos, "Fed Chairman's Remarks Spark Market Rally," *Wall Street Journal*, November 28, 2018; Nick Timiraos, "Fed Weighs Waitand-See Approach on Future Rate Increases," *Wall Street Journal*, December 6, 2018.

18. *The direct relationship between the Fed's actions*: Jack Ewing, "Europe's Central Bank Ends One of the Biggest Money-Printing Programs Ever," *New York Times*, December 13, 2018; Financial Stability Report, November 2018, Federal Reserve Board of Governors; Corrie Driebusch, Akane Otani and Jessica Menton, "Jittery Investors Deepen Stock Fall," *Wall Street Journal*, October 11, 2018.

19. *December was the pivotal month*: Jay Powell, interview with author, 2020; Transcript of Chairman Powell's Press Conference December 19, 2018; Matt Phillips, "Investors Have Nowhere to Hide as Stocks, Bonds and Commodities All Tumble," *New York Times*, December 15, 2018; Matt Phillips, "The Hot Topic in Markets Right Now: 'Quantitative Tightening,'" *New York Times*, January 30, 2019.

20. *On Christmas Eve, a normally quiet*: Janna Herron, "Dow, stocks end sharply lower on Christmas Eve after weekend of Washington, D.C., turmoil," *USA Today*, December 24, 2018.

21. *On January 25, 2019, a story was leaked*: Nick Timiraos, "Fed Officials Weigh Earlier-Than-Expected End to Bond Portfolio Runoff," *Wall Street Journal*, January 25, 2019; Nick Timiraos, "Fed Signals Hold on Interest Rate Increases," *Wall Street Journal*, January 30, 2018.

22. *After the FOMC meeting that month*: Jim Bianco, Scott Minerd, interviews with author, 2020; Financial trader speaking on background, interviews with author 2019–20; Akane Otani, "Bond Rally Suggests the Stock Market Honeymoon is on Borrowed Time," *Wall Street Journal*, February 3, 2019; Nick Timiraos, "Fed Keeps Interest Rates Unchanged; Signals No More Increases Likely This Year," *Wall Street Journal*, March 20, 2019.

23. *Deflation was a central problem*: Financial trader speaking on background, interviews with author 2019–20; Akane Otani and Georgi Kantchev, "Stocks, Bond Yields Fall Amid Anxiety Over World Economy," *Wall Street Journal*, March 22, 2019; Akane Otani and Joe Wallace, "Stock Market Rally Trips on Global Growth Fears," *Wall Street Journal*, March 24, 2019; Jon Hilsenrath, "The World Braces for Slower Growth," *Wall Street Journal*, Jan. 21, 2019; Nick Timiraos, Tom Fairless and Brian Blackstone, "Slow Growth Prods Central Banks," *Wall Street Journal*, March 7, 2019; Greg Ip, "For a Change, It's the World That Is Pulling Down the U.S. Economy," *Wall Street Journal*, October 2, 2019; Greg Ip, "Powell's Critics Miss the Mark," *Wall Street Journal*,

March 27, 2019; Nick Timiraos, "Fed Keeps Interest Rates Unchanged; Signals No More Increases Likely This Year," *Wall Street Journal*, March 20, 2019.

24. *In July, Powell led…something extraordinary*: Heather Long, "With the Economy on the Line, the Fed Prepares to take its Biggest Gamble Yet," *Washington Post*, July 29, 2019; Nick Timiraos, "Fed Chief Wedged Between a Slowing Economy and an Angry President," *Wall Street Journal*, August 18, 2019; Greg Ip, "The Era of Fed Power is Over. Prepare for a More Perilous Road Ahead," *Wall Street Journal*, January 15, 2020. Corrie Driebusch, Britton O'Daly and Paul J. Davies, Dow Sheds 800 in Biggest Drop of Year," *Wall Street Journal*, August 14, 2019; Josh Mitchell and Jon Hilsenrath, "Warning Signs Point to a Global Slowdown, *Wall Street Journal*, August 14, 2019; Damian Paletta, Thomas Heath and Taylor Telford, "Stocks losses deepen as a key recession warning surfaces," *Washington Post*, August 14, 2019; Sarah Chaney, "Modest August Job Growth Shows Economy Expanding, but Slowly," *Wall Street Journal*, September 6, 2019; Paul Vigna, "U.S. Stocks Drop on Worries About Growth," *Wall Street Journal*, October 2, 2019.

25. *If Powell felt like he had control*: Senior trading officials at the New York Federal Reserve, background interviews with author, 2020.

第十三章　何不食資產

（提要）聯邦準備銀行紐約分行公共關係室通常會安排記者與該行高級官員進行背景訪談。只要記者同意不直接引述官員的談話，就可安排採訪。二〇二〇年二月十四日，公關室為筆者安排了與紐約分行市場部兩名直接參與本章事件的高級官員作背景訪談。

二〇二〇年二月二十七日，公關人員安排筆者採訪了聯邦準備銀行紐約分行總裁約翰．威廉斯和該行市場部執行副總裁洛莉．蘿根。採訪完全集中在本章所描述的事件。當時，作者正在為《時代》雜誌撰寫聯邦準備銀行紐約分行二〇一九年干預附買回市場的報導，該報導後來衍伸出關於聯準會Covid-19援助計畫的報導。對於這次採訪，作者獲准可以直接引述採訪過程中的對話，但前提是要讓公關團隊檢查引述內容的正確性。採訪以數位方式記錄下來，本書中的引述來自採訪的直接記錄。

作者還對聯邦準備銀行紐約分行的三名前高級官員進行了分別的背景採訪，他們直接參與了該銀行的交易業務。這些訪談為本章提供了背景資訊和知識，並沒有全部在以下的注釋中直接引用。作者特別感謝研究員亞歷山大．霍特，他花了數週時間幫忙研究聯準會干預附買回的性質、源起和影響。在其他諸多成就中，霍特找到了下面引用的學術論文〈儲備充裕的貨幣政策實施〉，並幫忙將其轉譯成通俗易懂的文字，還在拍紙簿上繪製圖表。他的見解和解釋不可或缺。

1. *At 9:05 on the morning of Friday September*: Lorie Logan, interview with author 2020; Two senior New York Fed Markets Group officials, background interviews with author, 2020; Descriptions of Markets Group trading floors and offices taken from notes during author's tour of the Markets Group on February 27, 2020.
2. *The Fed itself was directly responsible*: Gara Afonso, Kyungmin Kim, Antoine Martin, Ed Nosal, Simon Potter, and Sam Schulhofer-Wohl, "Monetary Policy Implementation with an Ample Supply of Reserves," Federal Reserve Bank of Atlanta Working Paper Series 2020–2 (January 2020); Bank for International Settlements Study Group chaired by Lorie Logan and Ulrich Bindseil, "Large central bank balance sheets and market functioning," Bank for International Settlements Markets Committee report, (October 2019); Todd Keister and James J. McAndrews, "Why Are Banks Holding So Many Excess Reserves?," New York Federal Reserve Bank of New York *Current Issues in Economics and Finance*, December 2009; Scott A. Wolla,"A New Frontier: Monetary Policy with Ample Reserves," Federal Reserve Bank of Saint Louis Page One Economics, May 2019.
3. *On the following Monday*: Fed officials, background interviews with author, 2020; Sriya Anbil, Alyssa Anderson, and Zeynep Senyuz, "What Happened in Money Markets in September 2019?," *FEDS Notes*, February 27, 2020; Nick Timiraos, "'Why Were They Surprised?' Repo Market Turmoil Tests New York Fed Chief," *Wall Street Journal*, September 29, 2019; Alex Harris, "'This Is Crazy!': Wall Street Scurries to Protect Itself in Repo Surge," Bloomberg News, September 17, 2019; Emily Barrett and Jesse Hamilton, "Why the U.S. Repo Market Blew Up and How to Fix It," January 6, 2020.
4. *On Monday morning, September 16*: Logan John Williams, interview with author, 2020; Fed officials, background interviews with author, 2020; Other sources ibid Note 3.
5. *This system was destroyed when Ben Bernanke's Fed*: Fed officials, background interviews with author, 2020; ibid Note 2; "Policy Tools: Interest on Required Reserve Balances and Excess Balances," Federal Reserve Board of Governors Web site, updated January 2021.
6. *Williams was persuaded*: Williams, Logan, interview with author, 2020; Federal Reserve Press Release, Sept. 18, 2019.
7. *Hedge funds used repo loans as the cornerstone*: Stephen Spratt, "How a Little Known Trade Upended the U.S. Treasury Market," Bloomberg News, March 17, 2020; Daniel Barth and Jay Kahn, "Basis Trades and Treasury Market Illiquidity," Office of Financial Research Brief Series, July 16, 2020; Jeanna Smialek and Deborah B. Solomon, "A Hedge Fund Bailout Highlights How Regulators Ignored Big Risks," *New York Times*, July 23, 2020; Nishant Kumar,"LMR Raises Capital After Hedge Fund Drops

12.5%," Bloomberg News, March 19, 2020; Gregory Zuckerman, Julia-Ambra Verlaine and Paul J. Davies, "Traders Caught in Market Downdraft Are Forced to Unwind Leveraged Strategies," *Wall Street Journal*, March 12, 2020; "Hedging Repo Exposure In The Treasury Basis With One-Month SOFR Futures," CME Group, March 07, 2019.

8. *The basis trade worked just fine*: Ralph Axel, interviews with author, 2020; "Liquid Insight: Fed's purchase program may have costs," Bank of America Merrill Lynch analyst report, Nov. 13, 2019.
9. *When the Fed announced its repo*: Federal Reserve Press Release, Sept. 18, 2019; Federal Reserve officials, background interviews with author, 2020.
10. *On October 4, two weeks after*: Minutes of the Federal Open Market Committee, October 29–30, 2019.
11. *As the Fed finalized its plans*: Rich Miller and Steve Matthews, "Powell Sees Fed Resuming Balance- Sheet Growth, But It's Not QE," Bloomberg News, October 8, 2019; Rich Miller and Christopher Condon, "Fed to Start Buying $60 Billion of Treasury Bills a Month From October 15," Bloomberg News, October 11, 2019; Federal Reserve Statement Regarding Monetary Policy Implementation, October 11, 2019.
12. *By early 2020, Thomas Hoenig had migrated*: Thomas Hoenig, interview with author, March 2, 2020; Thomas Hoenig, "Emergency COVID-19 Stimulus Programs Are a Short-Term Solution," Mercatus Center white paper, May 20, 2020.

第十四章　感染

1. *The first waves of volatility*: Sui-Lee Wee and Vivian Wang, "China Grapples With Mystery Pneumonia-Like Illness," *New York Times*, January 6, 2020; Fanfan Wang, "China Reports First Death From New Coronavirus," *Wall Street Journal*, January 11, 2020; Michael Levenson, "Scale of China's Wuhan Shutdown Is Believed to Be Without Precedent," *New York Times*, January 22, 2020; Jason Horowitz, "Italy Locks Down Much of the Country's North Over the Coronavirus," *New York Times*, March 7, 2020; transcript for the CDC Telebriefing Update on COVID-19, February 26, 2020.
2. *The traders on Wall Street did start thinking*: Jim Bianco, Scott Minerd, interviews with author, 2020.
3. *On Thursday, February 27*: Catherine Thorbecke. "Dow Jones plunges most since 2008 on coronavirus fears," ABC News, February 27, 2020.
4. *The mood inside the New York Federal Reserve*: Author notes and interviews inside New York Federal Reserve, February 27, 2020.
5. *The waves continued to gain strength*: Bianco, interviews with author, 2020; Clifford Krauss and Stanley Reed, "Oil Prices Dive as

Saudi Arabia Takes Aim at Russian Production," *New York Times*, March 8, 2020.

6. *On Monday morning, the stock market*: Liz Hoffman, "Diary of a Crazy Week in the Markets," *Wall Street Journal*, March 14, 2020.
7. *Ten-year Treasury bills are the bedrock*: Bianco, Miner, interviews with author, 2020; Financial trader, background interviews with author, 2020; Colby Smith and Robin Wigglesworth, "US Treasuries: the lessons from March's market meltdown, *Financial Times*, July 29, 2020.
8. *Inside the Federal Reserve*: Jay Powell, interview with author, 2020; Senior Federal Reserve official, speaking on background, 2020.
9. *The hedge funds that had loaded up*: Stephen Spratt, "How a Little Known Trade Upended the U.S. Treasury Market," Bloomberg News, March 17, 2020; Daniel Barth and Jay Kahn, "Basis Trades and Treasury Market Illiquidity," Office of Financial Research Brief Series, July 16, 2020; Jeanna Smialek and Deborah B. Solomon, "A Hedge Fund Bailout Highlights How Regulators Ignored Big Risks," *New York Times*, July 23, 2020; Nishant Kumar, "LMR Raises Capital After Hedge Fund Drops 12.5%," Bloomberg News, March 19, 2020; Gregory Zuckerman, Julia-Ambra Verlaine and Paul J. Davies, "Traders Caught in Market Downdraft Are Forced to Unwind Leveraged Strategies," *Wall Street Journal*, March 12, 2020.
10. *In September, when the repo market*: Federal Reserve Statement Regarding Treasury Reserve Management Purchases and Repurchase Operations, March 12, 2020; Alex Harris, "Fed Pledges More Than $500 Billion to Keep Funding Markets Calm," Bloomberg News, March 11, 2020; Pippa Stevens, Maggie Fitzgerald and Fred Imbert, "Stock market live Thursday: Dow tanks 2,300 in worst day since Black Monday," CNBC.com, March 12, 2020.
11. *The massive, polished table at the center*: Senior Federal Reserve official present at the meeting described, background interview with author, 2020; Claudia Sahm, interview with author, 2020; Minutes of the Federal Open Market Committee March 15, 2020; Federal Reserve Press Release, March 15, 2020.
12. *The week of March 16 was the week*: Minerd, Bianco, interviews with author, 2020; Financial trader, background interview with author, 2020.
13. *On Monday, March 16*: David Benoit, "JPMorgan's Jamie Dimon and His Brush With Death: 'You Don't Have Time for an Ambulance,'" *Wall Street Journal*, December 24, 2020.
14. *The fragility of the corporate debt*: Greg Nini, interview with author, 2020; Financial trader, background interview with author,

2020; Lisa Lee, "Battered CLO Investors Are About to Get a Look at Their Losses," Bloomberg News, April 20, 2020; Amelia Lucas, "General Motors will draw down $16 billion in credit, suspends 2020 outlook," CNBC.com, March 24, 2020; "Big Firms Draw Down Billion Dollar Credit Lines," Pymnts.com, March 17, 202; "Europe's Leveraged Loan Issuers Draw on Revolving Credits to Preserve Liquidity," S&P Global *Market Intelligence*, March 24, 2020.

15. *By this point, Powell was already*: Powell, interview with author, 2020; Senior Federal Reserve official, background interview with author, 2020; Christopher Leonard, "How Jay Powell's Coronavirus Response Is Changing the Fed Forever," Time, June 11, 2020.

第十五章　贏家與輸家

1. *Steven Mnuchin was quick to point out*: Steven Mnuchin, interview with author, 2020; Sheelah Kolhatkar, "The High-Finance Mogul in Charge of Our Economic Recovery," *The New Yorker*, July 13, 2020; Christopher Leonard, "How Jay Powell's Coronavirus Response Is Changing the Fed Forever," Time, June 11, 2020.
2. *One participant in these discussions*: Senior Federal Reserve official, background interview with author, 2020.
3. *The Fed created three important SPVs*: Powell, senior Fed official speaking on background, interviews with author, 2020; Federal Reserve press release, March 23, 2020; Nick Timiraos, "Fed Unveils Major Expansion of Market Intervention," *Wall Street Journal*, March 23, 2020.
4. *The Fed's announcement on that morning*: Figures on Fed's Balance Sheet, or "Total Assets," taken from Economic Research Federal Reserve Bank of St. Louis Database, https://fred.stlouisfed.org/series/WALCL.
5. *The Fed announced on April 9*: Federal Reserve Press Release, "Federal Reserve takes additional actions to provide up to $2.3 trillion in loans to support the economy," April 09, 2020; Federal Reserve Board Vote Tally, https://www.federalreserve.gov/aboutthefed/boardvotes2020.htm, accessed 2021; Nick Timiraos, "Fed Expands Corporate-Debt Backstops, Unveils New Programs to Aid States, Cities and Small Businesses," *Wall Street Journal*, April 9, 2020; Olivia Raimonde and Molly Smith, " Ford becomes largest fallen angel after S&P downgrade to junk," Bloomberg News, March 25, 2020.
6. *But to people who actually traded*: Minerd, Mnuchin, interviews with author, 2020; Financial trader, background interview with author, 2020;
7. *These actions, as dramatic as they were*: Steve Thompson, "Hogan's first batch of coronavirus tests from South Korea were flawed, Never Used," *Washington Post*, November 20, 2020; By Jeanna Smialek, Ben Casselman and Gillian Friedman, "Workers Face

Permanent Job Losses as the Virus Persists," *New York Times*, October 3, 2020.

8. *The CARES Act authorized $2 trillion*: Emily Cochrane and Sheryl Gay Stolberg, "$2 Trillion Coronavirus Stimulus Bill Is Signed Into Law," *New York Times*, March 27, 2020.

9. *The spending that went directly to people*: Steven Mnuchin, interview with author, 2021; Peter Whoriskey, Douglas MacMillan, and Jonathan O'Connell, "Doomed to Fail': Why a $4 Trillion Bailout Couldn't Revive the American Economy," *Washington Post*, October 5, 2020; Jonathan O'Connell, Andrew Van Dam, Aaron Gregg, and Alyssa Fowers, "More Than Half of Emergency Small-Business Funds Went to Larger Businesses, New Data Shows," *New York Times*, December 1, 2020; Stacy Cowley and Ella Koeze, "1 Percent of P.P.P. Borrowers Got Over One-Quarter of the Loan Money," *New York Times*, December 2, 2020; Sydney Lake, "These 16 Va. Companies Received $10M PPP Loans," *Virginia Business*, December 2, 2020; Fred Imbert, "Treasury Secretary Mnuchin Says It Was 'Outrageous' for the LA Lakers to Take a Small Business Loan," CNBC.com, April 28, 2020.

10. *There was a growing sensitivity inside the Federal Reserve*: Claudia Sahm, interview with author 2020; Heather Long, "It Doesn't Feel Like a Boom Yet': Many Americans Urge the Federal Reserve to Boost the Economy," *Washington Post*, October 29, 2019.

11. *The Main Street program allowed*: Nick Timiraos, "Fed Had a Loan Plan for Midsize Firms Hurt by Covid. It Found Few Takers," *Wall Street Journal*, January 4, 2021; Nick Timiraos and Jon Hilsenrath, "The Federal Reserve Is Changing What It Means to Be a Central Bank," *Wall Street Journal*, April 27, 2020; Jeanna Smialek and Peter Eavis, "With $2.3 Trillion Injection, Fed's Plan Far Exceeds Its 2008 Rescue," *New York Times*, April 9, 2020; Jeanna Smialek, "The Fed's $4 Trillion Lifeline Never Materialized. Here's Why," New York Times, October 21, 2020.

12. *This didn't mean that the Fed's bailout*: Peter Brennan, "Fed Keeps Corporate Bond Market Purring After COVID-19 Drove Record Issuance," S&P Global *Market Intelligence*, December 9, 2020; Marina Lukatsky, "US Leveraged Loans Gain 1.35% in December 2020, 3.12% in 2020 After Q4 Rebound," S&P Global *Market Intelligence*, January 4, 2021; Joy Wiltermuth, "U.S. Corporations Make Final Borrowing Push in a Record Breaking 2020," Market Watch, November 10, 2020; value of Dow Jones average taken from Yahoo!Finance database, https://finance. yahoo.com/quote/%5EDJI?p=%5EDJI.

13. *During the summer of 2020*: "WELL WELL WELL WHAT DID I TELL YOU by Davey Day Trader Global," video uploaded to You- Tube, https://www.youtube.com/watch?v=od6fxCD4KsM; "Davey Day Trader-March 23rd, 2020," video uploaded to YouTube, https://www .youtube.com/watch?v=MLIk_oHPCQQ; material from Bar Stool Sports retrieved from Internet Archive.

14. *Viewers who wanted to join the fun*: Nathaniel Popper, "Robinhood Has Lured Young Traders, Sometimes with Devastating

Results," *New York Times*, July 8, 2020; Sheelah Kolhatkar, "Robinhood's Big Gamble," The New Yorker, May 10, 2020.

15. *Market swings were hard to predict*: Ben Bernanke, email statement to author, 2021; Rob Copeland, "Former Fed Chief Ben Bernanke to Advise Hedge Fund Citadel," *Wall Street Journal*, April 16, 2015; Andrew Ross Sorkin and Alexandra Stevenson, "Ben Bernanke Will Work with Citadel, a Hedge Fund, as an Adviser," *New York Times*, April 16, 2015; Josh Zumbrun, "How Citadel and the Fed Crossed Paths Before the Hedge Fund Hired Ben Bernanke," *Wall Street Journal*, April 16, 2015; Tom Maloney, "Citadel Securities Gets the Spotlight," Bloomberg News, April 6, 2021; Edward Ongweso Jr., "Robinhood's Customers Are Hedge Funds Like Citadel. Its Users Are the Product," Vice.com, January 28, 2021; Douglas MacMillan and Yeganeh Torbati, "Robinhood and Citadel's Relationship Comes into Focus as Washington Vows to Examine Stock-Market Moves," *Washington Post*, January 29, 2021.

16. *The insanity of all this seemed distant*: Powell, Bernanke, and Janet Yellen, interviews with author, 2021; figures on Fed's balance sheet, or "Total Assets," taken from Economic Research Federal Reserve Bank of St. Louis database, https://fred.stlouisfed.org/series/WALCL.

第十六章　長期崩盤

1. *After he was laid off*: John Feltner, interview with author, 2021; descriptions of Feltner's commute taken from Google Maps and Street View; Community Health Network news release, "COVID-19 Tent Testing Information 1," 2021; Eric Pointer, "1 Year Since Indiana's First Documented COVID-19 Case: Hoosiers Reflect on How Their Lives Were Impacted," Fox59 News, March 4, 2021.

2. *America's essential workers in 2020*: Michael S. Derby, "Business at Most Small Firms Below Pre- Pandemic Levels, Fed Survey Finds," *Wall Street Journal*, February 3, 2021; Justin Baer and Eric Morath, "On the Wrong Side of the Split Recovery: 'I Just Have to Keep Myself Going,'" Wall Street Journal, October 18, 2020.

3. *For Feltner, the bailouts*: Feltner, interviews with author, 2020–21; AnnaMaria Andriotis, Ken Brown and Shane Shifflett, "Families Go Deep in Debt to Stay in the Middle Class," *Wall Street Journal*, August 1, 2019.

4. *Jay Powell had become a figure*: Video of Jay Powell news conference, December 16, 2020, uploaded to Federal Reserve Board of Web site: https://www.federalreserve.gov/videos.htm.

5. *The stock market was doing so well*: Financial traders, background interviews with author, 2021; Eliot Brown and Maureen Farrell,

"Sizzling Tech IPO Market Leaves Investors Befuddled," *Wall Street Journal*, December 13, 2020.

6. *The market for corporate debt*: Steven Mnuchin, interview with author, 2021; Joe Rennison, "US Corporate Bond Issuance Hits $1.919tn in 2020, Beating Full-Year Record," Financial Times, September 2, 2020; Ruchir Sharma, "The Rescues Ruining Capitalism," *Wall Street Journal*, July 24, 2020; Lisa Lee and Tom Contiliano, "America's "Zombie' Companies Have Racked Up $1.4 Trillion of Debt," Bloomberg News, November 17, 2020; Jim Reid, John Tierney, Luke Templeman, and Sahil Mahtani, "The Persistence of Zombie Firms in a Low Yield World," Deutsche Bank analyst report, March 1, 2018; Dion Rabouin, "Zombie' Companies May Soon Represent 20% of U.S. Firms," Axios, June 15, 2020; Jeff Stein and Rachel Siegel, "Treasury's Mnuchin Defends Ending Lending Programs, Fires Back at Federal Reserve," *Washington Post*, November 20, 2020.
7. *On January 6, 2021, thousands of violent*: Nicholas Fandos and Emily Cochrane, "After Pro-Trump Mob Storms Capitol, Congress Confirms Biden's Win," *New York Times*, January 6, 2021; "Stock Market News for January 7, 2021," Zacks Equity Research, via Yahoo!Finance, January 7, 2021.
8. *That month, millions of traders*: Matt Phillips, Taylor Lorenz, Tara Siegel Bernard, and Gillian Friedman, "The Hopes That Rose and Fell with GameStop," *New York Times*, February 7, 2021; video of Federal Reserve press conference, January 27, 2021, uploaded to Federal Reserve Board of Governors website: https://www.federalreserve.gov/videos.htm.
9. *Tom Hoenig spent the long winter*: Thomas Hoenig, interviews with au- thor, 2016-2021; Thomas Hoenig, "Emergency COVID-19 Stimulus Programs Are a Short-Term Solution," Mercatus Center white paper, May 20, 2020; Sam Goldfarb, "Flood of New Debt Tests Bond Market," *Wall Street Journal*, March 10, 2021.

國家圖書館出版品預行編目資料

撒錢之王：聯準會如何崩壞美國經濟，第一部FED決策內情報告
／克里斯多福．倫納德（Christopher Leonard）作；吳書榆譯. -- 初版. -- 臺北市：麥田出
版：英屬蓋曼群島商家庭傳媒股份有限公司城邦分公司發行, 2023.04
400面；15×21公分
譯自：The lords of easy money : how the federal reserve broke the American economy

ISBN 978-626-310-407-5（平裝）

撒錢之王

聯準會如何崩壞美國經濟，第一部FED決策內情報告

作　　者　克里斯多福・倫納德（Christopher Leonard）
譯　　者　吳書榆
責任編輯　何維民

版　　權　吳玲緯
行　　銷　闕志勳　吳宇軒
業　　務　李再星　陳美燕　葉晉源
副總編輯　何維民
編輯總監　劉麗真
發 行 人　涂玉雲

出　　版　麥田出版
104台北市中山區民生東路二段141號5樓
電話：(886) 2-2500-7696　傳真：(886) 2-2500-1967
發　　行　英屬蓋曼群島商家庭傳媒股份有限公司城邦分公司
104台北市中山區民生東路二段141號2樓
書虫客服服務專線：(886) 2-2500-7718；2500-7719
24小時傳真服務：(886) 2-2500-1990；2500-1991
服務時間：週一至週五09:30-12:00；13:30-17:00
郵撥帳號：19863813　戶名：書虫股份有限公司
讀者服務信箱E-mail：service@readingclub.com.tw
麥田部落格：http://blog.pixnet.net/ryefield
麥田出版 Facebook：http://www.facebook.com/RyeField.Cite/
香港發行所　城邦（香港）出版集團有限公司
香港灣仔駱克道193號東超商業中心1樓
電話：852-2508-6231
傳真：852-2578-9337
馬新發行所　城邦（馬新）出版集團【Cite (M) Sdn Bhd.】
41-3, Jalan Radin Anum, Bandar Baru Sri Petaling,
57000 Kuala Lumpur, Malaysia.
電話：(603) 9056-3833
傳真：(603) 9057-6622
Email：service@cite.my

印　　刷　前進彩藝有限公司
電腦排版　黃雅藍
書封設計　陳文德

初版一刷　2023年4月
定　　價　480元
I S B N　978-626-310-407-5